CELEBRATING REFORM AND OPENING UP 1978—2018

纪念中国改革开放40周年丛书

产权中国进程中的会计变革

伍中信 曹 越 张荣武◎著

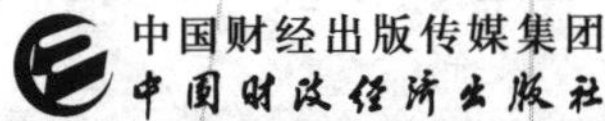

中国财经出版传媒集团
中国财政经济出版社

图书在版编目（CIP）数据

产权中国进程中的会计变革/伍中信，曹越，张荣武著．—北京：中国财政经济出版社，2019.3

（纪念中国改革开放40周年丛书）

ISBN 978-7-5095-8577-1

Ⅰ.①产… Ⅱ.①伍… ②曹… ③张… Ⅲ.①会计改革-研究-中国 Ⅳ.①F233.2

中国版本图书馆CIP数据核字（2018）第233931号

责任编辑：马　真　樊清玉　　　　责任校对：杨瑞琦

封面设计：陈宇琰

中国财政经济出版社 出版

URL：http：//www.cfeph.cn

E-mail：cfeph@cfeph.cn

社址：北京市海淀区阜成路甲28号　邮政编码：100142

营销中心电话：010-88191537

天猫网店：中国财政经济出版社旗舰店

网址：https：//zgczjjcbs.tmall.com

北京财经印刷厂印刷　各地新华书店经销

710×1000毫米　16开　17.25印张　282 000字

2019年3月第1版　2019年3月北京第1次印刷

定价：70.00元

ISBN 978-7-5095-8577-1

（图书出现印装问题，本社负责调换）

本社质量投诉电话：010-88190744

打击盗版举报热线：010-88191661　QQ：2242791300

自 序

改革开放的40年，一直是沿着“放权让利”的路径依赖着。

但真正改革的重点、触及产权的改革，发轫于1992年，也就是从小平同志南方谈话的时候开始的。

改到深处是产权，我们至今还在路上。

市场经济，实际上是产权经济。因为没有产权主体，就没有市场主体，没有市场主体，自然就没有市场和交易。

当时，亟待培育和发展社会主义市场主体，即产权主体。

恰逢其时，产权经济学鼻祖科斯教授，于1991年年底获得了诺贝尔经济学奖。国内学者一哄而上，开始学习什么是市场经济，什么是公司制，什么是产权经济学，言必称科斯。

有人说，科斯及其产权经济学，对中国经济体制改革是最同步的，最有营养的，也是最有贡献的，这话一点都不假。

其时，作为会计学，一直很少有人把会计与产权直接挂起钩来。最多是某些学者在文章中偶然提及，或者在方法论和某些理念上加以融合。

其实，会计学就是为产权而生！为产权而死！

会计从一出生就嫁给了产权，从此相依为命，不唯同年同月同日生，也将同年同月同日死！

如果社会上不需要明晰产权，会计就根本没有产生的必要！

相反，如果没有会计学，人与人之间，组织之间，产权也无从区分和明晰。人们的财产关系，继而人际关系，都会陷入无休止的纠葛之中。市场交易主体也不能确定，人与人之间的激励机制也无法兑现，社会难以进步。

此时，1992年，我们适时地发现了会计与产权的这一重要的“姻缘”关系。

这一发现，正契合中国产权改革的关键时刻，与中国经济改革的核心内容完美同步，也非常有利于中国会计改革与经济改革的协同。

为此，我们利用以研究制度为特色的产权经济学（又称“新制度经济学”）对会计制度的改革展开跟进研究。《论公司制与会计变革》《会计改革与产权改革的相关性研究》《会计准则制定模式研究》《产权范式的会计研究》和《中国的过渡会计学：研究框架与现实评价》就是跟进的代表之作。2006年2月15日，财政部发布与国际财务报告准则“实质趋同”的企业会计准则体系。近年来，“蓝天保卫战”和“一带一路”倡议深入推进。我们运用产权经济学以及法和经济学的基本原理，较为系统地探讨了产权保护与公允价值（《产权保护、公允价值与会计改革》《产权保护、公允价值与会计稳健性》）、公共领域与会计变迁（《产权保护、公共领域与会计制度变迁》）、会计法律制度体系及其优化（《两大法系会计法律制度：架构、特征与适应性效率》《会计法律制度体系优化研究》）、国际趋同问题与财务报表列报改革（《产权保护、双重计量与三重列报》）、碳排放权的会计处理问题（《产权保护导向的碳排放权会计确认与计量研究》）以及“一带一路”地区准则趋同问题（《会计准则国际趋同提升了资本市场效率吗？——来自“一带一路”亚洲地区主要资本市场的经验证据》）等等。可以说，我们站在经济改革的最前沿俯视着会计改革，检视并指引着会计改革的整个路径。

我们的研究方法和成果得到著名新制度经济学家茅于轼教授的高度认可和支持，并欣然以《中国会计学产权学派的兴起》为题为我们的《产权理论与中国会计学》一书作序。

与此同时，在市场经济和产权经济提出伊始，我们适时提出并论证了“财权流”理论体系，并认为财权是现代财务区别于传统财务的根本标志，也是财务主体区别于会计主体的根本砝码。通过财权理论的确立，使会计和财务在产权功能上产生分工，两者分别承担界定产权（外延）和支配产权（内涵）两大重要使命。

我们把“资源配置”和“财权配置”作为财务两大基本职能，以“财权配置”为核心构建了“财务治理结构”理论。创新性地论证了“企业治理以财务治理为核心”的思想，得到同行学者的一致认可和发扬。相关研究成果在《财政研究》杂志发表5篇（《现代财务理论的产权基础》《现代财务理论体系：基于价值与权力的融合研究》《财权起点论：财务研究逻辑起点的现实选择》《财权流：财务本质的恰当表述》《财务主体理论的经济学基础》），并在《中国会计年鉴》上连续4年刊载。

不唯如此，我们紧跟经济改革的时代步伐，就其需要破解的财务、会计和审计难题展开课题攻关，取得了可喜成果。如以产权配置与交易为特征的环境会计与审计问题（2011年国家社科基金重点项目），财产权利与会计制度（2015年国家社科基金项目），会计学的产权变革研究（2011年中国博士后科学基金项目），产权保护、审计监督与国家经济安全审计问题（2011年国家社科基金项目、2012年中国博士后科学基金特别资助项目、2015年财政部全国会计重点项目），产权财务研究（2009年中国博士后科学基金项目），国有企业公司化与公司治理中的财务问题（“债转股、国有股减持、管理层持股”，1998年和2001年国家社科基金项目），居民财产性收入增加与保障问题（“产权与财务的结合”，2008年国家社科基金项目和2018年国家社科基金重点项目），促进和服务了当时的经济改革。如近年来我们连续5次向全国政协提交相关提案（如“关于应对金融危机，急需尽快提高居民财产性收入的提案（2009）”“关于逐步确认农民土地所有权，增加农民财产性收入的提案（2012）”“关于确认农村居民宅基地产权的建议（2017）”），多家中央主流媒体作出报道，相关重要网站进行了专题视频采访并被上百家媒体转载，农业农村部、人力资源和社会保障部、国土资源部、住房和城乡建设部、中国人民银行、中国证监会都积极回应，对相关政策的及时制定产生了直接的推动作用。

如果说，中国会计学有哪种理论最能跟进中国经济改革步伐，那么我们可以自豪地说，产权会计与财务理论体系当之无愧！

——一个时代的产权保护状况体现着同时代的社会文明程度，会计秩序就是产权秩序，产权秩序便是社会秩序，会计既是该时代产权保护的卫士，又是社会文明的使者。

——会计存在和发展的根本使命在于：反映产权结构，体现产权关系，维护产权意志。

——会计的本质就在于认定和解除“受托责任”；其根本职能就是界

定产权（核算）和保护产权（监督）。

——把会计制度纳入制度经济学这一更大的理论氛围中，用“均衡”的概念作为会计学人的哲学思想来武装我们的头脑，很多的会计问题，都可能看得更深更远。用产权理论来武装会计理论，这丝毫谈不上对会计理论的叛逆和冲击，恰恰是一种“帕累托改进”。

——会计制度变迁是一个“演进”过程，简单的照搬不是中国会计制度变迁的正常秩序。在改革中强调“中国特色”显然是中国会计改革的正确道路。改革能否顺利和成功，不在于事先设计好了整个改革的模式或框架，而是在确定了“全面创立具有中国特色的会计理论和方法体系”的基本方向后，让千百万当事人去摸索、去博弈、去试错、去创新。

——会计在界定和保护利益相关者产权及保障市场经济有序和有效运转中的作用都是基础性的、不可替代的。产权保护导向的市场化改革必然要求产权保护导向的会计改革与之步调一致。

——经济史中的会计制度经历了从“法律遵从型”到“金融预期型”的变迁过程，旨在一体化保护实体产权和虚拟产权。会计制度变迁的根本原因是会计制度偏离会计域秩序引致的公共领域，变迁的内在逻辑是：会计习惯→会计习俗→会计惯例→会计社会规范→会计制度。有效的会计制度应遵从有效的产权法律制度，从而实现两者的同步变迁。

——会计法律制度体系是市场经济中的基础性产权保护制度安排。会计法律制度体系优化旨在实现对“产权”的一体化和基础性控制；优化的必要性源于国际趋同引致的会计制度与民法、商法、税收法规等法律制度的分离、冲突等不兼容问题；优化的指导原则是最小化改革成本。中国会计法律制度体系优化实施方案是“逆流而上”与“循序渐进”。

——中国从计划经济体制向社会主义市场经济体制转型，本质上表现为产权不断明晰和权利不断开放的过程。产权结构的变化决定了会计法律制度体系变迁的方向，特定历史时期的产权结构决定了当时会计法律制度体系的架构和特征；改革开放40年来会计制度的变迁路径是从“法律遵从型”到“金融预期型”；进入“金融预期型”会计制度时代，平等保护各产权主体的财产权利需要切实维护会计的信任功能。

——独立财权的确立是现代财务区别于传统财务的根本标志，是企业是否真正开展财务活动的标志；“财权流”作为现代财务的本质表述，贯穿于财务基本理论的始末，在现代财务的理论体系中占据着核心和统驭地位。

——产权问题是我国社会主义市场经济建立与发展的核心问题，是现代企业制度建立的基石。以公司组织形式所进行的产权价值运动是市场经济形成与发展的基础，而产权价值运动过程及其结果又决定着市场经济运行的基本规律。不管是发达国家还是发展中国家，一旦产权制度发生较大变化，其财务效应就是显著的。

产权会计不是流派，也不是一种学说，而是会计学的灵魂！

我们为会计学而生，也必将为产权而死！

谨以此书献给《产权与会计》出版20周年，并致我们为产权会计奋斗的青春岁月！

作者

2019年2月于长沙岳麓山下

内容摘要

中国会计学产权学派的兴起，源于中国经济转型过程中市场化导向的产权改革。产权改革必然涉及利益相关者存量财产权利的准确界定和增量财产权利的恰当反映。这又必须借助于会计准则来实现。会计对产权的贡献与生俱来，其产生、发展和变更的根本使命是：体现产权结构、反映产权关系、维护产权意志。会计与产权的高度耦合是会计学产权学派诞生的根本原因。产权会计对传统会计的重大开拓性体现在：一是产权分析法这一研究范式的重大突破；二是突出会计核心竞争力，强调界定和保护“相对产权”，实施“现代资本保全”战略；三是凸显会计进行产权经济控制的巨大贡献；四是从“寻租”和交易费用视角透视会计制度变迁的根本原因；五是从“设租”与“寻租”双管齐下维度提供治理虚假会计信息泛滥的新策略。

国际经验和现代经济学表明，从长期来看，一个国家的经济运行机制同产权制度之间存在着严格的逻辑对应关系。企业产权制度的改革，深刻地影响着我国经济改革的进程，正在冲击着效率低下的“公有制”企业经营机制。在这种形势下，会计改革也正在打破“公有制”的局限，逐步建立起跨行业和跨所有制的统一的企业会计准则体系，并进而在适应多种经营形式方面，建立与企业产权制度改革相匹配的会计核算和监督体系。会计的这种变革，从根本上改变了会计改革的滞后局面，适应了经济改革的需要。针对中国经济改革从计划经济向市场经济转变过程的研究，中国本土形成了过渡经济学，其关注的焦点是转型过程中利益分配、利益冲突及其解决对制度变迁的影响。过渡经济学是制度变迁理论的一个分支，是对产权经济学的一个拓展，并构成过渡会计学的理论基石。过渡会计学基于传统会计理论，通过运用过渡经济学的基本理论和方法，旨在研究我国计划经济体制下的会计制度向市场经济过渡（改革）的一般理论及过渡规律，是一门有关中国会计制度变迁的理论。过渡会计学的主要研究内容包括会计改革的原因和动力、会计改革的过程和路径依赖性以及会计改革的目标模式。这些研究内容决定了过渡会计学属于产权会计学范畴。

产权思想形成于外部性内部化过程之中。随着受托责任观念的加强，会计理论先后出现了描述性会计理论、规范性会计理论、决策性会计理论和福利性会计理论。会计思想和行为滥觞于“排他性公有产权”之时（原始社会中晚期），发展于“国有产权”时期（奴隶社会和封建社会），鼎盛于“私有产权”时期（资本主义社会）。会计作为一种微观计量机制，在维护产权权能、实现产权利益和内部化外部性过程中处于最基础、最重要和最具操作性的地位。外部性内部化的过程，既是产权的缘起过程，也是会计（思想和行为）产生和发展的过程。外部性内部化的“结果”产生了“产权”，而外部性内部化的“过程”则催生了“会计”。“产权”与“会计”的关系是“结果”与“过程”的关系。会计的本质是外部性内部化，会计的目标是内部化外部性，会计的职能是界定财权（产权）和保护财权（产权）。

产权关系越复杂，各产权主体的利益也越需要会计为之核算和监督。会计的核算方法和原理以产权的流动为核心。会计要素本质上是产权要素。六大会计要素是对会计对象的静态表述和具体分解，而企业的价值运动又确实地表现为一种财产权利和责任的流动和变化，这种产权的流动和变化的目的无非是为了最终解除受托之责。用“产权流”代替“资金流”，既能保留“资金流”动态反映会计对象的优势，又体现了现代会计对“受托责任”以及外部性内部化观念的强化这一现实，符合会计本质和会计目标的基本宗旨。“产权流”既是会计对象的动态描述，又是对六大会计要素的统称。会计监督旨在通过一套程序确保会计核算的准确性，侧重保护利益相关者的财产权利。当经理与会计人员出现“合谋”时，注册会计师和国家审计局共同对经理人员与会计人员执行会计监督。产权界定的实质，就是明晰企业利益相关者的财产权利与义务，使其充分发挥各自的职能作用。而会计则是界定产权的重要手段，界定产权是为了保护产权，内部化外部性。会计制度与产权保护是不可分割的：一方面，会计原则产生的直接导因是产权主体利益的保护；另一方面，会计假设的产生，从一定意义上来讲，是为界定产权和保护产权而服务的。

以产权保护为逻辑主线，本书重点考察了公允价值与会计稳健性之间的关系，研究发现：在历史成本会计模式下，公允价值与会计稳健性之间若即若离；在公允价值会计模式下，公允价值与会计稳健性之间彻底背离；在混合会计模式下，公允价值与会计稳健性之间适度耦合；金融危机中公允价值论战的焦点表面上是会计的“技术性”问题，实质上是会计的“社会性”问题，即公允价值充当了一个产权博弈的筹码。同时，本书考察了计量模式与会计稳健性的关系，结果表明：会计稳健性包括非条件稳健性和条件稳健性，前者适用于实体产权，与公允价值计量相背离；后者适用于实体产权和部分虚拟产权，与公允价值计量相契合。就计量基础而言，历史成本与会计稳健性相契合，公允价值与非条件稳健性相背离但与条件稳健性相契合。

财务会计信任功能的必要性源于会计本质与目标、会计职能与复式簿记方法的要求。经由“会计习惯→会计习俗→会计惯例→会计法律制度”演进路径形成的会计制度称为“正当会计行为规则”。财务会计信任功能的制度基础是建立以“正当会计行为规则”（演进理性主义）为基础、以“财产权利界定和保护规则的系统性与一致性”（工具理性主义）为特征的会计法律制度体系。本书从准则制定、国际趋同和会计法律制度体系优化维度分别讨论了英美法系和大陆法系财务会计信任功能的维护路径，并分析了我国财务会计信任功能维护路径的特殊性。

有效的产权保护需要准确界定产权，会计计量是界定产权的基础，现代会计计量的对象是财权流。二元经济结构（实体经济 + 虚拟经济）决定了二元经济产权结构和财权结构的发轫。根据财权契约的完备性，财权可以划分为基于企业公平的通用财权和基于企业效率的剩余财权。实体经济中的财权以“通用财权为主、剩余财权为辅”，其计量属性应以“历史成本为主、现行价值为辅”；虚拟经济中的财权则以“剩余财权为主、通用财权为辅”，其计量属性应以“现行价值为主、历史成本为辅”。由此形成“双重计量”（对每一项资产或负债同时采用历史成本计量和现行价值计量）与“三重列报”（财务报表项目同时列示“历史成本”“现行价值”和“现行准则”数据)。本书针对实体经济中的财权和虚拟经济中的财权分别提出了“三重列报”操作方案，该方案是财务会计适应性变革的可行路径。

中国经济体制改革的本质是实现资源配置由“等级规则”向“产权规则”过渡，明晰产权和保护产权是这一过程中的基本价值取向。按照社会主义市场经济和现代企业制度的客观要求，建立企业产权制度，形成合理的产权营运机制，是我国当前经济体制改革的首要课题。产权改革与会计改革是分不开的。会计改革必将为产权改革创造实现条件，为推进我国的经济改革发挥重要作用。产权与会计的相关性体现在：第一，从历史上看，产权制度的发展推动着会计理论和实务的更替，而会计所揭示的内容又反映着同时代产权关系的现状；第二，会计的“受托责任”结构与纵、横两方面的产权结构是相吻合的；第三，资产负债表便是一张反映产权结构和体现产权关系的会计报表；第四，为保护产权利益，《财务通则》明确规定企业必须建立资本金制度；第五，企业的法人产权主要体现在企业的经营自主权方面，它包括对企业资产的占有支配权、使用权、处置权和收益权等；第六，新的会计制度对各产权主体利益的保护均作了较为合理的揭示；第七，财务报告体系和财务评价指标体系兼顾了各方产权主体利益。

交易费用理论是现代产权经济学的重要理论基石。会计准则作为一种产权制度安排，其制定模式的选择理应遵循交易费用最低原则。会计准则制定模式包括市场模式和政府模式，政府和市场在制定会计准则的权利安排上均有其优劣点，根据科斯的交易费用理论，某一种安排方式在任何领域费用都最低的情况是不存在的，理想的安排方式是寻找政府与市场结合与协调的支点，并且这种支点在不同经济环境和经济体制下应是有所不同的。我国新颁布的《会计准则》虽经多年的讨论才得以出台，但其内容基本上是对西方惯例和我国理论界意见的总结，而不是从中国会计实践中推导而来，因而它是一种由政府机构直接颁布的通过“递向生成”的演绎法完成的纯政府制定模式。政府制定模式有它现行的合理性，但继续颁布和完善则要在引入市场规则的情况下完成，这样才是理想的制定模式。我国会计准则的制定模式应以政府模式为基调，适当引入市场规则，随着市场经济的完善和发展，逐步扩大市场权力份额，并按照交易费用原则，合理地调整政府与市场的权力结构。就目前而言，建议我国会计准则制定和发布权应属政府，并尽快建立“引入市场规则”的常设专门职业团体。

运用产权保护理论，本书反思了以“会计信息价值相关性是否提高”为标准度量会计改革成效的合理性，认为在新兴市场经济国家资本市场不完善的情况下，仅仅通过检验会计信息价值相关性是否提高来评判会计改革成效是不完整的。通过考察会计学收益、综合收益和经济学收益的内涵及其关系，坚持“结果理性”与“程序理性”的融合，本书论证了适合新兴市场经济国家的会计改革成效测度标准是“会计收益回归综合收益和经济收益”，并给出了具体的度量方法和判断标准。会计在界定和保护利益相关者产权及保障市场经济有序和有效运转中的作用都是基础性的、不可替代的。产权保护导向的市场化改革必然要求产权保护导向的会计改革与之步调一致。产权、公允价值与会计之间有着紧密的联系：追求价值计量是会计产生、发展和变革的内在诉求；价值计量实现了公允价值与产权会计的对接，是会计发挥界定产权和保护产权功能的坚实基础；公允价值计量基础是价值计量基础的最佳实现形式，是理想与现实的最佳耦合。

现代会计具有产权保护功能，会计公共领域涵盖秩序层面和制度层面两个维度，分别成为会计信息先天性失真和规则性失真的根源。经济史中的会计制度经历了从“法律遵从型”到“金融预期型”的变迁过程，旨在一体化保护实体产权和虚拟产权。会计制度变迁的根本原因是会计制度偏离会计域秩序引致的公共领域，变迁的内在逻辑是：会计习惯→会计习俗→会计惯例→会计社会规范→会计制度。有效的会计制度应遵从有效的产权法律制度，从而实现两者的同步变迁。会计是一个国家乃至世界经济有序运转、持续发展的基础。产权保护是现代会计的基本职能。会计准则国际趋同的产权基础是依据会计国际惯例来准确界定产权、等价交换产权和有效保护产权。本书介绍了我国企业会计准则国际趋同的最新进展，从信息透明度、海外融资、会计人才与反倾销调查维度分析了准则趋同的正经济后果，从法律制度维度讨论了准则趋同的负经济后果，建议通过推行“三重”列报、积极参与国际财务报告准则制定、与国际会计准则理事会建立多层次沟通机制来推进持续全面趋同战略稳步实施。会计准则的国际趋同是否会提升资本市场的效率，一直是实务界和理论界关注的焦点。本书运用卡尔曼滤波和TARCH分析计算得出股市收益率的自相关系数，用以反映股市效率的高低。通过对比分析了会计准则国际趋同前后，“一带一路”亚洲地区主要资本市场效率的变化情况。研究发现：趋同效果的发挥跟其施的环境有很大的关系，市场经济越完善的国家和地区越需要国际趋同的会计准则，趋同的会计准则也更能发挥作用，而市场经济不发达的国家会计准则的作用有限。

会计在准确界定产权和有效保护产权的过程中处于最基础、最重要和最具操作性的地位。为了获取准则变迁收益，降低准则执行成本，提高准则的适应性效率，中国基于“分立法”理念建立了适用于大中型企业的《企业会计准则》和小企业的《小企业会计准则》，形成了“二元”结构会计准则体系。“二元”结构准则之间存在的主要差异决定了各自的适应性效率。会计法律制度体系是市场经济中的基础性产权保护制度安排。英美会计法律制度体系的主体内容由宪法、财产法、合同法、侵权行为法、继承法、公司法和破产法中有关财产权利质的规定性与量的规定性以及会计准则构成，大陆法系会计法律制度体系主要由宪法、民法、商法、公司法和税法构成。与大陆法系会计法律制度相比，英美法系会计法律制度具有更高的适应性效率。运用 SSP 模型，本书论证了大陆模式是中国建立良序市场经济的必然选择，并设计了涵盖五个层级的中国会计法律制度框架体系。会计法律制度体系优化旨在实现对“产权”的一体化和基础性控制，提高适应性效率；其优化主要针对大陆法系国家，优化路径是：若坚持“本土特色”，最优选择是“先制定或修订法律制度条款，同时启动单独制定或修订补充会计制度条款程序”，次优选择是“先对新经济业务规定应急临时会计处理条款，同时启动会计制度与法律制度的同步修改程序”；若坚持“国际趋同”，应选择“以趋同后的新会计制度为基点，当会计制度属于正当会计行为规则时，须逐步渐进补充（兼容或未规定时）或修订（冲突时）法律制度条款；反之，则建议采用‘附注披露’或‘三重列报’方式为法律制度体系运行提供基础数据源”。据此，本书提出了中国会计法律制度体系优化具体实施方案。

碳排放权配置与交易已在全球范围内逐步展开，相关会计准则的缺位使得会计信息缺乏可比性、一致性和决策相关性。会计确认和计量是碳排放权会计准则建立的关键。对碳排放权的权能分析发现其具有基于物理量的碳产权和基于价值量的碳财权权能，会计主体可“二分”为以获取碳产权为目的的消费方和以获取碳财权为目的的投资方，分别确认为“环境资产”和“投资性环境资产”。碳排放权的会计计量应建立在技术计量与经济计量的基础之上，以分别获取碳产权对应的物理量和碳财权对应的价值量，初始计量以实际成本入账，后续计量应允许成本与公允价值共存。碳排放权会计准则的建立应坚持：以碳排放权的产权保护为导向建立其会计确认、计量和披露的逻辑框架；以碳排放权会计准则的普适性、前瞻性和稳定性为基础建立碳排放权会计的实务模式；内容上要为其他环境资产会计留有空间。

Abstract

The rise of the Chinese accounting school of property rights originated from the market - oriented property rights reform in the process of China's economic transformation. The property rights reform will inevitably involve the accurate definition of the property rights of stakeholders and the appropriate reflection of incremental property rights. This must be achieved with the help of accounting standards. Accounting's contribution to property rights is inborn. The fundamental mission of its creation, development, and change is to reflect the structure of property rights, reflect the relationship of property rights, and safeguard the will of property rights. The high degree of coupling between accounting and property rights is the fundamental reason for the birth of accounting property rights school. The major pioneering of property right accounting for traditional accounting is embodied in: first, a major breakthrough in the research paradigm of property rights analysis; second, highlighting the core competitiveness of accounting, emphasizing the definition and protection of "relative property rights", and implementing the "modern capital preservation" strategy; third, it highlights the enormous contribution of accounting for economic control of property rights; fourth, it examines the root causes of the changes of accounting systems from the perspective of rent - seeking and transaction costs; fifth, it provides a new strategy to the proliferation of false accounting information from the perspective of setting up rent and rent - seeking.

International experience and modern economics show that in the long run, there is a strict logical correspondence between the economic operating mechanism of a country and the property rights system. The reform of the enterprise property rights system has profoundly affected the process of China's economic reform and is currently affecting the inefficient management mechanism of the "public ownership" enterprises. Under this situation, accounting reform is also breaking the limitations of "public ownership", and gradually establishing a unified corporate accounting standards system across industries and across ownership systems, and then establishing an accounting and supervision system that matches the reform of the enterprise property rights in response to various forms of business operations. This change in accounting fundamentally changed the lags in accounting reforms and adapted to the demands of economic reforms. In view of the study of the transformation process of China's economic reform from the planned economy to the market economy, transitional economics has formed in China. The focus of its attention is the impact of interest distribution, interest conflicts, and their solutions on institutional changes in the transition process. Transitional economics is a branch of institutional change theory, an expansion of property rights economics, and constitutes the theoretical cornerstone of transitional accounting. Based on traditional accounting theory, through the application of basic theories and methods of transitional economics, transitional accounting aims to study the general theory and transition law of the accounting institution in China's planned economic system to a market economy, which is a theory about the changes of China's accounting system. The main research contents of transition accounting include the reasons and motivation of accounting reform, the process and path dependence of accounting reform, and the goal model of accounting reform, which determine that transition accounting belongs to the category of property rights accounting.

The idea of property rights is formed in the internalization of externalities. With the strengthening of the concept of fiduciary responsibility, accounting theory has appeared descriptive accounting theory, normative accounting theory, decision - making accounting theory and welfare accounting theory. Accounting thoughts and behaviors originated in the time of "exclusive public ownership" (middle and late primitive society), developed during "state ownership" period (slave society and feudal society), and flourished in the period of "private property" (capitalist society). As a micro - measuring mechanism, accounting is in the most basic, most important and most operational position in the process of safeguarding property rights, realizing the interests of property rights, and internalizing externalities. The process of internalizing externalities is not only the origin of property rights, but also the process of the creation and development of accounting (ideology and behavior). The "results" of the internalization of externalities have produced "property rights", while the "processes" of the internalization of externalities have spawned "accounting". The relationship between "property rights" and "accounting" is the relationship between "results" and "processes". The nature of accounting is the internalization of externalities. The goal of accounting is internalization of externalities. The function of accounting is to define financial power (property rights) and protect financial power (property rights).

The more complex the property rights relationship, the more the interests of the property rights owners need accounting's calculation and supervision. The methods and principles of accounting are based on the flow of property rights. Accounting elements are essentially property rights elements. The six major accounting elements are static expressions and specific decompositions of accounting objects, and the value movements of enterprises are in fact expressed as a flow and change of property rights and responsibilities. The purpose of the flow and change of such property rights is nothing but the ultimate lifting of accountability. Using "property right flow" instead of "fund flow" can not only retain the "fund flow" to dynamically reflect the advantages of accounting objects, but also embody the reality that modern accounting strengthens the "accountability" and the internalization of externality, which is consistent with the nature of accounting and the basic purpose of accounting goals. "Property rights flow" is not only the dynamic description of the accounting object, but also the collective title of the six major accounting elements. Accounting supervision aims to ensure the accuracy of accounting through a set of procedures, focusing on protecting the property rights of stakeholders. When managers and accountants become "collaborative", the CPA and the State Audit Bureau jointly perform accounting supervision to the managers and accountants. The essence of the definition of property rights is to clarify the property rights and obligations of corporate stakeholders so that they can fully play their respective roles. Accounting is an important means of defining property rights. The definition of property rights is to protect property rights and internalize externalities. The accounting system and property rights protection are inseparable: On the one hand, the direct cause of accounting principles is the protection of the interests of the property rights owners; on the other hand, the accounting assumptions are, in a sense, for the service of defining property rights and protecting property rights.

Taking the protection of property rights as the logic line, this book focuses on the relationship between fair value and accounting conservatism. The study finds that under the historical cost accounting model, fair value and accounting conservatism fluctuate; under the fair value accounting model, there is a complete separation between fair value and accounting conservatism; under the mixed accounting model, there is a moderate coupling between fair value and accounting conservatism; the focus of the fair value debate in financial crisis seems to be the "technical" problem of accounting, essentially is the "social" problem of accounting that fair value acts as a bargaining chip for property rights. At the same time, this book examines the relationship between measurement patterns and accounting conservatism. The results show that accounting conservatism includes unconditional robustness and conditional robustness. The former applies to physical property rights, deviating from fair value measurement; the latter applies to physical property rights and some part of the virtual property rights, being in line with the fair value measurement. As far as the measurement basis is concerned, the historical cost is in line with the accounting conservatism, and the fair value deviates from the unconditional robustness, but it is in line with the conditional robustness.

The necessity of the financial accounting trust function stems from the requirements of accounting essence and objectives, accounting functions and double bookkeeping methods. The accounting system formed through the evolutionary path of "accounting habits → accounting customs → accounting conventions → accounting legal systems" is called "legitimate accounting behavior rules". The institutional basis of the financial accounting trust function is to establish an accounting legal system that is based on "legitimate accounting behavior rules" (evolution rationalism) and characterized by "systematic and consistency of property rights definition and protection rules" (tool rationalism). From the criteria development, international convergence, and the optimization of the accounting legal system perspectives, this book discusses the maintenance path of the financial accounting trust function of the Anglo - American law system and the civil law system. It also analyzes the particularity of the maintenance path of the financial accounting trust function in China.

Effective protection of property rights requires the accurate definition of property rights. Accounting measurement is the basis for the definition of property rights. The object of modern accounting measurement is the flow of financial power. The dual economic structure (real economy + virtual economy) determines the development of dual economic property rights structure and financial power structure. According to the completeness of the financial power contract, financial power can be divided into general financial power based on corporate equity and residual financial power based on corporate efficiency. In the real economy, the financial power is based on "general financial power, and supplemented by the remaining financial power". Its measurement attribute should be based on "history cost, supplemented by current value"; financial power in the virtual economy should be based on "remaining financial power, supplemented by general financial power". Its measurement attributes should be "mainly based on current value and supplemented by historical cost". This results in "double measurement" (using simultaneous historical cost measurement and current value measurement for each asset or liability) and "triple report" (the financial statement item lists "history cost", "current value" and "current Guidelines data). This book proposes a "triple presentation" operation plan for the financial power in the real economy and the financial power in the virtual economy respectively, which is a feasible path for the adaptive change of financial accounting.

The essence of China's economic system reform is to realize the transition from "hierarchical rules" to "property rights rules" for resource allocation, and clarifying property rights and protecting property rights are the basic value orientation in this process. In accordance with the objective requirements of the socialist market economy and the modern enterprise system, the establishment of enterprise property rights system and the formation of a reasonable property rights operation mechanism are the primary topics for China's current economic system reform. Property rights reform and accounting reform are inseparable. The accounting reform will inevitably create conditions for the reform of property rights and play an important role in advancing China's economic reforms. The correlation between property rights and accounting is reflected in: first, historically, the development of the property rights system has promoted the replacement of accounting theories and practices, and the content revealed by accounting reflects the current status of contemporary property rights relations; second, the "accountability" structure of accounting is consistent with the vertical and horizontal property rights structure; third, the balance sheet is an accounting statement that reflects the property rights structure and the relationship of property rights; fourth, to protect the interests of property rights, "The General Rules of Finance" clearly stipulates that enterprises must establish a capital system; fifth, the corporate property rights of enterprises are mainly embodied in the autonomy of the company's operations, which includes the right to control, use, dispose, and benefit the company's assets; sixth, the new accounting system has made a more reasonable disclosure of the protection of the interests of property right owners; seventh, the financial reporting system and the financial evaluation index system take into account the interests of the property rights owners.

Transaction cost theory is an important theoretical foundation of modern property rights economics. As an institutional arrangement of the property rights, accounting standards should be based on the principle of minimum transaction costs. The accounting standards formulation model includes the market model and the government model. The government and the market have their own advantages and disadvantages in the formulation of the accounting standards. According to Coase's transaction cost theory, neither of them can lead to the lowest cost in any area. The ideal arrangement is to find the fulcrum for the integration and coordination of the government and the market, and this fulcrum should be different under different economic environments and economic systems. Although China's newly promulgated "Accounting Standards" was introduced after many years of discussion, its content is basically a summary of Western practice and our country's theoretical community, not derived from China's accounting practice, so it is a purely government model formulated by the "delivered" deductive method directly issued by government agencies. The government's formulating model has its current rationality, but continuing to promulgate and improve it must be accomplished with the introduction of market rules, which is the ideal mode of formulation. The formulation of China's accounting standards should be based on the government model, properly introduce market rules. With the improvement and development of the market economy, the market power share should be gradually expanded, and the power structure of the government and the market should be rationally adjusted according to the principle of transaction costs. For the time being, it is recommended that China's accounting standards should be formulated and released by the government, and that professional occupational groups of "introducing market rules" should be established as soon as possible.

Using the protection theory of property rights, this book reflects on the rationality of measuring the effectiveness of accounting reforms based on "whether the relevance of accounting information value increases", and believes that in the case of imperfect capital markets in emerging market economies, only examining the value of accounting information related is incomplete to judge whether the improvement of the nature of accounting reforms has been achieved. By examining the connotation and relationship of accounting income, comprehensive income, and economic benefits, and adhering to the integration of "rational rationality" and "procedural rationality", the book argues that the measurement of accounting reform effectiveness suitable for emerging market economies is "accounting income returns to comprehensive income and economic income, and puts forward specific measurement methods and judgment standards. The role of accounting in defining and protecting the property rights of stakeholders and ensuring the orderly and effective operation of the market economy is fundamental and irreplaceable. The property rights protection - oriented market reform will inevitably require the property rights protection - oriented accounting reform to be consistent with it. There is a close relationship between property rights, fair value and accounting: pursuit of value measurement is the internal demand of the creation, development and change of accounting; value measurement realizes the docking of fair value and property rights accounting, and it is a solid foundation of accounting to define property rights and protect property rights; the foundation of fair value measurement is the best form of realization of the basis of value measurement, and it is the best coupling between ideal and reality.

Modern accounting has the function of property rights protection. The public domain of accounting covers the two dimensions of the order level and the system level, and becomes the source of the inherent distortion and regularity distortion of accounting information. The accounting system in economic history has undergone a process of transition from "law compliance type" to "financial expectation type", aiming to protect physical property rights and virtual property rights. The fundamental reason for the change of accounting system is that the accounting system deviates from the public domain caused by the accounting domain order. The internal logic of the transition is: accounting habits → accounting customs→ accounting conventions → accounting social norms → accounting systems. An effective accounting system should comply with an effective property rights legal system so as to achieve simultaneous changes between the two. Accounting is the basis for the orderly and sustainable development of the economy of a country and the world. Protection of property rights is the basic function of modern accounting. The property rights of international convergence of accounting standards is based on international accounting practices to accurately define property rights, equivalent exchange property rights, and effective protection of property rights. This book introduces the latest progress in the international convergence of China's corporate accounting standards. It analyzes the positive economic consequences of convergence of standards from the perspectives of information transparency, overseas financing, accounting personnel and anti - dumping investigations, discusses the negative economic consequences of convergence of standards from the legal system dimension, and suggests that through the implementation of "triple" presentations, active participation in the development of international financial reporting standards, and the establishment of a multi - level communication mechanism with the International Accounting Standards Board to promote the consistent implementation of the ongoing convergence strategy. Whether the international convergence of accounting standards will improve the efficiency of the capital market has always been a focus of attention in both the practice and the theoretical circles. This book uses the Kalman filter and TARCH analysis to calculate the autocorrelation coefficient of the stock market yield to reflect the level of stock market efficiency. Through comparative analysis of the changes in the major capital markets of "the Belt and Road" Asian region before and after international convergence of accounting standards, the study found that: the convergence effect has a great relationship with its implementation environment. The more perfect the market economy of countries and regions, the more needful the international convergence of accounting standards, and convergence of accounting standards can also play a role better, while in countries with underdeveloped market economy, the role of accounting standards is limited.

Accounting is in the most basic, most important and most operational position in accurately defining property rights and effectively protecting property rights. In order to obtain the benefits of changes in standards, reduce the cost of implementing the standards, and improve the adaptive efficiency of the standards, China has established "Enterprise Accounting Standards" for big and medium - sized enterprises and "Small

Business Accounting Standards" for small enterprises based on the "sub - legislative" concept, forming the "binary" structure accounting standards system. The main differences between the "binary" structural rules determine their respective adaptive efficiencies. The accounting legal system is the institutional arrangement of basic property rights protection in the market economy. The main content of the Anglo - American accounting legal system consists of the statutory and quantitative regulations of property rights in constitution, property law, contract law, tort law, inheritance law, company law and bankruptcy law, and accounting standards. The civil law accounting legal system is mainly composed of constitution, civil law, commercial law, company law and tax law. Compared with the legal system of civil law accounting, the accounting legal system of the Anglo - American law system has higher adaptability and efficiency. Using the SSP model, the book argues that the mainland model is an inevitable choice for China to establish a well - ordered market economy, and has designed a framework of China's accounting legal system that covers five levels. The optimization of the accounting legal system aims to realize the integration and basic control of "property rights" and improve the efficiency of adaptation. Its optimization is mainly aimed at civil law countries. The optimization path is: If the "local characteristics" are adhered to, the optimal choice is to "formulate or revise the clauses of the legal system, and initiate the process of separately formulating or amending the clauses of the supplementary accounting system at first. The second best choice is to "stipulate the provisional accounting treatment terms for the new economic business, and start the simultaneous revision procedure of the accounting system and the legal system". If the "international convergence" is adhered to, based on the new accounting system after convergence, when the accounting system is a legitimate accounting rules of conduct, it must gradually and progressively replenish (compliance or unspecified) or revision (when conflict) legal system terms; otherwise, it is proposed to use "note disclosure" or "triple report" method to provide a basic data source for the operation of the legal system. Based on this, this book proposes a specific implementation plan for the optimization of China's accounting legal system.

The allocation and trading of carbon emission rights has gradually started across the globe. The absence of relevant accounting standards leads to the lack of comparability, consistency and decision - making relevance of accounting information. Accounting confirmation and measurement are the key to the establishment of carbon emission accounting standards. The power analysis of carbon emission rights reveals that it has physical property – based carbon property rights and value – based carbon property rights. The accounting entity can be "two – divided" as a consumer who aims to acquire carbon property rights and an investor who aims to acquire carbon property rights. It was confirmed as "environmental assets" and "investment environmental assets" respectively. The accounting measurement of carbon emission rights shall be based on technical measurement and economic measurement to obtain the amount of the corresponding physical quantity and carbon financial right corresponding to carbon property rights respectively. The initial measurement shall be accounted at the actual cost, and the follow – up measurement shall allow the coexistence of cost and fair value. The establishment of carbon emission accounting standards should adhere to: establish a logical framework for the recognition, measurement, and disclosure of accounting rights oriented by the property rights protection of carbon emission rights; establish the accounting practice model of carbon emission rights based on the universality, perspectiveness, and stability of carbon emission rights accounting standards; the content should leave room for other environmental assets accounting.

目　录

上篇　产权中国进程中的会计理论创新

下篇　产权中国进程中的会计制度变革

上篇
产权中国进程中的会计理论创新

第 1 章

经济体制改革进程与中国的产权会计学

1.1　产权学派的兴起

自 20 世纪 90 年代以来，西方的新制度经济学及产权理论、交易费用理论传入我国，这既引起了我国经济学的革命，也掀起了作为经济学的分支学科——会计学的革命。顺应这一历史潮流，我国会计界一批具有扎实的会计学功底，又掌握了现代产权理论和方法、眼光敏锐、思想活跃的杰出中青年会计学家，从产权理论这一崭新的视角，思考和分析中国的会计理论和会计实践、过渡时期的会计问题等，取得了重大进展，逐步形成了有中国特色的会计学产权学派，这既开创了会计学研究的新方法，又掀开了我国会计学领域新的篇章。

1.1.1　中国会计学产权学派兴起的背景

中国会计学产权学派的兴起，首先是中国改革的需要，是对经济改革的回应，同时，会计学理论的创新也是经济改革能否顺利进行以至最终取得成功的一个要件。目前我国正处于从计划经济向市场经济的历史性制度变迁和社会转型过程中。如何尽量避免改革过程中的冲突和摩擦，使改革成本最小化，都离不开对存量利益的调整变动以及增量利益的实现进行恰当地反映和分配，而会计学以其货币计量性、综合性、真实性等特征对社会资源的流动、分配和配置方向有着不可替代的优势，会计原则的建立就是为了减少市场交易费用，保护各种产权主体的平等权益，会计报告的目的就在于平衡委托—代理双方——委托人和代理人的权责、利益关系。同时，我国改革开放的实践为我国的会计学家提供了丰富的经验和素材，使他们能身临其境、近距离地观察改革过程中出现的新问题、新情况。在产权理论、过渡经济学理论这些专门研究从一种旧的制度安排到新的制度安排以及制度变迁过程中产权界定、产权明晰的重要性并且对我国的过渡问题有很强的解释力的前沿理论的指导下，将产权经济学的原理融入会计学之中，以中国改革为剖析面，合理地确定会计改革的落脚点，协调改革中各平等产权主体的利益，实现合作博弈中的纳什均衡点，推动改革的进展，为改革铺平道路。

其次，中国会计学产权学派的兴起，同时也是传统会计学自身变革的需要。按照我们的分类方法，会计学的研究群体可分为三类：第一类是传统的就会计论会计。其基本理论是围绕会计等式建立的复式簿记体系本身。在研究对象上，传统会计学注重研究会计符号，不关心会计符号背后隐藏的人与人之间的复杂的权利、义务关系。在研究方法上，传统会计学侧重进行规范研究而较少进行实证研究，偏好逻辑推演。传统的就会计论会计由于研究的起点早、时间长、领域深入，因而积累了丰富、扎实的会计学知识，为会计学的进一步发展打好了基础。第二类是实证会计理论。实证会计理论强调的是解释和预测现实世界的现象并用经验数据检验这些命题的正确性。从某种意义上说，实证会计理论克服了传统会计的缺点。它重事实、数据，轻视主观判断。回答“是什么”而不是“应该是什么”，在运用精密的数学方法对大量的经验事实做归纳、分析的基础上得出结论。在理论体系上，除了会计学的本源理论以外，还大量地引入数理统计的方法作为常用的分析工具。但是，过度地偏向于实证会计，又会陷入“唯理主义”的泥潭，因为经验实证只有与理论研究相结合才有意义，从经验观察到的现象和数据直接得出的结论，只有与理论假说相联系，在理论指导下，才能从经验中得出规律性的可靠的结论。第三类，就是把会计学与经济学、管理学、法学、哲学等学科结合起来进行交叉式的研究，创建新型的渗透式边缘性科学理论。在理论体系上，它囊括了会计学和其他相关学科，构成了一个开放的、有关学科之间互动的充满生机与活力的体系。研究方法上综合运用了演绎推理、归纳推理以及经验实证法。而把产权理论与会计学相结合进行产权会计的研究，无疑是处于会计学边缘学科的顶峰，因为从理论上说，产权理论是经济学理论的基石，其他经济学理论莫不与之有关；从实践上看，产权明晰是市场经济有效的前提条件。因此，产权会计学为中国会计研究开辟了崭新的道路，它昭示着会计学未来的发展方向。

最后，会计准则的制定是产权会计学派兴起的直接催化剂。我国于 1993 年制定了企业会计准则，在此前后展开了对西方会计学、经济学的引进、学习和借鉴，并结合我国的具体实践加以综合和创新。而 1999 年我国颁布新的会计法以及制定新的具体会计准则之时，则掀起了第二次会计大讨论。会计学者们逐渐认识到，仅局限于会计领域内讨论问题已没有多大的发展空间，必须跳出会计这个“框框”重新寻找出路，而这时科斯定理为会计的发展提供了恰当的切入点，科斯定理以其无穷的理论魅力和较强的解释力为我国会计指明了发展方向——把经济学引入会计学领域。它使我们透过会计的价值数字来观察它所反映的产权关系和权利流动。新理论的创新，缩短了我国会计学研究与世界发达国家会计研究水平的距离，把我国的会计学研究推入国际发展的轨道。

1.1.2 中国会计学产权学派的兴起

首先，会计学界出现了一批专门研究产权与会计的会计学家群体，并取得了丰硕的研究成果。会计学家们多角度、多层面地研究了产权与会计的相关问题，形成了一个完整的体系。例如，从会计目标出发的有：《从产权经济学看企业的会计目标》《从产权的新视角对会计目标进行重构》《从产权组织形式分析我国国有企业会计的目标》；从会计核算出发的有：《会计核算的产权功能研究》《加强产权制度 改革企业的会计核算工作》；从会计权益出发的有：《从产权关系看知识企业会计权益理论改革》；从会计准则角度出发的有：《科斯定理与会计准则》《会计准则制定模式——交易费用理论的一种运用》《从产权角度论会计准则制定的动因》《从产权经济学角度论会计准则》；从会计信息出发的有：《信息、产权与博弈：会计监督的经济学》《会计信息的产权问题研究》《从产权经济学看会计信息失真及治理》《完善产权监管 提高会计信息质量》《从产权角度探析会计信息失真的深层动因》《会计信息与产权制度》《会计信息质量问题的调查研究——从会计学和产权角度分析》；其他类的还有：《试论现代产权制度下会计的地位与作用》《从产权角度看会计产生和发展的动因》《网络时代会计制度创新：产权界定与市场化》《产权理论是会计研究的起点》。此外，伍中信的《产权与会计》《现代财务经济导论——产权、信息与社会资本分析》及《现代企业财务治理结构论》、田昆儒的《企业产权会计论》等产权与会计理论专著已经开始结束简单的介绍、模仿阶段，以对现有的会计学理论的一般结论提出挑战的方式开展了自己的思考和研究。这表明中国的会计学产权学派已经形成，并快速发展。

其次，会计学界提出了产权与会计的初始化概念——过渡会计学。众所周知，交易费用概念的提出及一般化是产权经济学形成的标志。以过渡经济学的基本理论与方法为基础，结合产权、制度、博弈等理论研究我国会计制度从计划经济向市场经济过渡的一般理论及其过渡规律的过渡会计学的初始化概念的提出并逐步走向一般化则是我国会计学产权学派兴起的又一个标志。我国从计划制度向市场制度的过渡是人类历史上未曾发生过的事情，没有现成的理论可以照搬。我国已有的经济学理论包括会计学不能对这一工程浩大的革命给出完美的解释和做出积极的应对之策。会计制度变迁是一个“演进”过程，简单地照搬不是中国会计制度变迁的正常秩序。只有在改革中强调“中国特色”，在“具有中国特色的会计理论和方法体系”的基本方向的指引下，让千百万当事人去摸索、去博弈、去试行、去创新。因此，中国的会计学家们只有提出新的概念和方案，进行科学的逻辑分析和经验检验，才能对中国改革和发展中已经发生的和正在发生的问题做出有效的解释，进而为过渡时期会计制度的变迁找出符合帕累托最优的可行方案。中国传统会计学不研究会计学的过渡问题，不分析会计制度变迁的“经济后果”，只分析会计的技术变迁。中国会计学产权学派则透过会计表面的价值运动观察其后隐藏的权利流动即产权流。

最后，会计学界注重方法和方法论的改造，坚持运用产权经济学的分析方法，即运用新古典的均衡分析、交易费用分析、代理理论、契约理论相结合的方法。从一定意义上说，一种理论的突破和发展首先是从方法论上的突破和发展开始的。著名会计学家亨德里克森把会计理论分为机制性理论、解释性理论和行为性理论。机制性理论说明现行会计实务，行为性理论强调会计信息使用者的需要，产权会计学派的理论应属于解释性理论，但它“不是描述会计实务的方法程序的外表形式和结构，而是要借助经济学概念来解释会计实务。会计的准则、规则和信息的含义、作用都以经济理论为依据，使会计信息能再现或反映现实世界的经济现象。”产权会计学派建立在个人主义、功利主义、自由主义、个人行为有限理性的哲学基础上，借助规范分析、实证分析、宏观分析、微观分析、动态分析、静态分析等思维原理和方法，综合运用均衡分析、交易费用分析等具体的技术方法，在产权与会计关系的研究上已取得了可喜的成果。例如，从产权理论出发，说明现行制度下会计信息失真是委托人和代理人博弈的必然结果，因为国有企业的名义所有权归国家所有，实质的所有者缺位，代理人即厂长经理们拥有国有企业的控制权，但不拥有剩余索取权，公有制企业实质上是一组非市场合约，以租金激励体制代替利润激励体制，代理阶层追求非生产性活动所得收益远远大于从事生产性活动的收益，会计信息丧失了它原本意义上的用途，而仅仅作为一种寻租的手段可以根据需要随意调节。所以治理会计信息失真只从会计人员这一方面入手是不能取得满意的效果的，必须在整个经济体制改革的大环境下，从明晰产权入手，完善企业内部治理结构等综合手段。又如，从代理双方信息不对称推导出会计监督不力这一必然现象，会计监督的目的在于界定产权和保护产权，企业的所有者由于处于企业外部而处于信息劣势的地位，因此，对所有者利益的保护应是我们关注的重点，而这种信息不对称的情况是始终存在的，解决的出路在于设计一种机制使所有者与经理层达到激励相容，这样经理层对会计的监督就会有效。再如，会计准则的制定不仅是一个技术问题，还是一个社会问题，会计准则本身是产权制度的一种或说是产权制度的一个组成部分，任何一种会计准则都体现了对某些特定主体产权的保护，会计准则的基本结构是产权经济模式的自然反映，产权关系的不同规定了不同的企业组织形式，会计准则与其他制度安排一样，具有约束功能和激励功能，有效的会计准则应是交易费用最低的准则，会计准则随着产权的变动而变动，会计准则的变迁应符合成本效益原则；此外，由于会计信息是一种公共产品，会产生外部性、“搭便车”等问题，对会计信息本身的产权问题也要通过政府规定强制性的信息披露来解决，因为公益物品在纯粹由私人提供的情况下会造成严重的供不应求。总之，在我国会计学界有志于产权与会计的交叉式研究的学者们，已建立一套公认的包括学术纪律、学术道德和学术秩序的理论创新规则，形成了尊重学者的独立自由人格、尊重知识发明的科学态度、恪守学术创作的基本要素、严谨的学术评价体系等惯例，为促进学术交流，推动会计学和经济学理论的发展做出了巨大贡献。

1.1.3　中国会计学产权学派的前景展望

经过数年的发展，中国会计学产权学派的研究队伍已相当可观并还在继续扩大，研究机构和理论阵地已相对稳定并继续增多，如湖南大学产权会计研究中心，研究成果数量迅速增加，成果质量逐年提高，其学术影响越来越广泛。所有这一切，昭示着21世纪中国的会计学产权学派有可能取得世界公认的理论成果，形成一个中国的会计学产权学派，从而繁荣中国的会计学，推动中国会计学走向世界，为人类科学文明做出贡献。

首先，中国会计学界已经聚集了一大批会计学功底扎实，又对现代经济学造诣颇深，并具有高度敬业精神，踏踏实实从事教学和科研的中青年会计学者。他们不为物欲横流的商品经济大潮所动，毅然选择了清贫的会计学研究。他们以探寻真理、追求知识为已任，多年来耐得住寂寞，潜心研究会计问题的经济学基础。可以说，为推动会计学在中国的发展，使中国的会计学走向世界，他们功不可没。由于他们与老一代的会计学者相比，年纪轻、思维活跃、敢于创新，使他们既能够摆脱传统会计学理论的束缚，在对传统会计学理论的批判和扬弃过程中开拓自己的发展道路，又能够避免西方会计学片面追求数学化、模式化和理论脱离实际等缺陷，在对现实的会计问题进行探索和概括的基础上，提出和发展新理论。中国的会计学家们有可能在中国特色社会主义的大背景下，恰当地把握会计学的发展方向，形成有中国特色的会计理论，使中国的会计学研究迅速地异军突起。

其次，中国的改革开放和发展，为中国的会计学研究提供了并将继续提供丰富生动的经验和素材。这是中国的会计学走向世界的资源条件。一国的经济理论要得到国际学术界的公认，就必须在理论上有所创新。而经济理论创新一般是在现有理论不能解释出现的某一特定社会现象时产生的。自 20 世纪 70 年代末以来，中国经历了并且将继续进行一场历史上罕见的伟大的制度变迁和社会转型，它不仅涉及基本的制度结构，而且涉及一系列具体制度安排，如会计制度，这其中已经出现了一些传统会计学理论不能解释和预言的问题。身处改革发展大潮中的中国会计学者们一方面从已有的传统会计学理论中吸取营养，另一方面从中国独特的制度变迁中抽象出全新的会计理论。这些理论成果必将对其他的社会主义发展中国家以及其他的转型国家有着积极的借鉴意义，它将补充完善既有的会计学理论，为世界会计学发展做出贡献。

1.2 产权会计学的创新与发展

1.2.1 基本缘起与发展

会计与产权渊源由来已久，从若即若离到水乳交融可谓历尽沧桑。随着产权社会化程度不断提高，会计的经济管理作用日益凸现，一种产权经济学与会计学融合研究的思想在萌动。真正将会计与产权进行融合研究是 20 世纪 90 年代初的事情，研究历程还很短，但这种研究思潮以其独特的魅力吸引了众多中青年会计学者。由此，在中国诞生了产权会计理论学派。它是学科交叉与渗透的直接结果。会计和审计都是产权结构变化的产物，是为监督企业契约签订和执行而产生的。产权理论的核心就是研究如何通过界定、变更和安排产权来降低交易费用，提高经济运行效率，从而优化资源配置。但是，交易费用存在配比与计量难题。由于计量是会计的核心，会计天然有助于交易费用配比与计量难题的解决，在界定产权价值，全面、及时、系统地反映和监督产权价值流动方面具有无可比拟的优势；另一方面，产权理论为会计基础理论与实务的剖析提供了全新视角，能够解释现有会计存在的问题并提供其解决思路。会计与产权的这种高度耦合是产权会计学派诞生的根本原因。

从此，会计学与产权经济学之间的互动研究方兴未艾，硕果累累。在国外，利用产权经济学原理来解释与预测会计问题的经典著作当推瓦茨和齐默尔曼的《实证会计理论》（1986）一书。但国外学者并未明确提出“产权会计”范畴，没有形成相应的理论体系。我国产权会计学者认为，会计对产权的贡献是与生俱来的，并一直成为产权思想的忠实随从；其产生、发展和变更的根本使命是：体现产权结构，反映产权关系，维护产权意志。他们运用产权这把“手术刀”，以会计为截面，剖析了会计的本质、目标和职能等会计基础理论，诠释了会计核算方法、会计制度变迁的产权动因。刘峰从降低交易费用角度阐释了会计准则的变迁；谢德仁以现代企业理论中的剩余索取权为中心，重点研究其分享安排与剩余计量；杜兴强以契约理论和产权经济学为依托，以博弈论为指导，开创了会计信息产权的动态变动和静态剖析这一独特的研究领域；田昆儒从交易费用和产权制度角度考察了中国会计准则演变及会计信息产权问题等。迄今为止，会计学者已从多个角度研究了产权与会计的相关问题，形成了一个较为完整的体系，这种理论创新大大缩短了我国会计与世界发达国家会计研究水平之差距，必将提升我国会计研究的水准与国际地位。

1.2.2 产权会计对传统会计的重大开拓性

（1）研究范式的重大突破：产权分析法

我国经济体制的转型必然涉及产权利益的重大调整。市场化改革为引入产权分析法创造了前提条件。企业作为市场经济主体是资源配置的一种重要方式。企业产权理论主要研究两方面的问题：一是企业的产权地位或拥有什么产权；二是企业内部的权利安排。前者天然地赋予会计界定产权的职能，后者天然地赋予会计保护产权的职能。如果人们不能获得投资收益，他们将不再投资，因而投资者产权保护是基本的、最重要的。产权会计基于企业产权理论，跳出了传统会计就会计论会计，由只关注技术改进的“技术至上主义”过渡到关注会计的经济后果。它立足于所有权的个人主义理论哲学，重视所有权的社会主义理论哲学，以有限理性经济人、资源稀缺性、正交易费用和不完全竞争等为基本假设，借助规范分析与实证分析、微观分析与宏观分析、静态分析与动态分析的原理和方法，综合运用新古典均衡分析、交易分析、委托—代理理论和不完全契约理论分析，从“产权效率体制”的三大标准（产权的普遍性、产权的排他性和权利的可转让性）出发，高屋建瓴，透视会计理论与实务。

产权分析方法的关键是要表明产权内容能够以具体的和统计上可预测的方式影响到资源的分配和使用。而这种产权内容（权能和利益）的具体化恰恰又是会计的专长之所在。会计信息是经济信息的主要组成部分，统计上的预测经常借助于会计信息。产权分析法与会计也是高度耦合的，这种高度耦合是产权会计诞生的重要原因。产权会计以产权分析法作为自己的研究范式，使我们可以透过会计数字来把握产权关系和权利流动，顺应了会计发展变革的需要，是对传统会计研究范式的重大突破与创新。狭义的产权，可视为围绕财产而内化的一系列权利束的总和，包括财产的终极所有权以及财产占有权、使用权、收益权和处置权。在现实中，任何经济活动、任何资金运动的背后都隐藏着“产权”的交易和流动，表现为一种“产权流”。运用产权分析法，我们可以从全新的视角触及会计基础理论问题：会计的本质是受托责任论，会计的目标是认定和解除受托责任，会计的对象是“产权流”，会计的职能是界定产权和保护产权，会计制度是一种产权制度等等。

（2）突出会计核心竞争力：强调界定和保护“相对产权”，实施“现代资本保全”战略

新制度经济学认为，绝对产权（absolute property）是指特定的个人（权利人）针对所有其他人（责任人）的要求权（claims）。它主要是指有形物品的所有权，因为有形物品的所有权能够由其所有者排他使用且可以清晰地予以界定。相对产权（relative property）是指一个特定的个人（权利人）针对一个或一个以上的其他人（责任人）的要求权。相对产权主要是一种合约责任。它根源于缺乏远见和不对称信息而事前自愿达成的只针对责任人“机会主义行为”的合约性产权。与绝对产权相比，相对产权作为合约性产权具有更大的不确定性而难以清晰界定。企业是绝对产权与相对产权的耦合体。目前，在我国市场经济中，“相对产权”处于弱势地位，属于“弱势产权”。这种“弱势产权”地位导致企业重视实物资产投资而轻视无形资产投资。企业所有权是一种状态依存权已成为共识，现代企业本身也是一种不完全合约。不完全合约是利益相关者共同治理的重要原因。状态依存权逻辑下的利益相关者相机治理机制，凸显了相对产权的重要性。产权包括人与物之间的关系以及人与人之间的关系两个方面。前者主要对应于“绝对产权”，后者主要对应于“相对产权”。因为交易是有成本的，所以产权作为经济问题还从来没有被完全界定过。这种未被完全界定的产权主要是相

对产权。“相对产权”的界定和保护对局限于“绝对产权”的传统会计提出了挑战，产权会计通过引入全面的公允价值计量，明确责任人的责、权、利关系，可以比较充分地界定和保护“相对产权”，以发挥产权的激励约束功能，促进经济蓬勃发展。这正是未来会计核心竞争力的根基所在。

产权会计界定产权和保护产权的职能要求对这两种产权等量齐观，它突破了传统会计仅关注“绝对产权”的局限性，并使会计从“传统资本保全”过渡到“现代资本保全”。企业本质上是不完备要素使用权资本化交易契约履行过程，从价值角度可以描述为财务资本、人力资本、组织资本与社会资本的一个不完全契约组合。我们认为，财务资本属“绝对产权”资本，而人力资本、组织资本和社会资本因具有合约性质而属于“相对产权”资本。会计上资本保全的最终目的是实现各产权主体在财产权利上的博弈均衡。而传统会计中资本保全仅局限于“财务资本”，这是一大缺陷。产权会计将资本保全的范畴拓展到财务资本、人力资本、组织资本与社会资本四大板块，关注企业的隐形竞争力，这正是会计核心竞争力的重要内容。

(3) 凸显会计控制巨大贡献：产权经济控制

时至今日，经济学、管理学与法学等均已成为现代会计学发展不可或缺的基础。值得注意的是，它们都把注意力集中到产权经济控制方面，这也对会计学提出了规定性要求。那么，为什么要对产权经济实施控制？在美国，产权尤其是对土地拥有的权利一直是对意志自由和人身自由保护中最基本、最重要的部分。产权经济控制最终还是要保护产权。我们认为，产权经济控制的核心就是产权控制，它是通过约束使产权主体间接“享受”产权相对自由，是产权约束功能的内在要求。那么，产权究竟如何控制呢？产权经济学家强调通过法律来界定产权归属进而控制产权。法律控制产权的依据又是什么呢？是经验？是判例抑或惯例？我们认为，法律主要从宏观上界定产权归属进而控制产权，并且容易出现违背自由、公正的法精神，一旦失误就会导致严重的经济与社会后果。而产权会计突出了对“两种产权的关注”并量化为产权份额，以产权份额为依据来界定产权归属将更加准确可靠。它能提供产权的量化信息进而成为产权控制的依据。产权会计对产权控制是微观层次的、基础性的；法律对产权控制是宏观层次的、总括性的。并且为达到公平、正义和效率，法律控制应以产权会计提供的量化信息为基础。

但是，产权控制必须要有制度保障。以 Williamson 和 Hart 为代表的经济学家认为，由于某种程度的有限理性或者交易费用，使得现实中的契约是不完全的。将“交易费用”和“新产权经济学”结合起来考察，可以发现产权对现实中的契约有两大贡献：事前契约的可靠性和契约执行中的灵活性。这表明，产权尤其是不稳定产权也是契约不完全的重要原因。不完全契约表明，不能规定各种或然状态的权责，而主张在自然状态实现后通过再谈判来解决，因此重心就在于对事前的权利（包括再谈判权利）进行机制设计或制度安排。由于契约是不完全的，作为以产权控制为核心的产权经济控制，为减少未来不确定性引致的冲突，在所有权结构方面必须坚持最佳所有权配置原则，即把所有权安排给投资重要的一方或不可或缺的一方。不完全契约理论表明了产权制度安排的重要意义。产权经济控制必须依赖产权制度的建立和执行。与两个层次的产权控制相对应：宏观层次的产权控制制度主要是法律制度，微观层次的产权控制制度主要是会计制度。会计制度本质上是一种产权制度，其设计对或然状态出现时的权责界定具有十分重要的意义。因为依据一定的“游戏规则”界定产权而生成的会计信息对产权的交易和流动具有导向作用。这种“导向”一旦错位，就会大大增加经济运行的费用，产权经济控制就“形同虚设”。因此，基于降低交易费用的会计制度变迁将为产权经济控制提供高质量的制度保障。产权会计凸显了会计对产权经济控制的巨大贡献。这种贡献也是与生俱来的，是产权约束功能的内在要求，是由产权保护的根本使命决定的。而传统会计局限于“绝对产权”这种残缺的产权，就会计论会计，难以承担产权经济控制的重任。

（4）透视会计制度变迁根本原因：寻租与交易费用视角

传统会计认为，会计制度可以通过技术上的修补、“堵漏”即可适应经济发展要求，没有必要进行瓦解、重构或重大变迁，这导致会计制度的时滞性问题“雪上加霜”。会计制度是一种集体行动的逻辑，是一种公共选择。公共选择之所以是一个“难题”，就是因为要在公众相互冲突的不同选择中做出一种社会决策。利益集团之间的权力结构不同、社会偏好结构存在差异，这些决定了公共选择结果的差异，这种差异是客观存在的。那么，由于权力结构的变化和社会偏好的变化，原来公共选择形成的制度就会存在时滞问题，制度变迁就成为必然。

一种制度标准只有同时从现存制度维度和制度变迁维度来把握，才能被充分地理解；在实践中，两个维度应相互作用共同创造新制度。如果会计制度所界定的利益边界与正当利益边界（产权域秩序）之间存在很大差距，那么就必然会有一部分利益留在“公共领域”，形成“共有财产”，也就存在“可挤占性租金”，而攫取它需要耗费资源，增加交易成本。从其本源意义上看，财产仅指一种权利、资格或利益，将资源等同于财产不如将它等同于权利、资格或利益。“共有财产”的存在必然形成共有权利结构。当技术或需求的变化使共同所有的资源比过去价值更高时，共有权利体系中的不稳定性就会变得特别突出。在现存会计制度下，只有付出巨大的交易费用，其影响才能度量出来，这就是会计寻租产生的根源。会计寻租会大大提高现存制度运行的交易费用。市场化改革使企业成为拥有独立财权的经济实体。竞争加剧使会计制度“公共领域”中“共有财产”不断“升值”，企业于是打破原共有权利结构的平衡，产生会计寻租行为。会计寻租实质上就是将“共有财产”变为“私有财产”，将“共有权利”变为“私有产权”，获取“可挤占性租金”。会计寻租越激烈，表明会计制度对分配性努力或掠夺的激励效应越强烈，会计制度变迁的外在驱动力也就越强。从产权的角度讲，会计制度变迁的根本原因是会计制度对“产权域秩序”的偏离；重要原因是会计制度对“会计域秩序”的偏离；直接原因是现存会计制度不能满足现阶段经济发展的需要。这三种原因都会增加交易费用。界定产权和保护产权是现代会计的根本使命。为降低交易费用，要适时变迁会计制度，提高会计制度的效率，缩小“公共领域”，遏制会计寻租。

（5）提供治理虚假会计信息泛滥新策略：“设租”与“寻租”双管齐下

产权也可定义为两种平等所有权之间的权、责、利关系。它强调权责利的相互统一。传统会计认为，会计信息虚假主要是会计执行人员的责任。如“合谋”、操纵利润“逃税”等。产权会计从权责利相对称、统一的视角认为，虚假会计信息泛滥的主要责任在于准则制定者在制定准则时就已经“设租”。“设租”是权力拥有者利用权力在政府对经济的干预和行政管理活动过程中阻止供给增加，形成某种生产要素的人为的供给弹性不足，造成权力拥有者获取非生产性利润的环境和条件。我们认为，会计“设租”是指准则制定者利用会计准则的制定权，主宰会计准则制定，形成模糊的产权界区，从而留下分配性努力获利空间的行为。会计“设租”可分为主观设租和客观设租两类。会计主观设租是指特定的利益集团游说准则制定者，制定有利于该利益集团而损害其他利益相关者会计准则的行为。会计客观设租是指准则制定者站在公众利益的立场上制定会计准则，由于有限理性和环境的复杂性，准则界定的产权利益边界与人们正当利益边界不一致而留下的模糊产权界区。它导致了会计制度对“产权域秩序”的偏离。这两种制度层面“设租”比执行过程中具体人员的造假（寻租表现）会带来更严重的社会后果：它给“会计寻租”提供了利益空间，提供了制度庇护，使“会计寻租”合法化；它是会计实务中造假的“源泉”，加大了制度运行的交易费用，是虚假会计信息泛滥的主要根源。产权会计认为，准则制定者在享有权利的同时，也有对称的义务确保准则制定的高质量。

我们认为，治理虚假会计信息泛滥应从“设租”和“寻租”两个层次出发，坚持“双管齐下”战略。一方面，对会计主观设租而言，我们要坚持相关“制度”相互协调综合治理的思路，发挥稳定、合作、协调的功能，用制度体系来综合治理，以至消除主观设租这一“权”到“钱”的交易，从源头上减少提供虚假会计信息的利润空间；对会计客观设租来讲，我们要正视它的客观存在，从整体上及时把握“产权域秩序”的变化，审时度势推进会计制度的变迁，缩小“设租”空间，缩小会计制度对“产权域秩序”的偏离，从源头上提高会计信息的质量。另一方面，对“会计寻租”，我们应坚持“两分法”。实务中会计寻租有合法与非法之分。其中合法会计寻租根源于会计制度本身的“设租”，如在“灰色区域”钻政策空子。非法会计寻租是寻租者在违法情况下根据寻租收益大于寻租成本原则而实施的分配性努力活动。会计寻租尤其是非法会计寻租加大了现存制度运行的成本，有损短期社会福利。但是，从长期来看，激烈的会计寻租活动是会计制度变迁的强大驱动力。会计制度变迁有利于完善会计制度，从而增加长期社会福利。因此，从“寻租”层次来考虑治理虚假会计信息，也应坚持“两分法”：其一，要严厉打击非法会计寻租活动，增大寻租成本；其二，正视合法会计寻租，不断完善现存会计制度，必要时推进会计制度变迁。

1.2.3 产权会计未来发展方向：一个展望

产权会计对传统会计的历史性突破是有目共睹的。无论是过去的会计，还是现时或未来的会计都确实存在一个对产权、产权经济乃至对产权价值运动的全面而深入的认识问题。会计变革从产权的角度讲，无非是为了比较充分地界定和保护产权，体现产权关系，维护产权意志，维持产权域秩序。产权保护是现代会计、财务和审计的共同使命。产权会计融经济学、法学、会计学、管理学和社会学为一体，提供了一个新范式——产权分析范式。产权分析法顺应了会计变革的内在要求，是未来会计变革的方法论基础。产权会计必将成为21世纪会计变革的主旋律。

未来产权会计还有许多问题有待继续深入研究。我们认为，主要包括：(1) 会计计量模式选择研究。在传统会计的基础上，可以研究不同计量模式下会计信息对产权主体利益界定和保护的影响，甄别产权会计应追求的计量模式。(2) 产权国际会计。涵盖会计国际趋同的产权动因、国际会计产权制度研究、集体行动逻辑下的国际会计准则形成与发展研究等。吴革（2002）对国际会计产权制度开展了初步研究。(3) 会计信息产权问题研究。会计信息产权归属、外部性问题及其如何内化等均有重要研究价值。(4) 会计信息“柠檬市场”问题研究。会计信息“柠檬市场”是指会计信息市场上虚假信息泛滥，使得原本提供真实会计信息的企业，因对自身不利转而决定提供虚假会计信息的行为。如何用产权的思想解决会计信息“柠檬市场”问题将关系到会计职业的生存和发展。（5）会计宏观社会角色产权分析。如社会责任会计、环境管理会计、资源会计、行为会计以及伦理会计的产权分析。（6）公允价值会计与产权会计内在逻辑研究。财政部最近发布的 39 项企业会计准则和 48 项注册会计师审计准则，其根本特征就是公允价值的引入。为什么要引入公允价值？公允价值对产权会计有何影响，两者有何逻辑关系等。我们认为，产权理论是公允价值会计的理论基石；公允价值是产权会计理论的历史选择；产权会计理论是推行公允价值会计的重要理论基础。（7）人本会计产权问题研究。以人为本的人本会计产权保护问题研究是会计科学发展观的核心内涵，具有重要的研究价值，是未来产权会计的重要发展方向。

第 2 章

经济体制改革进程与中国的过渡会计学

随着经济体制的变迁，我国会计制度也相应进行了重大改革。由于改革制度的复杂性，我国会计的市场化道路具有明显的过渡性特征，我们应在经济转型时期创立过渡会计学，并以此评价和引导我国的会计制度改革。

2.1　过渡经济学：过渡会计学的理论基石

所谓过渡经济学，是指一种研究如何从旧的制度安排过渡到新的制度安排的经济学理论。在我国现阶段，过渡经济学特指一种研究如何从计划经济向市场经济过渡的经济学理论，因而这一理论可以被看成制度变迁理论的一个分支，它以科斯为首的新制度经济学和以布坎南为首的公共选择理论作为主要的分析工具。这两种理论不仅自身具有很强的理论魅力，而且对中国的具体问题和过渡过程问题有着很强的借鉴和指导意义：以新制度经济学为理论基础的制度变迁理论，用交易费用分析法和相对价格分析方法，解释了制度变迁的原因和过程，使人们容易将它运用到中国目前的制度变迁的现实中去；公共选择理论的特征是在强调人与人之间存在利益冲突的前提下，认为制度以及制度变迁是由人与人之间的利益冲突以及冲突的解决过程和方式决定的，这一理论特征很适合用来分析中国的过渡过程问题。

在新制度经济学中，制度被看成是“一个社会的游戏规则，更规范地说，它们是为决定人们相互关系而人为设定的一些制约”。按照这一界定，广义上的“会计制度”应该是会计法规、准则或会计制度的统称。一项制度改革措施的出台，是一项新的会计制度安排取代旧的会计制度安排，也就是一个制度变迁过程。从这一意义上看，对于会计制度的创新和变迁，过渡经济学的有关理论是适用的。1993 年我国颁布实施的《企业会计准则》，开始了我国会计制度适应市场经济改革的第一步。这次会计制度变迁，不仅给中国改革带来巨大推动力，而且为研究我国会计制度的过渡问题提供了难得的范例。

2.2　我国会计改革评价：过渡性及问题

在过渡经济学中，判断一项改革是否有效率或能否达到均衡的标准是帕累托改进和非帕累托改变。体制改革一般来说必然涉及利益关系的改变，因此，所谓帕累托改进，指改革的目标方案能为人们提供新的机会，使人们都能够较容易进行均衡，同时也是有效率的。相反，我们把那些只有通过改变利益分配关系，使某些人利益受损才能提高现有资源的产出水平和社会福利水平的改进，称为“非帕累托改变”，这样的改革，必然会受到利益受损失的“利益集团”的阻挠，引起较大的利益摩擦。如果改革受益集团和受损集团势均力敌，改革则难以进行。即便实施强制性制度变迁（改革），只要受损失的利益集团力量足够强大，新制度的缺陷就会被利用，被“钻空子”，出现多种问题。通常，一项改革应该使大多数人受益，近似于“帕累托改进”的改革在理论上是没有阻力的。现实中的改革多为“非帕累托改变”，如果改革同时损害了大多数人的利益，则说明这项改革还不是理想的帕累托最优状态，同时也说明这一项改革本身具有过渡性。

1993 年新的会计制度的出台，并不是社会当事人反复博弈产生的，而是通过政府行政手段强制颁布实施的。作为公共选择的结果，这一制度在较大程度上是以保护国家利益为基本前提的，因此我们认为，这次会计制度变迁并属非帕累托改变，它具有过渡性。虽然西方过渡经济学者“并不承认在两个制度安排之间还有什么过渡形态”，但中国的学者并没有犯这个错误，相反，他们很强调把过程本身当成研究对象。这一研究方法的启迪是，会计改革不可能一蹴而就，它具有过程性，在改革过程中形成创新的改革结晶便是“中国特色”的会计理论和会计制度安排。

一项制度创新的前提是理论创新，没有创新的理论做指导，制度创新（改革）是会有所偏颇的，乃至是成本高昂的。然而我国至今尚无一种创新的理论对正步入过渡时期的会计改革进行指导和评价。过渡时期的会计改革实践正呼唤着过渡会计学理论的诞生。

2.3 过渡会计学：概念及其特征

20世纪90年代初以来的会计改革，在过渡期间产生了诸多问题，需要从理论上做出解释，例如会计准则制定模式的分析及目标模式的选择、会计信息失真和会计监督不力问题等。通过传统的会计理论难以得到满意的结论，这就需要我们对会计理论进行创新。所谓过渡会计学是指在传统会计理论的基础上，运用过渡经济学的基本理论和方法，研究我国计划经济体制下的会计制度向市场经济过渡（改革）的一般理论及过渡规律的科学，是一种有关中国会计制度变迁的理论。与传统的理论相比，过渡会计学具有如下特征：

（1）过渡会计学把会计制度作为研究对象。值得说明的是，传统的会计学基本上也是围绕会计制度来进行研究。如西方会计界是围绕“公认会计原则”的制定和完善来进行理论研究的。由于会计工作具有极强的操作性，而会计的操作又是围绕会计制度来进行的，因而会计理论研究，也大多围绕会计制度来进行，如会计理论概念结构、理论框架等，均与会计制度相关。当然也有一些会计理论可能与会计制度无关。但传统会计学一般只是从一个侧面研究会计制度的局部和静态，而过渡会计学则完全把会计制度作为自己的研究对象，从制度变迁的动态角度把会计制度作为一个整体来进行研究，“会计制度”也因而成为过渡会计学研究的基本单位和基本细胞。

（2）过渡会计学与传统会计学的分析方法或工具不同。过渡会计学也大量运用规范理论和实证研究等方法，但它与传统会计学的根本区别在于，传统的会计研究往往是就会计论会计，就会计制度论会计制度，很少运用理论经济的分析工具和方法。例如西方会计原则讲“公认”，很少有人认为这是“多次博弈”的结果；我国一些企业会计做假账，较少有人想到它具有“过渡性”，也较少有人想到要设计一套机制（或制度）让会计人员愿意接受会计制度，而往往采取“大检查”等硬性措施来控制对方。过渡会计学的研究是在已有的会计理论和方法基础上，广泛地运用产权经济学、制度经济学、博弈论、信息经济学等分析工具和分析方法，使得这一分析更具解释力和说服力。

（3）过渡会计学研究的基本假设是会计改革具有过渡性，并且针对会计改革的过程进行研究，而我国传统的会计学所研究的问题和对策往往具有“一次性”，也使得其效果具有“短暂性”。例如在研究“三角债”问题时，人们总想采用“启动资金”等办法把它一次性“端掉”，而并不承认它是商业信用的一种必然形式，也没有想过要设计一套机制来理顺债务关系，使得债务人在拖欠时占不到便宜；又如会计做假账，人们并不认为这是信息不对称的必然结果而承认它的存在，然后通过设计一套机制来让他们说真话，让他们在说假话时占不到便宜，而往往采取行政方式来制止他们，显然这种做法是一次性的，其效用具有明显的短暂性。

2.4　过渡会计学的理论创新和研究框架

作为一个新的学科分支，我们认为过渡会计学应主要包括如下研究内容：会计改革的原因和动力、会计改革的过程和路径依赖性以及会计改革的目标模式。

2.4.1　会计改革的原因和动力

（1）制度均衡概念的引入

制度均衡，就是人们对既定的制度安排和制度结构的一种满足状态或满意状态，因而无意也无力改变现行制度。反之，当人们对现行制度不满意或不满足，意欲改变而尚未改变的状态则为制度非均衡。制度均衡是一种暂时存在的状态，而制度非均衡则是一种常态，制度就是不断的均衡—非均衡—均衡的循环往复的渐进过程，一步步地从不完善到完善的过程。当旧的制度已遭到破坏，而新的完善的制度尚未充分建立起来，制度则处于中间状态——过渡状态。

我国的会计制度目前正处于这样一种状态。在高度集中的计划经济体制下，企业所需资金由国家拨给，企业所实现的利润全部或大部分上缴国家，企业资金来源渠道单一，企业的经营方式单一，企业的会计信息主要是为国家服务。政府享有全部会计规则的制定权，成为会计制度供给的天然垄断者，会计则成为国家驻厂的“核算员”。政府同时又作为会计信息的几乎唯一的使用者，对由自己一手包办的会计制度及其生成的会计信息基本上是满意的。因此，该阶段的会计制度可以说是处于均衡状态。但是，这是一种低效率的制度均衡，该阶段的会计制度安排保证了经济在低效的状态下运行。随着市场经济的逐步建立，企业的经营权与所有权分开，企业的方式和机制转变，企业的产权结构起了变化，企业的资金来源渠道多元化，更为重要的是资本市场的发展，为投资者和筹资者的投资、融资活动提供了广阔的空间，因而会计信息成为社会公众关注的“信号”，从而过度偏向政府这一产权主体利益的会计制度安排自然不能得到公众的满意。当会计制度障碍和制度摩擦不断发生，制度接受者的不满积累起来，如众多的假账林立、利润操纵行为，并逐渐成为制度运行的主要状态，就出现了制度非均衡。

（2）会计制度供求和制度变革

制度选择和制度变革是人们的一种社会行为，我们称之为制度行为。当人们作为行为主体采取制度行为时，进行制度选择和制度变革时，就成为一个“制度行为主体”，简称“制度主体”或“制度角色”。生活于同一制度安排和制度结构中的人们，由于在制度选择和制度变革中处于不同的地位，起着不同的作用，具有不同的行为，扮演着不同的角色，可大致分为两类：一部分人或集团在制度选择和制度变革中处于主动的地位，起着决定的作用，是制度选择和制度变革的决定者，即选择主体或变革主体，我们称之为“制度授体”；另一部分人或集团在制度选择和制度变革中处于被动的地位，起着从属的作用，是既定制度的接受者，我们称之为“制度受体”。由于制度选择和制度变革的决定者也要在其做出的制度安排和制度结构中生活，并以此来规范自己的行为，从这个意义上来说，他们又是制度的接受者；同时，制度接受者也会对制度选择和制度变革施加自己的影响，间接发挥“制度授体”的某些作用。具体到我国的会计制度变革中来分析，我国的会计制度一直是由政府这一强势集团提供和发起变革，因此政府应是会计制度的“授体”；而广大的会计人员和会计信息使用者则是既定会计制度的接受者——“制度受体”。虽然某些利益集团也可能对政府的会计制度安排和变迁进行游说，但这并不能改变政府作为唯一的会计制度供给方的地位和作用。

会计制度需求是对会计制度服务的受体需求或社会需求，是在进行社会成本和社会收益的基础上决定的。因此，制度需求是由制度的社会净效益决定的，是与制度的受体非均衡联系在一起的，制度效益通常是指制度的运行效益。与会计制度的需求不同，会计制度的供给则是制度服务的授者供给，它是由制度决定者“生产”和提供的。因而，制度供给的决定所依据的不是制度的社会成本和社会收益，而是制度的个别成本和个别收益，并且制度授者对制度变革成本的关注往往大于对制度运行成本的关注。

既然制度需求是由制度运行的社会净效益决定的，而制度供给是由制度形成的个别净效益决定的，由于其社会成本和个别成本、社会效益和个别效益之间存在着明显的差别和矛盾，其社会净效益和个别净效益也必然存在差异和矛盾。当新制度的潜在社会净效益大于原有制度的社会净效益，而新制度的个别潜在净效益小于、等于原有制度的个别净效益时，即制度的受体非均衡和授体均衡同时出现时，虽然能够产生制度需求和改革动机，但却缺乏制度供给和改革能力，就会形成制度实际有效供给不足。只有当新制度的潜在社会净效益大于原有制度的社会净效益和新制度的潜在个别净效益大于原有制度的个别净效益同时出现时，即制度的受体非均衡和授体非均衡同时发生，才会既有制度变革的需求，又有制度变革的供给，变革者才会采取行动放弃旧的制度安排而选择新的制度安排。

另外需要说明的是，对于制度这样一种公共产品，相对于社会成本和社会效益，个别成本往往相对较大，而个别效益往往相对较小，对新制度服务需求的产生往往先于该制度实际供给的形成，从而造成制度有效供给不足。这可以对我国的会计制度的滞后性做出合理的解释。如到 1985 年我国国有企业普遍实行了基建资金的“拨改贷”改革，导致我国国有企业的自有资本严重不足，但这从国有企业三段平衡式的“资金平衡表”上很难看出，从而无法提供国有企业财务状况可能变化的信息。再如，企业集团的发展要求制定通用的不分行业、部门与所有制的会计规则，而我国企业仍存在具体会计准则和行业会计制度并存的情况。

（3）会计改革的动力

改革是一个利益的重新分配和配置的过程。在会计制度的改革过程中，由于所处社会地位不同，人们有着不同的利益要求，我们可大致把他们分为遵循会计制度提供会计信息的报表编制者、接受既定会计制度安排下的会计信息的信息用户、依照会计制度和审计制度对财务报表实施审计的审计人员以及在会计改革中处于主动地位、发起和决定会计改革进程的政府机构。

①财务报表的编制者。在两权分离的责任框架下，财务报表编制者不仅仅是主体会计人员，还包括呈报管理者。财务报表编制者的利益动机概括起来主要表现在以下几个方面：首先是以较低的成本从资本市场上获取其所需的资源。在一般意义上，一个资本有效市场，同时也是一个信息有效市场，企业要从资本市场上以较低的成本获取资源，它就必须学会利用财务信息揭示来树立其健康的财务形象。一般情况下，财务状况和经营业绩越好的企业，通常也会被认为是财务状况越健康的企业。但是，由于企业生产客观上存在着周期性和季节性，其业绩也就不可能保持一贯的增长势头。同时，管理者的最佳选择通常是希望借助于对财务呈报的操纵来维持“稳中有升”的财务形象。因此，他们所希望的会计制度，也就是那种能给他们留有足够的余地来进行这种信息揭示操纵、具有足够灵活性的会计制度。其次是以较低的成本揭示会计信息。信息揭示成本包括信息的生产成本和信息的消费成本。就信息的生产成本而言，其成本的高低通常与所揭示信息的数量和质量有密切的关系。所以，财务报表编制者总是抵制那些与信息用户不相关的信息揭示，也就是不希望会计制度要求其提供过量信息。就信息的消费成本而论，其成本的高低通常与企业信息揭示所带来的负面影响有关。例如成本

信息，一旦被竞争对手所掌握，则很可能使企业在市场竞争中处于不利地位。作为规范会计信息揭示的会计制度，也就必须把握好这个度。总之，财务报表编制者总是希望会计制度能够比较概括、比较原则，使他们在不违反大前提的情况下在财务信息揭示方面拥有较大的灵活性。

②财务报表用户。财务报表用户是一个很广泛的概念，任何受到企业影响的利益关系人，都是企业财务报表的用户。虽然财务报表用户的构成极其复杂，其背景和信息揭示要求也迥异，但若撇开一般使用者的个体差异而从总体层面上来分析，他们对待会计制度制定的要求至少有如下三个共同点：一是会计制度规范下的财务信息应是可理解的信息。如果使用者的决策是根据企业提供的财务信息来做出的，那么，企业提供的财务信息首先就必须是他们可以理解的信息。虽然可理解性是因人而异的，企业究竟应当提供谁能理解的信息，一直是会计制度制定中的一大难题，但无论如何，财务信息的可理解性始终是财务报表用户所最关心的。二是不同企业间的财务信息是相互可比的信息。当投资者面对多个投资对象时，他如何确定自己所偏好的投资对象，则主要取决于信息的比较优势。因此，会计制度的一个主要目的也就是要解决各企业间的财务信息的可比性问题。三是企业所提供的信息必须是可靠的信息。从会计制度层面来讲，可靠性的一个重要保证就是由会计制度恰当解决会计选择问题。当人们对于相同或相似经济行为的反映采用不同的会计处理时，其反映的结果就出现了较大的差异，从而严重影响信息用户的决策。会计制度制定的重要目标之一也就是要限制经理人员的选择。换言之，当多种会计选择影响财务信息的可靠性时，“人们宁愿接受政府对公司强制会计披露和统一报告方法的要求，以换取可资信赖的会计信息”。

③财务报表的审计者。财务报表的审计者——注册会计师是介于财务报告编制者与使用者之间的利益关系人。他们负责验证公司管理当局所提供财务报表的可靠性与公允性。由于经济事务中存在的不确定性，以及经济交易和事项的不断翻新，会计制度的灵活性为经理人员的会计选择提供了空间。这些选择是否恰当，便要借助于注册会计师的专业判断。若判断失误，则很可能招致诉讼引发名誉上或经济上的损失。因此，注册会计师为了确保自身的利益，希望社会所提供的专业标准应当至为详尽，以使他们在执业时有具体规则可依，而不是只依靠职业判断。这样，即使出现风险，他也容易摆脱法律指控的困境。

④政府机构。政府机构作为一个产权主体，在会计制度的改革中既有自己的特殊利益，同时又作为其他各方的利益代表，因而有着更为复杂的动因。总的说来，政府在会计制度改革中主要关注会计制度变迁对以下两个方面的影响：一是税收征管。会计制度如何界定利润与收益，不仅会影响到税收征管中的所得与税

率，而且直接影响到政府的财政收入。政府在这个问题上又有两种立场：用户立场与监管立场。就用户立场而言，政府税收征管机关仅仅把自己看作财务报表的一个用户。作为单个用户，它完全遵从会计制度制定的要求。它在会计制度的基础上，站在中立的立场上来制定自己的税收。在这一立场上，它希望会计准则侧重于反映纳税人的经济真实。就监管立场而言，政府税收征管机关不再把自身看成是单纯的财务报表用户之一，而是把自身看成是财务信息的规范者。作为规范的制定者，它希望会计制度制定能够服从政府的税收政策。在这一立场下，它希望会计制度服务于政府的税管效率。也就是说，如果应税收益能与纳税人会计收益保持一致或基本一致，那么政府的征税程序便可大大简化，征收成本也就会大幅度降低，从而提高税管效率。二是政府经济计划。政府机构在制定经济计划时，同样需要使用财务报表，在计划经济体制下，企业财务报表的主要作用就是为国家经济计划服务。虽然在市场经济体制下，企业财务报表服务于国家计划的作用不那么突出，但我们仍不能否定它在国家宏观经济计划中的作用。然而，会计数据所能够为政府经济计划提供的信息量非常有限，而且还可能引起政府对企业当前时期、过去状况和期间经济变动的误解。如果政府部门希望以恰当的效率来取得和汇总数据，那么它就必然会干预会计制度体系的建立。但政府机构对会计制度的干预，也是有利有弊的。其利在于：政府对规范财务信息揭示的会计制度的干预越强，也许更容易实现较高的宏观经济效率和其他社会目标。例如，通过对准则的干预，便可能使得各公司之间财务信息的可比性进一步增强，从而也就更有利于投资者评价投资机会和企业形象。弊在于：政府对企业财务信息揭示的干预，有可能进一步扭曲对企业经济真实的反映，从而降低财务信息的有用性。

综上所述，由于会计制度的变迁必然涉及各方利益冲突的平衡，因此，会计制度的制定和变迁过程也就不可能是一个纯粹的技术过程，其中还涉及道德、政治、法律与文化背景，是一个复杂的政治和经济过程。

2.4.2　会计改革的过程和路径依赖性

中国的最大特色在于它处于从原来的行政主导的计划经济体系转变为以市场为导向的市场经济体系。这一自上而下的转变方式，形成了目前中国所有经济问题研究最特殊的社会背景。现实一方面是被改造的对象，另一方面却又影响着改革目标的方向与实现。会计制度改革也是如此，一方面要建立与整个改革目标相配套的新制度，另一方面又要考虑现状的牵制与适应。以会计变迁过程中的重大历史事件为分界点，会计制度的变迁可大致分为两个阶段：

（1）1978—1991 年的会计制度变迁——局部性变迁

新中国成立之初至 20 世纪 80 年代末期是实行高度集中的计划经济体制时期。这期间我国正常状态下的会计规则制定权合约安排的一般范式是“政府独享”范式的会计规则制定权合约安排。它与当时中国企业高度国有的单一产权主体状况及计划经济体制是相适应的。表现在会计制度的内容上，会计报表要求按资金来源和资金占用的性质划分，形成固定资产等于固定资金、流动资产等于流动资金、专项资产等于专项资金的“三段平衡”。企业向国家报送的报表包括反映财务状况和经营成果的报表以及成本报表。企业固定资产计提折旧，要冲减国家资金，企业固定资产的盘盈、盘亏和报废的净损益以及流动资产国家调拨价格和调整发生的价差，要增减国家资金，国家可以随意抽走、调走企业的资金。

始于 1978 年的中国经济体制改革的一个重要特征就是“以增量为主的渐进式改革”。这一特征也体现在会计制度的变迁上。即对于国有企业，其会计规则制定权仍主要安排给政府享有，国有企业的会计制度仍沿用计划经济体制下的分行业、分部门、分所有制的统一会计制度，在核算内容上也无重大变动。而对于增量部分的中外合资经营企业和股份制企业等则进行会计制度安排的变迁，体现在会计规则制定权合约安排的变迁上，国家享有一般通用会计规则制定权，企业经营者享有一定的剩余会计规则制定权，由注册会计师来监督企业经营者对一般通用会计规则的遵循和剩余会计规则制定权的适当行使。如财政部于 1980 年颁布的《中外合资经营企业所得税法施行细则》和 1982 年颁布的《外国企业所得税法施行细则》明确规定，合资企业或外国企业在向当地税务机关申报所得税时，应附送在中国登记的注册会计师的查账报告，而且 1990 年 11 月和 1991 年 6 月颁布的《上海市证券交易管理办法》和《深圳市股票发行与交易管理行办法》也都做出了上市公司财务报告必须由注册会计师进行审计的规定。外资企业的会计规则在具体内容上，也具有明显的市场经济特征，如采用了当时国际通行的三大基本报表——资产负债表、利润表、财务状况变动表——的对外报表结构；有明确的“所有者权益”和“负债”类会计科目，反映了产权主体多元化的要求。

（2）1992—2001 年中国会计制度变迁——全面性变迁

1992 年 11 月财政部发布了中国第 1 号企业会计准则，标志着会计制度安排的全面性变迁的开始。该号准则属于基本会计准则，它为具体准则的制定提供了一个理论框架。该号准则于 1993 年 7 月 1 日起施行，适用于中国境内所有的企业，从而打通了不同行业与所有制企业会计规则的人为界限。政府还对当时通行的各行业会计制度进行了大幅度的修订，重新颁发了 13 个行业会计制度。股份制企业和外资企业的会计规则制定权合约安排范式——政府、经营者、注册会计师共享范式得到进一步巩固。其表现在 1992 年 5 月颁布的《股份制试点企业会计制度》规定，企业应按国家规定，聘请中华人民共和国的注册会计师对企业的年度会计报告和会计账目进行查账验证，并出具查账报告。1992 年 7 月 1 日实施的《外商投资企业会计制度》规定，企业（包括中外合资经营企业、中外合作经营企业和外资企业）的会计报告应于年度终了后 4 个月内连同中国注册会计师的查账报告一并报出。国有企业的会计规则制定权合约安排也从“政府与经营者共享”范式变迁为“政府、经营者与注册会计师共享”范式。因为 1998 年财政部发布的《国有企业年度会计报表注册会计师审计暂行办法》要求，除军工企业等特殊性质的企业以外的其他所有国有企业的年度会计报表均需有注册会计师进行审计。会计制度的具体内容的变迁则可以从具体会计准则的制定和变更得到说明。我国从 1997 年发布第一项具体会计准则——《关联方关系及其交易的披露》至 2001 年共发布了 13 项具体会计准则，最为引人注目的是我国于 2001 年对 1999 年发布的 5 项具体会计准则进行了变更，分别是《投资》准则、《现金流量表》准则、《会计政策、会计估计变更及会计差错更正》准则、《债务重组》准则以及《非货币性交易》准则。其中变动最大的是后两项准则，它们最基本的变动在于对非货币资产的入账价值由原来的公允价值改为账面价值，这次变动主要是为了堵塞管理者利用资产置换调节利润的漏洞，同时也进一步宣告我国会计制度从单纯的模仿、借鉴西方惯例到坚持、体现中国特色的转变。

（3）小结

综上所述，我们可以得出会计制度变迁的如下结论：

①我国的会计制度变迁是遵循从抽象到具体的演绎法生成模式。我国于 1985 年 1 月第二届全国人民代表大会常务委员会第九次会议通过《会计法》，作为指导会计工作的根本大法，其对会计核算、会计监督、会计机构和会计人员、法律责任等做了原则规定。它作为会计制度的最高层次，为会计制度的变迁指示了方向。1993 年发布了基本准则，并在基本准则的指导下，随后又连续发布了 13 项具体准则。这种制度变迁方法的优点在于能保持各制度规则之间的逻辑一致性，其缺陷则在于规范会计工作的具体制度安排往往落后于经济发展的需要。

②会计制度的变迁是诱致性变迁。这一变迁是在其他制度安排（尤其是企业制度、产权制度）发生变迁后，原有的会计制度与之不配套，从而使得整体制度结构不均衡，产生了制度结构之外的巨大潜在收益。如股东为了做出准确的决策从而获得投资收益、企业管理者为了享有更大的会计政策选择空间以及政府为了

吸引外资、加快经济发展甚至是收取更多的税收从而最终实现自身利益的最大化。这些潜在收益诱致变迁主体去变革原有的制度安排。

③会计制度的变迁是被动式变迁。这是从社会经济整体制度结构来看的。会计制度的变迁远远落后于其他制度变迁，是被动地适应其他制度变迁而发生的变迁。当然，从变迁主体的角度看，是主动式变迁，制度变迁主体是为了分享制度结构之外的潜在收益而主动发动这一变迁的。从这一意义上说，会计制度变迁呈现了供给主导型变迁与需求主导型变迁并存的特征。但从历史上来看，制度变迁主体主要是受了重大损失才去亡羊补牢采取行动的，有被动的味道。

④会计制度的变迁是渐进式变迁。体现在外商投资企业与股份制企业的会计制度变迁先于国有企业的会计制度变迁。从根本上说，这种增量渐进式变迁的特征是由其较低的交易成本所决定的。这与中国经济体制其他方面的增量渐进式改革相配套，有利于避免社会的重大动荡，有利于充分利用原有的政府管制资源，节省了制度变迁成本。

⑤会计制度变迁具有强烈的“路径依赖”特征。制度变迁的路径依赖是指在制度变迁中，由于存在着报酬递增和自我强化机制，使制度变迁一旦走上了某一条路径，它的既定方向会在以后的发展中得到自我强化。诺斯指出，人们过去做出的选择决定了他们现在可能的选择。路径依赖形成的深层次原因是利益因素。一种制度形成以后，会形成某种在现存体制中有既得利益的压力集团。他们对这种制度（路径）有着强烈的需求。他们力求巩固现有制度，阻碍进一步的改革，哪怕新的体制较之现存体制更有效率。会计制度变迁中同样存在着强烈的路径依赖。如由于中央政府强干预主义的意识形态，全部或大部分的会计制度的制定权归中央政府所有（这是有利有弊的，我们在后面将进行详细分析）。对国有企业而言，分行业、分部门、分所有制的统一会计制度则是自然地延续了1978年之前的有关会计制度安排，其对会计制度的遵循情况的监督权也由政府享有，这也是沿袭原来的制度安排。

第 3 章

受托责任论：会计本质理论的重新确认

3.1　产权的起源

关于产权起源的学说，目前占主流地位的主要有诺斯和托马斯、德姆塞茨以及马克思的产权起源说。

(1) 诺斯和托马斯的产权起源说

诺斯和托马斯（1999）认为，有效率的经济组织是经济增长的关键，它需要在制度上做出安排和确立所有权以便形成一种刺激，将个人的经济努力变成私人收益率接近社会收益率的活动。最初的人类为了生存，从事狩猎和采集植物的活动，过着群居生活。旧石器时代初期，人类已学会制造简单的工具。大约在 1 万年以前，人类已开始发展定居农业，进入新石器时代。从定居农业出现到罗马帝国鼎盛时期大约经历了 8000 年。刚开始，最初的农业共同体建立了排他性的公有产权，在某些地区，这类排他性公有产权已让位于排他性的国有产权（国家所有权），而在其他一些地区，排他性的公有产权则被个人私有产权所取代，在建立个人私有产权的地方，这些权利发展为对产品、土地和奴隶劳动的私有产权。农业生产率在一定时期内趋于增长带来了人口的大幅增加。由于人口增长，一方面，资源稀缺日益加剧，围绕资源利用而展开的血腥争夺日趋激烈；另一方面，在共同体内部，分工专业化的结果导致生产率大大提高，产品数量和种类日益增加，为了满足自身生产生活需要，萌生了交易产品的需求，此时，在共同体内部对资源建立排他性私有产权的收益超过了由此所需的成本，私有产权就这样诞生了。私有产权脱胎于排他性公有产权内部，有利于个人在共同体之间和共同体内部交易产品，从而内部化了财产处于“公共领域”带来争夺和消耗大量资源的外部性，降低了共同体内部的交易费用，使得个人收益率与共同体的收益率趋于一致，促进了生产性努力的增长。此外，增长着的人口既会加大共同体内公共决策的费用，又会强化刺激个人逃避共同体分派的任务（因对逃避责任的考核往往花费很高），这样成长着的共同体协调生产决策和分配产品的费用也增大了。为了降低交易费用，就需要强制实施针对共同体内部结构有序化的规则，这样的共同体就逐步演变成国家，“内部结构有序化的规则”就形成了产权制度，排他性公有产权在裂变为个人私有产权的基础上同时也产生了部分国家所有权（国有产权），以便为国家实施产权制度和保护产权提供基础。国家是界定产权和实施产权的单位。为了保护产权，早期的国家就注意通过立法建制来达成这一目的。如巴比伦王国的《汉谟拉比法典》和古罗马的《罗马法大全》都将维护私有产权作为重要内容，以此刺激经济增长。综上可见，诺斯和托马斯强调了人口增长以及土地和劳动力相对价格的变化是产权起源的重要原因，其基本逻辑是：在人类社会早期，人口稀少，资源丰裕，没有必要建立排他性产权，人口的不断增加影响土地和劳动力相对价格变化，并使得资源越来越稀缺，两者矛盾运动促使人们建立排他性产权，以内部化公有产权导致的资源过度消耗与争夺引致的外部性。产权的起源演进遵循着“公有产权→排他性公有产权→国有产权 + 私有产权”的路径。

（2）德姆塞茨的产权起源说

德姆塞茨（1967）认为，新的产权的形成是相互作用的人们对新的收益—成本的可能渴望进行调整的回应：当内部化的所得大于内部化的成本时，产权的发展是为了使外部性内部化。内部化的增加一般会导致经济价值的变化，这些变化会引起新技术的发展和新市场的开辟，由此而使得旧有产权协调功能变差。他考察了 18 世纪初美国印第安人土地私有权的发展，借用了利科克的经典论文《关于山区的狩猎区域与皮革交易》，该文揭示了产权对动物的过度狩猎所起的作用：皮革贸易的出现使得印第安人狩猎所得的皮毛价值大大增加以及狩猎活动的范围明显扩大，提高了外部性问题的重要性。产权体制开始变化，其变化方向尤其考虑由皮革贸易变得重要了的经济效应。于是，在魁北克附近出现了单个家庭的区域性狩猎与设陷阱的安排。他们将这一区域分成条带状，以便使各个家庭能排他地、更有效地狩猎，皮革贸易促进了更为经济地畜养皮毛动物的激励。畜养要求有能力阻止偷猎，这反过来又促进了土地财产的社会变迁和产权界定，私有产权就这样产生了。德姆塞茨强调了产权（私有产权）产生于外部性内部化的收益大于成本之时。由于商业活动的迅速发展使得资源稀缺程度不断提高，导致资源的相对价格变化，公有产权引致的资源过度开发和消耗的外部性抵消了其给人们带来的收益，形成“公地悲剧”。当某种资源相对价格的提高使得对其建立排他性私有产权的收益大于为此付出的成本时，即建立产权（私有产权）是有利可图时，产权（私有产权）就产生了。

(3) 马克思的产权起源说

马克思认为，原始社会的产权基本上是公有产权，以土地公有为典型，并且认为这种财产关系是自然形成的。“土地是一个大实验场，既提供劳动资料……还提供共同体居住的地方，即共同体的基础，人类素朴天真地把土地看作是共同体的财产，而且是在活劳动中生产并再生产自身的共同体的财产”。这充分反映出原始产权是公有产权，是与人类生存依附一体的，对财产的权利就是天赋人权。公有产权是最初的人类赖以生存的基础。私有产权的产生和发展与原始社会的家庭及其演变密切相关，在以血缘关系为纽带的血亲氏族由自然共同体逐渐演变为具有经济意义的家庭时，私有产权也就在原始公有制内部产生了。私有产权的主体首先是私人家庭主体，家庭的演变是与人类婚姻、性关系的演变相联系的，家庭由公有经济单位转变为私有经济单位的客观条件或经济基础又是生产力的发展。马克思的产权起源说强调了公有产权的解体和私有产权的起源根源于生产力的发展。私有产权是在公有产权的基础上建立的，而生产力是由物质资料的生产方式决定的，体现为生产技术的进步。私有产权确立的条件是产权所有者获得的产权收益大于排除其他人使用这一产权的费用。当这种费用过于高昂时，财产将成为共同所有而形成公有产权，一些生产技术、发明等生产力进步因素降低了建立排他性私有产权的费用，从而为私有产权的产生奠定了技术基础。

从上述关于产权起源的不同学说看来，私有产权的起源是学者关注的焦点，狭义的产权起源说仅指私有产权起源说。产权的形成过程主要受以下因素影响：技术、人口压力、资源稀缺程度和要素产品相对价格变动。当这些因素发生重大变化时，搁置在“公共领域”的非排他性产权将产生可挤占性准租金，为了攫取该租金将消耗大量资源（增大了获取准租金的交易费用），以致其租值耗散为零，对个人和共同体的产权贡献为零，“公地悲剧”就溯源于此。为了提高资源对个人和社会的贡献利益，消除“公地悲剧”，就必须建立排他性私有产权取代公有产权以内部化公有产权的外部性，降低交易费用。即产权的形成过程实质上就是外部性内部化的过程。建立排他性私有产权的前提条件是内部化外部性的收益大于为建立排他性产权所花费的成本。新的产权的形成是人们对新的成本—收益的可能预期进行调整的结果。产权一旦归私人所有，产权主体就可以排他性地占有、使用、处置它并获取收益，就有激励采取措施防止他人侵犯，这又推动界定产权和保护产权的制度形成。为了降低产权保护的成本，产权制度往往采取国家颁布并予以强制实施的法律形式。在产权制度的规范下，产权根据市场价格自由交易，资源便流向出价最高者，流向使用效率最高者，进而充分释放产权效率，促进产权经济增长。总之，产权的形成过程就是外部性内部化的过程，有效的产权制度可以降低甚至克服外部性（即内部化外部性），并使得个人从事经济活动获得的私人收益率与社会收益率趋于一致，从而刺激人们生产性努力的增长，推动产权经济和社会持续、健康、和谐发展。

3.2 会计起源分析

人类最早的计量、记录行为产生的历史动因，首先取决于生产发展水平，而衡量生产发展水平的基本标准是生产剩余物品的出现，人类正是在有了生产剩余物品这个客观事实的前提条件下，才学会了储备及对储备的管理；其次是由于社会生产发展到足以维持生存的水平，或是足以保障人类自身生产正常进行的水平，方能围绕剩余物品的合理分配与保障这些物品能在一定时间内维持人们的不断需要这些问题，萌生了人类最早的计量、记录观念和行为。可见，人类最早计量、记录观念和行为源于剩余产品的出现。在旧石器时代中晚期，由于生产剩余产品的出现使得原始部落内部经济关系不断复杂化，单凭头脑、默记和默算已难以满足组织生产活动与合理分配产品的要求，于是催生了简单刻记方法和直观绘图记事法，这是人类会计工作的历史起点。为了获取更多产品，人类不断改进生产工具，以新石器取代旧石器，劳动生产率大大提高，并逐步实现从狩猎和采集活动向农牧业过渡，进入了新石器时代。这时，除生产性农牧业产生和发展外，狩猎捕捞技术也不断改进，皮革加工技术不断提高，原始纺织手工业出现，陶器制造也产生了，分工和专业化不断加强。为了满足人类生产、生活资料需要，逐渐形成了最原始的交换关系。交换是改进原始计量技术的重要刺激因素。在新石器时代早中期产生了刻符记数，并使用重复刻画或描绘的绘图、记录法来表现经济事项的数量，用“箓”符的印记（发展为后来的印章）储存产品，体现为一种原始的“受托管理责任”会计观念。在由新石器时代过渡到金属时代时，生产力得到很大提高，随着家庭组织形式演进到一夫一妻制，财产私人占有现象出现了。私人财产的出现，促进了个人之间交换活动的开展，并不断改进和推动原始计量方法的变革。为了使交换顺利进行，维护交换双方的产权利益，交换双方须在计量、记录方法方面达成共识。会计计量、记录方法和技术创新，有利于维持交换秩序、促进经济发展，进而使得改进计量、记录方法和技术成为一种强制性的社会需求。财产的私有化本身也会带来两个方面的问题：一方面人们关心自己财产能否保值增值，另一方面人们关心自己的财产是否安全。为此，人们需拥有关于财产状况（数量和所有权等）及其结果（价值变动）的相关信息，即需要一种计量机制来反映这些信息，从而迫切需要改进计量、记录方法。于是原始社会末期，在刻符记事的抽象绘图记事的基础上，产生了经济“书契”计量、记录方法。该方法由数码、实物计量单位与文字配合使用为特点。“书契”的出现是人类由原始计量、记录时代向单式簿记时代演进的一个关键性转折，它是人类进入文明时代前夜，在原始计量、记录方法变革中产生的重要成果，它体现了会计发展史上首次革命的历史成就。

在由原始形态的自然经济向奴隶时代自然经济的过渡过程中，产生了单式簿记。在奴隶制生产方式下，奴隶主既完全占有生产资料，也完全占有生产者。奴隶主借助国家法律制度和“庄园簿记”来保护他们对私有财产的绝对占有权。如两河流域的各奴隶制国家采用楔形文字记载和书写法律。公元前 18 世纪，巴比伦第六代国王汉谟拉比完成了两河流域统一，制定了著名的《汉漠拉比法典》，其中就有“以奴隶主土地公有制为基础，土地国有与有限的私有并存的土地制度”的规定，以土地等不动产作为私有产权的标的，所形成的买卖、继承关系一般仅限于公社和家庭范围内。此时，动产私有权已经相当发达，奴隶主私有财产受到严格保护。公元 6 世纪至 12 世纪，以《查士丁尼法典》《学说汇纂》和《法学阶梯》为蓝本的《罗马法大全》形成了罗马私法体系，注重对奴隶主和自由市民私有财产权利的保护。保护奴隶主私人财产的立法建制行为是单式簿记产生和发展的基础动力。在记账制度、方式和方法上做出重要创新的单式簿记，是会计发展史上划时代的进步。“庄园簿记”主要以反映和监督产品使用价值的生产、分配、消费与储备这个经济活动过程及结果为目的，在庄园主与管家之间形成了最早的受托责任关系。庄园管家的报账制度彰显了会计思想中原始的受托责任观念，成为推动簿记思想、方法、技术和组织不断创新的根本动力。随着奴隶制向封建制过渡，封建主完全占有生产资料和不完全占有劳动生产者，尽管仍是自给自足的自然经济，但是代表封建地主或封建领主的国家为了维护其产权利益，控制并增加财政收入，完善了原有单式簿记方法体系，形成了“官厅簿记”。由于自然经济的分散性与人们大量交易需求迫切性之间的矛盾运动，推动着集市等交换场所不断发展壮大。在一些封建势力较弱的国家里，商品交易活动频繁，度量衡的统一以及货币成为交换媒介大大促进了交易范围的扩大，于是城市和城邦出现了。分工与专业化的发展通过交换逐渐瓦解着自然经济，商品经济时代开始到来。这为复式簿记的产生奠定了前提条件。由自然经济形态向商品经济形态的演进，由封建领主政治制度向“城关市民”政治制度的根本性转变，以及源于文艺复兴中的簿记复兴，这些因素的综合使得复式簿记萌芽、产生于中世纪末期的意大利北部城邦。系统的复式簿记产生需要7项必要条件：书法，簿记首先是记录；算术，簿记是由连续计算组成的；私有财产，簿记反映关于财产和财产权的事实；货币，簿记只有以货币作为共同的计量单位去反映所有的关于财产和财产权的经济业务才得以成立；信用，即未完成的经济业务，倘若所有的经济业务当场结清，就不存在反映交易的需要；商业，仅仅是地方性贸易尚不会产生足够的压力，使人们会将各种不同的概念综合成一个系统的方法；资本，没有资本，商业就是小宗买卖，信用交易也就不会发生。1494年意大利文艺复兴时期著名数学家卢卡·帕乔利（Luca Pacioli）出版了《算术·几何·比及比例概要》（又译作《数学大全》）一书，作为其逻辑构成的《簿记论》系统阐述了簿记学的基本原理与商业簿记实务。当时在地中海，出现了一种叫“康门达”（Commenda，该词在拉丁语中有“信用”“委托”的含义）的合约组织。合约规定：签约的一方把金钱或商品托付给另一方，后者从事航海贸易的公司（Charted Trading Company）开始成立，当时公司的财产托付关系表现为明确的委托—受托关系。这一体现财产托付关系的近代公司对复式簿记的催生，主要发端于“银钱业”，债权人把金钱托付给银钱业主，会计便担负着业主交付的反映债权债务、资金来龙去脉的任务，于是一种反映这种受托责任的“借贷记账法”便应运而生。著名会计学家井尻雄士对复式簿记产生的动因和实质做了极为深刻的表述，他认为“经营责任（Accountability，又可译为受托责任或受托会计责任）乃是复式簿记的核心”“复式簿记制最基本的贡献就是它让经理和会计人员经受住这种压力，一定要交待财富的变化”。由此可见，以复式簿记为核心内容的近代会计的开端与以“受托责任”观念开始明晰的近代公司产生是相通的，它们沟通的桥梁便是从“受托责任”通向“复式簿记”。在受托责任未得到明晰的近代公司产生以前，虽然出现过多多少少的会计观念和实践总结，但因为仅凭这些会计观念并不足以形成会计理论，因此“直到14世纪复式簿记产生以后，才是研究会计思想和会计理论发展的最合适的起点”。

“受托责任”观念发展成为代理关系，会计理论也因此得到前所未有的发展。随着经济的发展及与之相伴随的技术和管理的复杂化，出现了所有权和经营权相分离的企业组织形式，用美国经济学家钱德勒的话说就是“经理人员资本主义的兴起和企业主资本主义衰落的过程”“这种企业形式从19世纪50年代的铁路企业的萌芽到 20 世纪 50 年代在美国经济的主要部门成立工商企业的标准形式”。这种被称为“经理人员企业”的现代化公司的形成，是受托责任从无序向有序转化，进而法制化的结果，最后发展成为“法人治理结构”的代理关系。这一法制化的“治理结构”要求企业会计人员如实有效地反映这种受托责任。而在 20 世纪 30 年代前，由于受到实证主义哲学思潮的影响，会计还不具备主动反映受托责任的自觉性，这一现实成为 20 世纪 20 年代末那次震撼全球的经济大恐慌的重大因素之一。这一教训使人们意识到，企业会计信息如果不能使托付人理解并易于判断，会计的受托责任便无法解除，最终成为“恶性肿瘤”。为此，一批易于被广大托付人和企业财务人员接受的公认会计原则在较短的时间内被相继推出。与此同时，受托责任观念的加强，使得会计理论在短短的几十年内得以不断的改良，并先后出现了几个会计理论的不同学派，体现着“受托责任”发展的不同层次：(1) 描述性会计理论（20 世纪 50 年代前）。该学派认为会计实务是发展会计理论的基础，会计理论主要是通过归纳法生成。在这一理论指导下的会计实务，被称为“保管责任会计”（steward - ship accounting），会计的受托责任在于向财产托付人提供资产的保管情况，以防止管理人员滥用资产或从事舞弊行为。(2) 规范性会计理论（20 世纪 50—60 年代）。该学派强调使用演绎法建立会计理论，并提出以会计目标作为理论逻辑起点，然后根据既定的目标推出会计理论。在规范性会计理论指导下，企业会计目标——受托责任成为人们研究的首要课题。受托责任学说经过千百年的演进，终于浓缩成为一门具有代表性的学派——受托责任学派（或经营责任学派），企业的受托之责也在原来“保管”责任的前提下增添了对盈利状况的揭示。(3) 决策性会计理论（20 世纪 70 年代后）。由于规范性会计理论存在方法方面的缺陷，缺乏足够的令人信服的论证，于是决策性理论逐渐进入会计领域，它强调使用复杂的数理方法，借以找出决策者所需信息，作为发展会计理论的基础。在这一形势下，企业会计目标由单纯的受托责任学说转化为“决策有用学派”，认为企业的会计目标是提供决策所需的会计信息。在决策有用学派产生以后，一直存在着会计目标两大派别之争，笔者认为，这种争论是完全多余的。我们知道受托责任观念是会计产生和发展的根本动因，它贯穿会计发展的始末。而决策有用学派只是“受托责任”学说的一个高层次而已，因为“决策有用”也是一种“受托之责”，是委托人对受托人提出的更高要求，是受托之责从“保管”发展到“保管与收益”，然后上升到对托付人“决策有用”这一较高层次。因而可以说“决策有用学派”只是“受托责任学派”发展的一个阶段。随着受托责任的发展，决策有用学派也会逐渐被取代，两个学派不存在“融合”和“相互借鉴”的问题，甚至可以说根本就不应该存在“受托责任学派”这一概念。受托责任是贯穿会计发展历程的一个灵魂、一种观念、一种“学说”。（4）福利性会计理论。该理论是决策性会计理论的延伸，它所考虑的不是企业单位或投资者个人的利益，而是对整个社会经济所带来的福利。在会计目标问题上，它把整个社会当作资源托付人，会计报表的主要目标是保持信息的一致性和可比性，从而使投资者对投资机会进行正确的评价，通过资本市场机能的正常运转实现社会资源的最有效合理的配置。在福利性会计理论下，受托责任观念得到了进一步加强，“托付人”的范围从原来的现实投资者发展到潜在的投资者即广大的社会公众，受托之责也发展到对社会的责任。在这一观念影响下，社会责任会计也随之产生。

3.3 产权缘起与会计起源的相关性

会计的发展是反应性的，也就是说，会计主要是应一定时期的商业需要而发展的，并与经济的发展密切相关。私人产权刺激了私人财富的不断增长，导致了受托责任会计的产生，它不仅反映财产安全、财产状况及其结果，还反映管家是否履行了适当的职责。要实现产权维护与保障的基本宗旨，产权的定性保护与定量保护是缺一不可的两个重要组成方面，产权保护法律体系主要在定性保护方面做出了贡献，而定量保护的工作则应当由产权会计来完成。无论是过去、现在还是未来的会计，事实上进行着为产权主体计量、核算与监督产权价值运动的基本工作，担负着产权维护与保障的基本功能。由前文可知，产权（私有产权）的形成过程实质上就是外部性内部化的过程。产权能够限制开发资源的速度。从历史来看，产权的演变过程先是排除外来者侵占有限资源，然后制定内部规则限制资源开发和资源分配。人类社会演进的发展历程先后出现过公有产权、排他性公有产权、国有产权（国家所有权）和私有产权四大产权类型。为了生存所需，人类早期的狩猎和采集所得成果都是部落的公有产权，没有剩余财产（物品），这表明不需要进行原始的计量、记录等会计行为。随着人口的不断增多，资源变得稀缺，为了谋求群体生存和繁衍，遏制“公地悲剧”，必须对资源建立排他性公有产权。由于排他性产权带来了生产性投资激励，劳动生产率不断提高，剩余产品开始出现，使得人类逐渐由以狩猎和采集为生过渡到定居农业。正是由于剩余产品的出现，人类才可能在思维方面将生产、分配和储备联系起来，萌生出最原始、最古老的计量、记录行为，目的是记录生产成果以便于安排生产和分配。随着部落共同体逐渐向国家形式过渡以及交换活动的进一步扩大，排他性公有产权裂变为国有产权（国家所有权）和私有产权。为了核算与维护统治阶级的财产权利，经济“书契”、单式簿记、庄园簿记和官厅簿记相继出现。随着商品经济取代自然经济，交易日益频繁，交易范围不断扩大，为了反映私人财产交易是否等价、是否增值以及保护财产安全等，复式簿记取代单式簿记，顺应了商品经济发展的客观要求，并使会计成为一门科学。

从产权和会计两者起源来看，我们发现：会计思想和行为滥觞于“排他性公有产权”产生之时（原始社会中晚期），发展于“国有产权（国家所有权）”时期（奴隶社会和封建社会），鼎盛于“私有产权”时期（资本主义社会）。自从产生了私有财产，私有财产的占有者便开始寻找维护私有财产的路径，由此产权思想也便成为支配社会经济发展的重要思想，并且成为一种具有持久性重要影响的思想。自此在产权思想促进之下所产生的产权理论与规则，对会计的发展便产生了决定性影响：一方面它促进着会计理论与方法的发展变化，另一方面它使会计以维护与保障产权为工作中的既定目标，在会计方面的法律制度的构建中，无论发生何种变化都从始至终必然以维护和保障产权作为它所要规范与解决的核心问题。会计的起源过程充分证明：会计是维护产权权能（占有、使用、收益和处分）、实现产权利益和内部化外部性过程中的最基础、最重要和最具操作性的计量机制。外部性内部化的过程，既是产权的缘起过程，也是会计（思想和行为）产生和发展的过程。外部性内部化的“结果”产生了“产权”，而外部性内部化的“过程”则催生了“会计”。“产权”与“会计”的关系是“结果”与“过程”的关系。外部性内部化是产权与会计缘起的联结点。

3.4　会计本质

事物的本质就是该事物区别于其他事物的内在的质的规定性，也就是该事物内在矛盾运动的特殊方面。本质的确定是一门学科的最关键性问题，本质问题弄清楚了，其他基本理论便可迎刃而解。在会计界，对本质的认识存在着本质与定义混为一谈的现象，并因此导致了会计本质长期空缺的事实。

在会计理论界，我们经常可以看到这样一种带着普遍性的表述；把会计的本质定义为一种管理活动（或经济信息系统等）。这一本质与定义的混淆局面值得澄清。根据逻辑，一个完整的定义应包括种概念和属概念两大部分。属概念反映同属事物的共性，在于确定概念事物的大框架，它回答学科归属问题；种概念在于把被定义事物的个性概括出来，以便更精确地认识它，它回答本质属性问题。

笔者并不想陷于“管理论”或“信息论”孰是孰非的争论之中，问题在于，说会计是一种管理活动或一个经济信息系统，均只回答了其属概念问题，即会计属于什么的问题，而对会计区别于其他事物的本质属性问题似乎只字未提。“管理论”在给会计定义时除了注明会计的“货币计量”“会计职能”之外，没有对种概念进行表述；而“信息论”的定义是：会计是旨在提高经济效益，加强经营管理而在每一个企业、事业、机关等单位范围内建立一个以提供财务信息为主的经济信息系统。这个定义没把会计区别于其他事物的本质属性概括出来，也没有把会计自身产生和发展的矛盾运动体现出来，只是试图以“提供财务信息为主”来区别于其他事物，其结果仍然不够理想。是会计提供财务信息还是财务处理会计信息，本来就是一个玄妙的话题。

会计本质与定义长期等同的局面致使会计界至今没有一个对会计本质的真正表述，会计定义也是一些没有本质内容的定义。我们长期生活在一个没有会计本质的前提下进行会计理论研究的时代，这犹如大海上缺少舵的船，是十分可怕的。为此，我们慎重地提出：会计产生、发展、变化的内在的矛盾运动来自“受托责任”，“受托责任”是会计本质的恰当表述。其理由分述如下：

（1）从词源上看，Accounting 与 Accountability 词源相同，Accounting 是动名词，带动作的目的无非是服务于“Accountability”，而且“ability”作为词缀含有“性”之义。由此可见，两者在词源上的相同绝非一种偶然，它体现着会计与受托责任之间一种最亲近的“血缘”关系。

（2）本质体现着事物内在的质的规定性，揭示了事物的内涵。会计本质用“受托责任”表现，体现了这一思想。

第一，历史上，会计的产生和发展与“受托责任”的产生和发展一脉相承。

第二，会计理论每一次重大的进步，无不体现着“受托责任”观念的强化。

第三，从内涵看，狭义的会计受托责任体现了“受托责任”一切重要方面（货币的价值方面），广义的会计受托责任已逐渐覆盖了“受托责任”的全部领域。

（3）突出了会计本质与会计目标的高度耦合。在表述定义时，种概念一般用本质的内容来表述。在没有也无须用本质内容来表述时，通常用目的（或目标）来替代，如马克思对商品的定义是“用来交换的劳动产品”，对资本的定义是“能够带来价值的价值”。在我们的会计理论中，会计的本质和目标是相通的，而且达到了高度的一致性，两者是名词和动词的关系，即会计的本质是“受托责任”，会计的目标便是认定和解除这种“受托责任”。

（4）会计本质问题是会计理论的关键和核心问题，是贯穿会计理论的主线。

其他会计理论如会计目标、职能、原则、报告等均是因会计本质而起，会计本质的“受托责任”无可替代地充当了这一角色。

(5) 会计本质的受托责任表述反映了会计内在的矛盾运动，会计本质便是在委托—受托关系所引发的矛盾运动中体现出来的，这是“受托责任论”成立的最大优势，其他理论无可比拟。

第一，“受托责任”在字面上就体现了一对矛盾。会计的立场和身份是“受托者”，而“责任”却趋使它必须为委托者提供服务，两者显然是一对矛盾。前几年关于“会计人员双重身份”的讨论在较大程度上道出了这种矛盾——会计既要代表所有者，又要代表经营者。问题在于，会计人员的身份只有一个，即“受托者”，只是因其“责任”导致了与其身份的矛盾，笔者是不赞成会计人员双重身份论的。

第二，这一对矛盾运动体现在会计理论上，它既要保护委托者（所者权、债权等）的利益，又要体现受托者（经营权等）的利益，会计理论便是在这种“折中”的矛盾运动中形成、发展和成熟起来的。按产权的特点，就是满足不同产权主体的平等要求。如美国会计准则的“公认”两字就有两层含义，它不仅要得到政府和权威机构的认可及广大资源托付人的支持，又要使社会各经营者——受托人普遍“愿意接受”，这样的制度运行起来才会顺利。用 1994 年经济学诺贝尔奖获得者纳什的现代博弈理论解释，“所谓制度，其实就是这样在多次博弈中逐渐建立起来的”“需要通过体制改革来对人们的行为方式进行调整，以及各种利益得以更好地‘相互兼容’”。相应地，会计理论或制度的建立便是在委托人—受托人之间不断的“博弈”中逐渐形成和完善起来的，最终使会计理论或制度达到“纳什均衡”状态。

第三，表现在会计实务上，即在于如何合理“认定”受托责任和如何“解除”受托责任这一矛盾运动。认定和解除的不一定是同样的内容，它有一个矛盾的选择问题，如何使这两者协调是会计实务处理中的一个重大问题。目前我国出现的会计“两套账”现象，即“认定”一套账，“解除”又是一套账的做法，违背了矛盾运动规律，它只注重了矛盾双方对立的一面，而没有注意矛盾双方的同一性，这一做法是极为有害的。在受托责任会计本质理论的照耀下，这一做法的缺陷暴露无遗。

关于会计本质的研究，众说纷纭，难以定论，并形成了以下几个主要流派：(1) 会计技术论，即主张会计是以货币形式记录、分类、汇总经济交易或事项，反映经营成果的技术；(2) 会计信息系统论，认为会计是旨在提高经济组织效益，加强经济管理而建立的以提供会计信息为主的经济信息系统；(3) 会计管理活动论，主张会计是一种管理活动，会计管理的客体是价值运动，目的是提高经济效果，基本职能是计划和控制；（4）会计控制论，认为会计是一个以认定受托责任为目的，以决策为手段对一个实体的经济事项按货币计量及公认原则与标准进行分类、记录、汇总、传达的控制系统。伍中信（1998）从产权的角度出发传承和强化了受托责任思想，认为“现代会计是一个以货币为主要量度，按公认标准来认定和解除受托责任完成情况的经济控制系统”。在总结和吸纳上述观点精华的基础上，郭道扬（2004）认为“现代会计是会计管理者通过会计信息系统与会计控制系统的协同运作，实现对市场经济中的产权关系及价值运动过程及结果系统控制的一种具有社会性意义的控制活动”。可见，会计技术论强调了会计的反映职能；信息系统论强调了会计是一种管理工具，但未能体现现代会计工作过程中所体现的经济责任关系；管理活动论强调了会计是经济管理的重要组成部分，凸显了会计的地位和作用，但并未将会计管理工作与其他管理工作予以严格区分，忽视了会计管理的技术特性；控制论实质上是在管理活动论基础上的深化与拓展，会计在管理活动中主要充当控制职能的角色，这种控制缘起于会计的受托责任本质属性；而郭道扬的论述实则综合了会计本质表述的各种流派，力图提供一个完整的会计定义表述，他将信息系统与管理系统协调起来、技术性与社会性结合起来、产权关系与价值运动融合起来以及微观与宏观统一起来。

会计本质是认识会计的逻辑起点。对会计本质的概括应该贯穿于会计萌芽、产生和发展的历史进程中，对会计本质的探索应该从会计发展史中抽象出亘古不变的内在特质。会计的起源过程说明：会计作为一种微观计量机制，在维护产权权能、实现产权利益和内部化外部性过程中处于最基础、最重要和最具操作性的地位。产权缘起和会计起源都发轫于外部性内部化的过程中。因而，外部性内部化是会计诞生的根本原因。有关会计的“技术论”“信息系统论”“管理活动论”和“控制论”都是对会计本质某一层面的正确认识，然而，隐藏在其背后的共同本质属性都是为了使得交易或事项等经济业务的外部性予以内部化。我们可以通过逆向生成的方式考察会计的本质问题：当经济活动中的交易或事项反映的产权关系和价值运动没有得到会计计量进而无法予以核算和控制时，必将加剧产权主体之间的信息不对称程度，并助长机会主义行为，必将扰乱资源配置秩序，破坏经济组织正常的激励—报酬结构，从而导致组织个人收益率偏离社会收益率，诱致分配性努力的增长，进而导致经济衰退。这是严重的负外部性未得以内部化而付出的惨重代价。可见，没有会计计量，所谓的财产权保护就成为“承诺”“拍脑袋”等主观行为而非客观度量结果，这使得“财产权”被搁置在“公共领域”，成为共有财产（模糊产权），必将助长产权主体攫取共有财产的行为，导致财产租值耗散殆尽（负外部性）。因而，为了对产权进行有效的保护，必须建立经济组织的基础性计量机制以内部化这种外部性，从而提高财产租值，优化资源配置。在经济组织上有两个至关重要的需求：计量投入的生产率以及对报酬的计量。会计是经济组织最基础、最重要、最具操作性的计量机制，它可以增强经济组织的计量能力，紧密联系报酬支付与投入生产率之间的关系，节省交易费用，使得私人收益率与社会收益率趋于一致，使得外部性在更大程度上得以内部化，促进生产性努力的增长。

综上可见，贯穿会计萌芽、产生和发展的历史，我们认为，会计的本质就是外部性内部化。这一表述比“受托责任”更接近会计的产权要义，更能凸显会计在经济组织层面（微观）和经济增长层面（宏观）的重要贡献，并隐喻着微观至宏观的传导机制。产权的基本功能是外部性内部化，外部性内部化的过程也是产权与会计的产生和发展的过程，因而，会计本质的这一表述表明：会计对外部性内部化的贡献与生俱来，会计理论、方法的发展和新兴会计学科（如环境会计、法务会计和社会责任会计等）的出现都是为了追求外部性内部化。产权与会计的紧密联系统一于“外部性内部化”的框架中。外部性内部化的“结果”产生了“产权”，而外部性内部化的“过程”则催生了“会计”。“产权”与“会计”的关系实则是“结果”与“过程”的关系。由于“结果”往往是“过程”控制的对象，“过程”往往决定“结果”，因而，没有会计过程就没有产权结果，即没有会计核算就没有有效的产权保护。“外部性内部化”的会计本质表述打通了会计与产权所属的学科壁垒（即会计学与产权经济学、法学之间壁垒），使得会计与产权的交叉、渗透、融合研究成为可能，这有利于挖掘两者之间的理论优势、弥补各自的理论劣势和完善各自的理论体系，从而充分认识和发挥会计在市场经济中的产权保护功能，提高产权效率，助推经济发展。

第4章

会计目标逻辑起点的产权动因

关于会计逻辑起点的研究，是在构建会计理论结构（或理论体系）时提出来的。对于什么是会计理论体系的逻辑起点这一问题，至今尚未取得统一的认识。归纳起来，主要有以下观点：会计假设起点论、会计对象起点论、会计本质起点论、会计目标起点论。对这几种不同的观点，我们坚持以会计目标作为会计研究的逻辑起点。

4.1 会计目标：内部化外部性

会计本质解决会计“是什么”的问题，而会计目标解决会计“做什么”的问题。目前，关于会计目标的表述主要有两种观点：受托责任观和决策有用观。前者认为，会计目标就是向会计信息使用者提供经济主体的财务状况、经营成果和现金流量等相关信息，以反映企业管理者受托责任的履行情况；后者认为，会计目标就是向会计信息使用者提供有助于做出经济决策的会计信息。这两种观点一直争论不休。目前，IASB（国际会计准则理事会）和FASB（美国财务会计准则理事会）均采用决策有用观，而中国CAS（企业会计准则）则采用了“受托责任”与“决策有用”并行的观点。一般认为，决策有用观是与完善的资本市场相适应的，而受托责任观是与不完善或新兴资本市场相适应的。因为资本市场越完善，管理层的受托责任履行情况越能够迅速反映到股价波动上，委托者与受托者的关系通过资本市场而间接建立，这导致了委托者与受托者之间关系的模糊；相反，资本市场越不完善，管理层的受托责任履行情况难以反映到股价波动上，且资本市场传递会计信息的功能受到抑制，委托者与受托者的关系不是通过资本市场建立，而是通过直接投资等方式直接建立的，这使得委托者与受托者之间关系没有模糊和缺位现象，是清晰的。这种分析思路有一定的道理，然而有关两者之间的争论从未停止过。伍中信（1998）认为，时下有关决策有用观与受托责任观之间的争论没有必要，决策有用观不过是受托责任观发展的一个层次而已。而有的学者认为，决策有用观与受托责任观强调的目标价值取向具有本质不同，体现了会计的不同发展阶段，是不能等同的。我们认为，会计目标应遵循会计的本质，会计的本质决定了会计目标。鉴于会计的本质是外部性内部化，那么，会计的目标就是内部化外部性。这是一个动宾结构短语，符合“做什么”的表述方式。不论是受托责任观还是决策有用观，都是不同社会环境下会计内部化外部性的不同表述方式而已，体现了会计发展的不同阶段。“内部化外部性”的目标表述可以克服会计信息服务主体是管理层还是利益相关者之间的争论，并且可以贯穿会计发展史。因为会计作为一个过程，本身就是内部化外部性的过程，也就是对产权进行界定，并对界定的财产进行保护的过程。内部化外部性是会计目标的产权表述。

4.2　会计假设起点理论

这是西方传统的会计理论构建模式。该理论的特点是：（1）基于商品经济环境特征的逻辑结构：会计假设→会计基本原则→具体会计准则→会计实务；（2）对会计本质的认识，长期囿于“管理工具论”或“会计管理理论”，在高度集中的体制下，会计管理多强调为政府宏观计划服务，忽视微观会计主体和其他使用者对会计信息的需求，从而严重影响了会计职能作用的发挥；（3）由上述会计本质所决定，会计任务也由政府“规定”，尽管也谈会计为提高经济效益服务，但侧重点只是宏观效益，而不是会计主体的微观效益，所以，会计任务不同于西方的会计目标，充其量只是类似而已；（4）会计制度名义上称为统一会计制度，实际上是分部门分所有制的会计制度，既不统一，也不规范，使得会计本质与实务之间缺少一种内在规定的逻辑严密性。

4.3　会计本质起点理论

该观点认为：（1）把理论研究所揭示的最终成果，作为构建理论体系的逻辑起点，并认为在事物从抽象上升到具体的过程中，必须从反映事物最基本、最抽象、最简单的规定性出发，才能把事物的各种规定性统一起来，达到多样性的统一认识；（2）本质从总体上规定了事物的性能和发展方向，只有抓住了事物的本质，才能正确认识事物，把握事物发展的规律；（3）但是，作为会计理论体系，会计本质因其抽象性只能作为会计基础理论的研究起点，而不能作为会计应用理论的起点，更无法指导会计实务。

4.4 会计目标逻辑起点——产权动因研究

该起点理论已成为西方流行的会计理论构建模式。它的基本特点是：（1）基于会计信息服务经济决策目标的逻辑结构；会计目标→会计基本原则→具体会计准则→会计实务；（2）以财务报告目标作为最高理论层次会计概念，推导和制订会计原则及准则，以指导会计实务，各要素之间具有较强的逻辑性。除上述以外，我们将从产权角度进一步分析会计目标起点理论的合理性。

（1）从时间上看，两权分离的时代正是研究会计理论的时间起点。从历史上看，以复式簿记为核心内容的近代会计的开端与以两权开始分离的近代公司的产生是息息相通的。在近代公司产生以前，虽然出现过多多少少的会计观念和实践总结，但因为仅凭这些会计观念并不足以形成会计理论，因此，“直到14世纪复式簿记产生以后，才是研究会计思想和会计理论发展的最合适的起点”。

（2）会计目标的研究源于两权分离和受托责任。对会计目标的研究虽然起源于20世纪，而所有权与控制权的分离却有几百年的历史，但是，会计目标是在考虑到存在两权分离的前提下而进行研究的。就当时而言，会计目标主要是受托者如何确认和解除对委托者的经管责任，这也是经管责任学派产生的初衷。到了20世纪70年代，随着委托者要求的不断提高，继而出现了决策有用学派。因而可以说，对会计目标的研究和发展，是与产权的分离相联系的，而且与会计本质——受托责任问题密不可分。

（3）会计研究应从分析产权结构入手。这是因为，简单的产权结构，只需简单的会计甚至不需要会计。复杂的产权结构需要发展的会计，企业创建之初或会计循环的开始——资金进入企业，首先就表现为所有者和债权人不同的产权结构。这种不同的产权结构体现了不同的产权关系，会计的受托责任便是保护不同产权主体的利益。这是考虑会计研究起点理论不可忽视的线索。

（4）虽然研究应从分析受托责任和产权的结构入手，但会计本质——受托责任本身不能成为研究起点。这是因为：①会计本质是一个“灵魂”，一种思想，它贯穿会计发展的始末，起着统领全局的作用，不应仅仅作为研究的起点；②即使会计本质能作为起点，会计本质只能在会计基础理论领域起到这种统领的作用，而与应用性理论与实务之间的距离相对较远。

（5）由于会计本质理论的抽象和综合性特点，即使它不能成为会计研究的起点，但研究起点的确定必须具备会计本质理论的某些优势。也就是说，研究起点理论必须与受托责任这一会计本质息息相关。由于会计目标是“认定和解除受托责任”，与会计本质是动词与名词的关系，这样会计目标便有可能成为起点理论的最佳选择。

（6）会计目标既可以作为起点来构筑会计基础理论体系，又可以指导会计应用性理论和实务。这是会计本质理论力所不及的。

（7）由于“产权结构”不是会计概念范畴，因而它只能成为起点理论研究和分析的“抓手”，而不能成为会计理论的逻辑起点。这一“抓手”嫁接到会计概念中来，便是反映产权结构，体现产权关系的受托责任。这一任务由会计目标来完成，与前面的论述不谋而合。

在现代企业委托—代理关系中，由于企业经理人员与会计人员之间不触及产权关系，其根本利益是一致的，这就决定了会计的目标与企业及经理人代理目标也是一致的。可以说，现代企业会计目标随企业目标的变化而变化。就企业目标而言，有单一目标和多目标之分，但对严格意义上的“企业”来说，其目标应是唯一的，即追求利益的最大化。在西方和东欧就出现过不同时期企业目标和会计目标不一致。如以企业经营者为主的目标——企业利润最大化；以所有者为主的目标——每股收益最大化；也有把劳动力产权主体作为服务目标的——每股收益最大化；还有把劳动力产权主体作为服务目标的，如南斯拉夫的“职工人均收入最大化”目标等。应该说，一个企业、一定时期的会计目标是一定的、唯一的。

在我国传统经济体制下，国家的各职能部门和各级政府都希望通过国有企业实现自己的政策目标，因而对国有企业而言就形成了多元的、各不相同的，甚至是矛盾的经营目标。这些相互冲突的多元目标（如增加产值和利润、增加就业、援助落后企业办好职工福利等）使企业成为名副其实的“小社会”，而不是一个专以盈利为目标的经济实体。企业的多元目标一方面极大地限制了企业的经营效率（从盈利角度考察），同时也使国家对企业行为的规范和经营状况的测定变得极其困难，从而使行政强制和讨价还价相结合成为这种体制约束机制的主要特征。很显然，企业的会计成为国家驻企业的“核算员”，会计目标实质上演变成了一种“会计任务”。

随着经济体制改革的不断深化，企业自主权得到了较大程度的增强，企业的行为方式已偏离了传统的目标而发生了较大的变化。但在体制转换时期，由于产权结构改革刚刚起步，双重体制并存，企业存在着对国家和市场的双重依赖，由此决定了现阶段经营目标的多元化，既不单纯地追求利润最大化，也不单纯是人均收入最大化或产值最大化。具体特征是：（1）人均收入最大化目标导致了企业行为具有短期性；（2）产值目标和利润目标的结合，又使企业对投入品和产出品价格的反应具有非对称性，产值目标驱使企业多投资，而且往往选昂贵的原材料，使产值计划易于完成，而利润目标的刺激，又使企业趋于选择价格便宜的原材料；（3）企业对人均收入和利润最大化的追求，还使企业具有隐瞒生产能力财务真相的倾向。

由此可见，我国现阶段的企业及会计目标仍然呈现多元化的现象，这一事实，导致了企业会计的无所适从，会计核算的混乱局面也在所难免。中国长期以来之所以缺乏会计目标理论，根源就在于缺乏两权真正分离的外部经济环境。在缺乏真两权分离的环境下，就算研究了会计目标，由于目标的多元性和无所适从，也会使得会计理论框架不成体系，是散了架的体系，对会计实务也极为有害。同时我们还可发现，会计目标以及由此而导致的会计核算失实等会计问题，并不是会计本身建设一方面的事，更主要的应该归因于会计的外部环境的现状，为此我们认为，随着产权制度改革的进一步深化，将为企业目标和会计目标的一元化创造良好的条件，企业及其会计将不再无所适从。也正是在有了会计目标的一元性之后，会计目标作为会计理论逻辑起点才成为可能，会计的理论框架才是有机的有序的整体。

第 5 章

产权制度与会计职能

一个时代的产权制度深深地影响着同时代的经济关系和经济制度，并且在经营运行机制与产权制度之间存在着严格的逻辑对应关系，计划经济与国家一元产权主体相结合，而市场经济则必须与多元产权主体相匹配。相应地，作为反映和监督经济运行的会计也无不打上了为产权服务的烙印。会计的基本职能从一定程度上可以归结为：反映产权关系、体现产权结构、维护产权意志。

5.1　会计与产权的逻辑对应关系

单一的产权关系对应于简单的会计核算。在自然经济和简单的商品经济时代，以手工作坊、庄园等为主要的经济特色，产权关系的特点是所有权、经营管理权和生产权三位一体，企业资产与私人财产合二为一。在这种前提下，其产权无须明确，只需要运用结绳记事、刻契记事等计量方法把经济业务反映完整。后来发展到单式记账法的运用，为反映当时产权关系，找到了合适的表现方式，因为当时产权主体单一，无须反映组织资金的来龙去脉，在当时的产权环境下，不可能找到也无须找到更合理的复式记账。这是历史的限制，也是历史的必然。

复杂的产权关系需要明晰的会计处理，会计及其职能的演变随着产权制度的发展而发展，产权关系越复杂，各产权主体的利益也越需要明晰，而这个“明晰”的过程便是会计为之核算和监督的过程。产权主体的多元化、分散化和协作化，是社会资源的最大程度的流动、融合和配置。正是这种过程的社会化，我们才有必要理顺各产权主体的权、利和得失，才能最大限度减少企业组织与外界市场的交易成本，促进社会资源的优化配置。

复式记账法的产生和发展揭示了产权关系发展的客观规律。从借贷记账法诞生时的威尼斯来看，其产权关系特点表现为经营者和投资者分离，原始所有权与法人所有权相分离。由于当时投资者主要是债权人，而且记账主体局限在银行，因而便以反映债权债务关系的“借、贷”为记账符号。就当时而言，“借贷”不仅是一种符号，而且是一种本意，是当时产权关系的真实写照。当产权关系日趋复杂，企业的产权主体日益分散，企业的记账对象必然要从单一体现债权债务关系扩展到商品、资产、收益、资本等方面。为适应这种复杂的产权关系，“借贷”便也渐渐失去了其原本的含义，演变成仅仅代表一种符号。

5.2 会计核算与产权制度

会计职能的真实使命在于全面反映产权关系，体现产权的基本意志。在旧的经济体制中，由于产权关系被国家一元产权主体所囊括，连集体企业也变成“二线”，其会计核算自然也必须体现国家计划经济的产权意志，如“三段平衡式”“专款专用”等等，企业没有自主权，完全听命于国家的宏观管理。随着改革的不断深入和市场经济的发育、完善，以产权制度改革为核心内容的现代企业制度的确立，已成为经济体制改革的共同呼声。新会计制度的出台，也必须顺应这一历史潮流，根据产权改革的目的和方向来构筑会计改革的基本框架，合理照顾各产权主体（所有者、债权人、企业法人、劳动者）的基本权利。具体地说：

（1）反映产权结构

新会计制度的出台，一个很大的突破就是对资产、负债、所有者权益几个要素的提出，并由此而组建了新的会计恒等式。从本质上说，会计恒等式及由此而编制的资产负债表便是为了体现产权关系，反映产权结构。从资产方看，它反映着产权所存在的基本经营内容，即体现了产权内容所包括的物权、债权和知识产权（无形资产）等；从权益方看，则反映着产权的内在构成，即产权内容所归属的产权主体，说明产权总是债权人占多少、所有者占多少以及由经营者所支配的未分配利润的分量。

（2）对所有者权益的保护

《企业会计准则》和《企业财务通则》（以下简称“两则”）明确建立了资本金制度，确立了资本金的法定原则、资本金不变原则和资本金的保全原则，划分了所有者权益与负债的本质性界线，并明确了所有者权益按投资比例分配的原则；专门设立了以资本金利润率为主要内容的财务评估指标，从而有利于所有者投资，尤其是国有资产的保值和增值。

(3) 突出了债权人的利益

“两则”规定，企业不得随意减少实收资本（原始投资），否则必须经债权人同意，在企业清偿合并、分立时，也必须事先通知债权人，并合理考虑其反馈企业清算时保持有清偿上的优先权。同时以“坏账准备”为主要内容的稳健原则的使用，使用于担保和抵债的资产显得更为真实，以获得足够的债权保护。

(4) 对经营者（企业法人）权益的体现

法人产权作为派生产权，是依法成立的社会组织集体意志的共同体现。通过法人代表实施产权意志是法人产权运作的最典型的特征。其权能在于对企业未分配利润和盈亏公积的支配运用（一般是再投资），以提高企业盈利能力，从而使所有者资产保值和增值，提高经营收入及法人代表的自身利益、生产者的工资和福利，加快企业法人的发展。

(5) 对劳动力产权的保护

劳动者以其对劳动力的所有权换取收益权。其收益权通过工资、奖金及其他津贴和福利待遇等方式体现出来。为确保其利益，制度规定用于职工个人的工资、奖金等直接从成本费用中列支，并且将从工资总额中提取的福利基金改名为一种负债——应付福利费，强化了它的归属，而且在数量上从原来的 11% 提高到 14%。此外，为改善劳动者工作环境，在利润分配时，以先于所有者的次序按 3% 提取公益金，用于集体福利设施，使劳动力产权得到了前所未有的保障。

5.3　会计监督与产权关系

一般而言，社会监督体系对产权具有两方面的意义：一方面是保护产权，另一方面是界定产权。以法律监督的经济合同法为例，一方面，在合同中明晰了双方的权利和义务，我们通过司法程序对违反合同、侵犯产权的行为进行制裁，而对应取得合法权益一方予以保护；在合同实施过程中，可能会出现合同中没有界定的权利和义务，因而有必要对其未明晰的产权关系进行重新界定和仲裁。会计监督作为社会监督体系的一个分支，也具备同样的功能：在会计核算制度对产权关系明晰界定的前提下，保护各产权主体利益不受侵害，如乱摊费用、乱挤成本、虚减收益而侵害所有者利益的行为；不按划分收益性和资本性支出的原则，多分短期投资收益而侵害长期投资者权益的行为；不按法定程序减资而侵害债权人权益等行为，均将受到会计监督的严格监视和严厉制裁；在会计核算制度或其他法规中对产权关系界定有不明确的地方，会计将会同其他监督服务部门对其进行合理的仲裁、测量、评估和咨询。

从会计监督的主体看，它对产权的作用又有内部监督和社会监督之分。内部监督主要是会计人员在会计核算之时的一种自我约束，同时接受内部审计的监督，自觉维护各产权主体的利益。政府审计则主要从财经法纪等方面对企业维护产权利益进行再监督。本书着重从注册会计师的民间审计谈谈会计监督对产权的更为广泛的意义。

注册会计师产生的直接原因是财产所有权与经营权的分离，其表现形式便是股份公司的诞生和发展。当时在英国，由于股份公司的经营管理权控制在少数大股东或专业管理人员手中，对于广大中小投资者而言，他们只拥有部分所有权，而不具有实际经营管理权，有效地保护他们的合法权益是股份公司健康发展的前提条件。当所有权与经营权分离得越彻底，这种要求也就越强烈。为此，保护公司广大投资者和债权人的产权利益，注册会计师便应运而生。其一，在企业向外公开会计信息时，注册会计师以第三者的身份对其进行查账和鉴证，以保证会计信息的真实性，维护了各产权主体的正当权益。其二，注册会计师的评估验资是界定产权的最为重要的内容。现行制度规定，具有资产评估资格的主要有会计事务所、财务咨询公司、审计事务所和专设的资产评估机构。它们在企业产权不明、产权变更和转让时，起着不可替代的界定作用。制度还规定，对企业的注册资本必须由具有专门资格的注册会计师进行验证，并出具出资证明书，从而在法律上确立了会计监督机构在维护产权利益中的主导地位。

5.4 会计职能：界定财权和保护财权

会计目标决定会计职能，会计职能解决会计“能做什么”问题。现代会计的基本职能是核算与监督，其中核算的过程就是会计按照 GAAP 的要求，通过确认、计量、记录和报告，全面、系统、及时、准确地将会计主体发生的交易和事项以会计信息的形式表现出来。会计监督就是在会计核算的过程中监督经济活动按照有关法规和计划进行。核算是监督的基础，没有核算职能提供的信息，监督就没有客观依据；而监督又是核算的保障，没有监督，会计就不可能提供真实可靠的会计信息，核算职能也就无法顺利实现。会计职能一是界定产权，二是保护产权。其中会计核算在于认定或确认产权关系，反映产权结构的变化，兼有界定产权和保护产权的双重含义；而会计的监督职能则是对会计的界定进行再认定，这种再认定的过程便是为了检查是否已按既定的契约（制度）进行界定、界定后的产权结构是否遭到了破坏和某一产权主体的利益是否被他人所侵蚀，因而会计监督的功能主要在于保护产权。纵观会计发展史，囊括原始计量行为、古代会计、近代会计和现代会计之会计职能的准确表述是“界定产权和保护产权”，但该表述并未体现现代会计以货币量化价值的计量特征。遵循本书的逻辑，会计职能实质上回答如何内部化外部性的问题，也就是探寻会计内部化外部性的途径问题。鉴于实现会计职能必须以会计对象为客体，因而，现代会计内部化外部性的途径：一是界定财权，二是保护财权。其中界定财权的过程体现在会计核算过程，保护财权的过程蕴含在会计监督的过程中。现代会计界定财权和保护财权的过程实质上就是通过准确界定产权以有效保护产权，进而内部化外部性，促进生产性努力的增长。因此，界定财权和保护财权是现代会计的两大基本职能。值得注意的是，由于财权主管产权的价值形态权能，是产权的核心，现代会计的职能也可近似表述为“界定产权和保护产权”。

第6章

会计核算的产权功能

6.1 产权流动与会计事项

我们经常提及“资产=产权”这一会计等式，“资产”实质上是“产权”的内涵，即法人财产权所能支配的内容。我们经常提到的“资产等价交换”“产权等价交换”“资产与产权同增同减”三个表现形态，都表明一种产权形态向另一个产权形态的转化，即产权流动。

现代产权经济学表明，物质商品的交易实质上是物品所有者的权利交换。这一点是产权实际存在的原因。尤其对于一个复杂的交换过程来讲，交换实际上可以分解成不同的人所拥有的不同权利之间的交换。

会计事项是指能用货币计量，并能影响会计要素之间变动的各项具体经济活动。经济活动可分为可用货币计量和不可用货币计量的两部分。会计事项就是经济活动中可用货币计量的部分。相应地，产权流动也就存在可界定（可明晰）和不可界定（不可明晰）两大内容。在会计上，我们将可界定的产权流动视为会计事项。具体说来，有以下几个要点：（1）可明确界定的产权流动，进行会计核算；（2）不可界定的产权流动，不做会计核算；（3）尚待界定的产权流动（或有事项），要做出合理的揭示；（4）界定不属于自己或未发生的产权流动，不做会计核算。

进行会计处理的，必须是产权明晰的事项，不能用不属于自己的东西去同别人交换，也不能用属于自己的东西去换取不知道属于谁的或得到后又可能随时失去的东西。这就是会计主体以及产权主体的观念。在这一观念的影响下，会计的核算方法和原理便是以产权的流动为核心。凡是发生了产权流动并可予以计量的经济事项就必须核算；虽然发生了实物流动而没有发生产权流动的经济事项，则仅予以备查登记。

6.2　会计核算中的产权观念

（1）存货的确认原则

按照《企业会计准则》的规定，确认存货范围的原则是：凡是法人所有权属于企业的一切物品，不论其存放在何处或处于何种状态，都应视为企业的存货。凡不属于企业的资产，即使存放在本企业，也不应视作企业资产。因此，存货的确认关键是看其产权归属。一般来说，存货所有权的转让不能按其实物所在的空间位置来判断，而应当根据企业存货购销的权利和义务来确定。这种权利和义务的确定主要是看企业是否取得或丧失因销售或购买而产生的收款权利或支付货款的责任。根据这一原则，企业待售、待耗以及生产经营中的存货，购入在途存货，以及委托其他单位加工、代销的存货，均应视为企业存货范围，这些属于企业法人所有权的存货，一旦发生流动或责任变化，均应纳入会计核算。而以下各项则不应视为企业存货：企业依照合同开出发票账单，但客户未付款也未提运的存货；库存的受其他单位委托代销、代加工的存货；约定未来购入的存货等。

（2）固定资产的会计处理

①固定资产对外转让，有所有权与使用权两种不同的产权转让方式。由于固定资产的购进目的不是为了销售，因而把对其所有权的转让如出售、变卖业务视为非经常性业务即营业外业务，转让后的收益（或亏损）也相应地列入营业外收支。而对固定资产的出租，只是转让其中的使用权而没有改变其所有权，也没有影响购置固定资产的原有目的，因而将其当成营业内业务，其租赁收入列为“其他业务收入”，使用权的变化仅在“固定资产”明细账中注明有关事项，或将固定资产卡片列入“外借”类别。

②企业在租入固定资产时，也区分了所有权与经营权两个不同的产权转让方式。会计上把固定资产租赁分为融资性租赁和经营性（临时性）租赁两种。其中融资性租赁在本质上是一种分期付款购进固定资产的行为，在会计处理上，我们把它当成所有权的分次转让。而经营性租入固定资产，由于本企业只是拥有其使用权，因而在账务上不将其作为企业固定资产增加，而仅做备查登记。对企业

而言，只需核算其租赁费。

③对固定资产的折旧处理，也视法人所有权的归属而定。即只有法人所有权属于本企业的固定资产，才计提该固定资产的折旧，否则不予考虑。

（3）对或有事项的合理揭示

在会计上有许多或有资产、或有负债。这些或有事项往往指的是那些产权界定不清，需留待以后进一步明晰的产权流动事项。对于这些事项，如果纳入核算必须对这种未来发展的不确定性做出明确合理的揭示。根据稳健性原则的要求，会计上往往侧重于对或有负债的关注，如应收票据贴现、未决诉讼等。

（4）企业与外界发生交易行为，交易或销售的成立以收入实现原则作为判断的标准

我国《企业会计准则》第 45 条规定："企业应当在发出商品、提供劳务，同时收讫价款或取得索取价款的凭据时，确认营业收入。"美国会计原则委员会在其第 4 号报告中对收入实现的条件做出了如下规定：（1）收益过程已经完成或实际完成；（2）一项转换已经发生。由此可知，收入实现原则有两项基本条件：其一，交易行为已经发生，或者商品的所有权已经转移；其二，取得与原商品等价的资产所有权或债权。前者表示某一产权的流出，后者表示等价的另一产权的流入，联系起来就是两种不同产权在不同产权主体之间的等价交换。为维护产权交易的平等性，这种产权的等价交换必须是在同时完成的。根据这一原则，企业与外界的买进卖出等交易行为均是产权的平等流动过程，也是会计必须把握的标准。如果产权只有流入而没有流出，或只有流出而没有流入，或者流入和流出没有同时发生，均不是会计核算的时机，仅做备查登记即可。

（5）企业与外界发生的筹资、投资行为，实质上也是一种产权平等交易过程，其确认和会计分录的标准也应一致。所不同的是，前者的确认是与收入相关的。

6.3　一种新的思想表述

长期以来，我国财务与会计界一直把资金运动或资金流当作研究的重心，如会计上将会计对象定义为资金运动，而财务中占主流的本质表述是资金运动论。我们认为，资金有其自身难以克服的缺陷，主要是资金概念的范围以及与资本、资产的关系难以界定。有人认为，"资金"就是"资本"，而资本可能又有两种界定，即有的认为资本就是"本钱"（所有者投资），有的认为资本可以包括借

入资本。同时资产也可以表现为资金。对于“债权”这一类资产，与其说是“资金”，不如说是“权利”，而企业的价值运动又确实表现为一种财产权利和责任的流动与变化，其目的无非是为了最终解除受托责任。也就是说，从所有者投入的原始所有权开始，转化为企业法人财产权，在法人拥有的各种权能支配下，这些财产经过了多少次产权形态的改变，权利和责任也经历了多少次变迁，最后到期末，把产权流动的“静态”结果和“动态”成果以报表的形式展示出来，使受托责任得以阶段性疏解。因此，用“产权流”代替“资金流”，既能保留“资金流”原有的动态反映会计对象的优势，克服了“资金”概念的不足，同时又体现了现代会计对“受托责任”观念的强化，符合会计本质和会计目标的基本宗旨。现行财务会计制度中公布的会计六大要素只是对会计对象的静态表述和具体分解，而“产权流”既是会计对象的动态描述，又是对会计六大要素的统称。

第7章

信息、产权与博弈：会计监督的经济学

7.1 信息不对称：会计监督不力的直接动因

根据非对称信息理论，市场上买卖双方各自掌握的信息是有差异的，通常供方有较完全的信息，需方有不完全的信息，在这种情况下，有信息优势的一方就希望通过输出对自己有利的信息使自己获利，而拥有较少信息的一方则通过各种手段去获取信息。在现实生活中，人们经常利用这种信息的不对称规律来达到自利的目的，这就是经济学所关注的“机会主义”和“损人利己”现象，其典型的例子就是“偷窃”和“欺诈”行为。

在会计上，会计人员及其组织便是利用了这种不对称的信息规律，采取“隐瞒财务信息”“虚假会计信息”等方式进行作弊，而且还不易被发现。其途径有二：其一，个别会计人员利用非对称信息优势进行“贪污”；其二，会计人员与经理人员采取合谋行动来坑害企业和外界。与“欺诈”相对应，“窃取”财务信息是一种典型的损人利己的行为，也就是把别人碗里的肉挖到自己碗里来吃（欺诈和窃取与抢劫的唯一区别仅在于后者是在“信息公开”的情况下干的）。由于两种情况交互出现，使得供需双方在财务信息交流中防不胜防，导致交易费用上升，信息供应方“多套账簿”的出现便是这种情况的产物。

必须指出，财务“欺诈”或造假盛行的现状，事实上使市场交易费用变得无穷大，也使人们逐渐怀疑会计信息的可信度、有用性，最终动摇财务与会计在经济管理和决策中的地位和作用。为此，我们认为，既然一方要隐瞒信息，另一方要窃取信息，那么采取折衷的方法是可行的：财务信息公开。其标准是：既要使信息具有真实性、相关性等特征，又要以不泄露商业秘密为限。财务信息公开政策是信息供求双方博弈的“均衡点”，也是强化会计监督的良方之一。

7.2 谁有监督权：产权结构下的会计监督

一般认为，会计的基本职能包括会计核算和会计监督两大部分。根据我们的理论，会计的职能：一是界定产权；二是保护产权。其中会计核算在于认定或确认产权关系，反映产权结构的变化，并将结果输出给外界各产权主体，其功能兼有界定产权和保护产权双重含义。会计的监督职能则是对会计的界定进行再认定，这种再认定的过程便是为了检查：（1）是否按既定的契约（制度）进行界定；（2）界定后的产权结构是否遭到了破坏，某一产权主体的利益是否被他人所侵蚀。因而会计监督的功能主要在于保护产权。在会计核算制度明确了产权关系时，它可保护各产权主体利益不受侵害；在会计核算制度或其他法规中未明确产权关系时，会计将会同其他监督服务部门对其进行合理的仲裁、测量、评估和咨询。

监督是一种权力，而且往往与利益相伴随，也就是说“监督与奖惩是联系在一起的，没有有效的奖惩结构，监督的作用就会减低”。假如监督具有树状结构，我们可以设想这个结构的第一层次是工人，第二层次是企业中层各职能科室，第三层次是经理人员，第四层次是所有者（或股东）。假定等级制的最高层只有一人，他是所有者，不需要他人监督，除此以外，每一层次的管理人员（除最下层）的工作是监督下层人员的工作，而他们的工作则被上层管理人员监督。然而，任何层次的监督人都会偷懒，谁来监督监督人呢？为了使他们有积极性，就必须有足够的利益激励，而且一层比一层的收入高，这样到了最高层——所有者，那就是剩余索取权了。

在这一结构中，企业会计处于经理阶层与基层工人（或经济业务）的中间状态。我们对“会计监督”的理解实质上可以分解成“谁来监督会计？”和“会计监督谁？”这两大子命题。下面我们做进一步分析。

首先，会计监督谁？当然是经济业务。众所周知，会计机构和人员有权对经济业务发生的真实性、合理性、合法性进行监督。问题就在于：在这种监督权的背后，没有足够的利益激励。一方面可能会促使会计人员懒惰，也可能因此而出现“道德风险（moral hazard）”，导致个别会计人员“见财眼开”、徇私舞弊。

其次，谁来监督会计？有两个情形需要区分，其一，监督会计的直接责任人应是经理人员，只要经理人员有足够的利益刺激，而且还有足够的力量来监督会计人员的话，这一监督层应是顺利的；其二，当经理与会计人员出现“合谋”时，这一问题变得更为复杂，下面我们分述于下：

（1）关于经理人员的利益激励。在传统的独资、合伙企业，由于经理人员集所有权和经营权于一身，拥有对企业的剩余索取权，因而经理有足够的刺激去监督会计人员。而在我国，尤其是国有企业，这个问题至今没有得到很好的解决，在“有权而无利”的状态下，经理人员不但没有监督会计人员的积极性，反而变监督为“命令”，很多假账便是这样做出来的。针对这一问题，对经理人员实行待遇丰厚的年薪制也许是一种很好的选择。

（2）关于经理人员与会计人员的“合谋”。在经济学分析中，“合作”或“不合作”没有绝对的利弊。合作既可以带来效率（如多个委托人之间的协调），也可以带来费用（如工人和车间主任合伙来对付经理）；不合作或竞争既可以带来效率（如三权分立），也可以带来费用（如“追求租金”活动）。在会计上，人们习惯上用“内部牵制”来实现会计的内部监督，这显然符合“不合作”带来效率的理论。但是内部牵制制度并不能杜绝会计人员相互合作或与经理人员合作的事实，对这一问题的解决，则有赖于对“谁来监督经理”的进一步考察。

最后，谁来监督经理阶层？从现代企业的产权结构来分析，其主要特征在于“剩余索取权”与“监督其他要素的权利”相分离。实质上，监督权由职业的经理们来行使，而广大分散的剩余索取权已在现实中放弃了对企业的监督权。由少量大股东和专家们组成的董事会，由于股权不如其他组织形式那样集中，相互之间存在“搭便车”问题，因而监督权相对松散，而主要维持对企业的决策权。由于经理拥有监督权，经理的目标和动机就可能会偏离股东们的利润最大目标，于是，亚当·斯密在《国富论》中提到的所谓“疏忽与挥霍”（negligence and profusion）势必在经理层蔓延开来。

在我国国有企业，由于国有资产管理机制尚未理顺，存在所有者产权主体虚置等问题，谁来监督经理阶层的问题更加没有着落，对经理阶层监督乏力成为当今会计监督失控的又一重要原因。

当然，在所有者把监督权让渡给经理阶层之后，或者说，在对经理阶层的监督比较松散的前提下，实质上并没有一个监督经理的机制，这一监督责任是由间接代表广大所有者利益的注册会计师来承担。相应，国家审计局则代表国家对国有企业的税利和民有企业的税收情况实行监督，共同对经理人员及其与会计人员执行会计监督。

7.3　制度与博弈：对会计监督的综合评述

制度被认为是一种社会游戏规则。而对社会游戏能做出全面而充分的理解的，莫过于现代博弈理论，其中“纳什均衡”是该理论中一个最重要的概念。

如果说现实生活中许多现象可以概括的话（如经济学中常提及的“损人利己”或“机会主义”行为），博弈论的精要之处就在于“防”，也就是针对他人、对方可能采取的措施来制定自己的战略。而这些工作都是需要费时、费力的，它是市场交易费用发生的主要阵地。可以说，博弈的一个主要宗旨在于减少自身的交易费用。所谓的“纳什均衡”，指的就是这样一种人与人相互关系所处的状态，在这种状态下，给定其他人所采取的战略，一个人只能采取某种战略才能获得最大利益或使交易费用最低，而这一完美的境界必须经过“多次博弈”才能达到。为此，我们可以把“制度”简单地定义为一套在“多次博弈”之后逐步形成的，使人们在相互打交道时可以较为确定地知道别人行为方式的社会契约。因为如果制度真的是有效的，而不只是写在纸上而没有人去执行，任何人的行为若违反了这种制度而占了什么便宜，便会受到相应的惩罚。

同其他经济制度一样，会计制度应是政府与社会组织“多次博弈”之后形成的一种社会契约，博弈的次数越多，完善的程度越高，这一状态便是“纳什均衡”状态。达到“纳什均衡”状态的会计制度实际上已成为社会各界普遍愿意接受的“市场规则”，任何人若违反了该制度而暂时占了便宜，便会从别的方面受到更大的惩罚。以美国为代表的西方会计制度便经历了一个“多次博弈”的“均衡”之路，即“公认”的会计准则。所谓“公认”是指既让政府权威机构认可，又让广大财会人员普遍愿意接受的一种状态，也就是“纳什均衡”状态。

我国新颁布的会计制度刚刚迈出了“博弈”的第一步，从制度选择来看，也是基本上按有利于政府利益来安排的，这一选择必然会导致“上有政策、下有对策”的博弈现象的产生。对于博弈的另一方——企业而言，“假账林立”也就毫不奇怪（显然做假账是一个博弈过程）。从这个角度看，我国会计制度建立还要经历一个“博弈”过程，离“纳什均衡”还有一定距离。因为一个真正有效的会计制度，人们违反了不会得到什么好结果，而我们的经理人员和会计人员还没有感受到违背会计制度所带来的严重后果。面对这些问题，我们不应仅仅拿“三大检查”“整顿秩序”等措施作为改进会计工作的唯一良方，而更应正视天底下存在“利害冲突”这一事实，只有站在会计博弈的大看台上，盯住会计博弈的大棋盘，才能对会计监督的认识做出全面性的把握。

7.3.1 会计博弈的要素

（1）博弈双方。根据委托—代理理论，政府和其他资财委托者或所有者构成博弈甲方，企业经理人员及其会计人员构成博弈乙方。在此，由于企业经理与会计人员属内部代理层次，不触及财产权关系，其根本利益是一致的，而且确实存在“共谋”的动机和事实，故在宏观的社会博弈问题上，将其划为同一方是合乎情理的。从这个意义上讲，会计监督在很大程度上就是指“监督会计及其经理人员”，而对“会计监督什么”的问题已经不那么重要了。

（2）博弈或游戏规则——会计制度。包括一切规范会计行为的法规、准则和制度。

（3）裁判——注册会计师。以公正为主要特征的注册会计师可称为博弈中的国家级裁判，他们既可以接受博弈乙方（即受托者）的委托，站在公正立场上为博弈甲方（资源委托者）做出令人满意的评判；也可以直接接受甲方的委托，对乙方的财务状况是否遵守“规则”或“制度”做出裁定。

（4）在会计博弈的大看台上，坐满了广大热心的社会公众，政府审计和其他经济监督人员充当维序警察，以维持博弈的正常秩序。会计理论界则是积极而活跃的解说员、评论员或博弈报道的记者，他们既能做到不偏不倚，也不必像“裁判”那样受到权威或“规则”的制约，因而很可能为促进博弈的公平起到舆论监督的作用。

7.3.2 评价会计监督完善的标准

（1）博弈双方的信息公开

在一个信息不公开的条件下进行的博弈，其规则和裁判是否可靠就值得怀疑，欺诈串通和“暗藏杀机”的情况就会时有发生，但在众目睽睽之下这一情形便会自然消失。为此，对会计博弈双方而言，公开其信息，让广大社会公众参与其间，不仅可以减少“欺诈”“偷窃”等市场交易费用，而且是会计工作秩序正常化的必要条件，是实现会计监督的社会基础。

（2）会计制度——公平（或公认）

一切游戏能否正常运行和持续，游戏规则制定的公平性是关键。在我国会计制度建设中，由于在较大程度上是以维护国家利益为出发点（如对资产和收益不采取低估的稳健原则，是为了保证国有资产保值增值和税收稳定的需要），这是造成“下有对策”的根本原因，为此，我们有必要通过会计制度在政府与企业间的多次博弈，来进一步完善会计制度，以使各种利益得到更好的兼容，最终达到较为理想的“纳什均衡”状态，也就是“公认”化的均衡之路。当然，这里的“公认”标准与西方相比，在政府与市场（组织）的权利安排方面，比例应有所侧重，正是这种比例的不同，突出了我国会计制度在向“公认”化道路上迈进的“中国特色”。

（3）注册会计师——公正

作为博弈中的裁判，注册会计师应以公正为其执业标准。长期以来，我国一直处于没有裁判的会计博弈状态之中，“讨价还价”“尔虞我诈”自然难免。目前，我国注册会计师仍然未能普及会计博弈的各个场所，即使在现有的注册会计师队伍中，由于其自身业务水平的限制，加之职业道德的淡化，使得注册会计师在执业中很难做到“公正”的标准。

总之，公开、公平、公正，既是会计博弈的三大标准，也是会计监督不力的三大症结。只有从会计博弈的大局着眼，认清会计监督的本来面目，并沿着强化这三大标准进一步博弈，才能真正地整顿好会计博弈场上的秩序。会计博弈的有序之日，也就是会计监督的强化和自觉之时，我们深信并期待着。

第 8 章

会计假设、会计原则与产权保护

产权界定的实质，就是界定企业各有关产权主体的权利与义务，使其充分发挥各自的职能作用。而会计则是界定产权的重要手段，会计制度与产权保护是不可分割的。对于会计假设和会计原则与产权保护之间的关系值得探讨。

8.1 产权与产权制度

现代产权理论认为，产权的本质是对行为主体权利的一种界定，以表明人们在交易活动中是否受益。而在产权与所有权之间却有着微妙的区别和联系。所有权是指一定主体对财产的排他性权利，它受经济关系的规定；产权则侧重表明所有者之间的行为权利关系，代表着对产权客体（即企业资产）占用和支配的一组权利。产权与所有权不是完全对等的关系，但在完整的意义上产权与所有权含义基本一致。财产所有权是一种产权，但对财产的使用权也可以说是一种产权，因此，财产的所有权和使用权是可以分离的。财产使用价值形式的所有权即资产的所有权与价值形式的所有权即资本的所有权，都是具有社会性的和法律性的产权形态。规范这些产权的法规总和就是国家的产权制度。国家建立的有关产权的法律、法规，是产权制度的一种显性表现形式，但在许多场合，产权规则则是由人们在经济交往中形成的习俗与惯例确定下来的。关于这一点，新的产权规则的形成更是如此。

8.2　会计原则产生的直接导因是产权主体利益的保护

会计原则的诞生，大抵可以追溯到 1929—1933 年经济危机爆发之时。当时在美国，企业对外报送的会计报表极为不实，企业之间、行业之间、不同的会计期之间，会计资料缺乏统一性和可比性，因而投资者无法做出正确的投资判断和决策，证券市场一片混乱，纽约证券交易所一夜之间崩溃，给产权主体特别是投资者和债权人带来了极大的损失。因此，一方面各产权主体，特别是投资者和债权人纷纷要求保护自己的合法权益；另一方面，多元化、分散化的产权主体的组织费用，如协调谈判费用又远远大于单一产权主体的损失。在这种情况下，各产权主体的利益要求就转向一个有组织的系统，这就产生了需要制定一套既能得到政府有关部门支持，又能为产权主体所接受的会计处理方法和标准的客观要求。从 20 世纪 30 年代起，美国会计师协会便开始研究制定公认的会计原则，并成立了专门的机构——股票上市公司特别委员会。显然，它是为保护产权主体，特别是股东利益而设立的。

8.3　会计假设与产权明晰

财务会计的基本目标，是为各产权主体（所有者、债权人、经营者等）提供真实有用的会计信息，以促成企业资产的保值和增值，并追求企业利润的最大化。而完成这一使命所依据的公认准则，是以一定的会计假设作为基本前提的。会计假设的产生，从一定意义上来讲，是为明确产权、界定产权和保护产权而服务的。

（1）会计主体与产权占用主体相耦合

会计主体是会计为之服务的一个特定单位。会计主体假设则是关于界定会计主体空间范围的一系列理论思想。从历史发展的脉络来看，在资本主义形成的初期，企业组织形式是个人业主制。在个人业主制企业里，出资者集所有者、经营者于一身。尽管是独资经营，企业主也必须正确计算盈亏，加强经营管理，以谋求企业利润的最大化。因此，这就在客观上要求出资者对经营实体进行独立核算，既通过商品交换以谋求盈利，又可将该企业的经济活动与出资者的其他经济活动和私人收支相区分。故此我们认为，经营主体（即产权占用主体）与会计主体是基于资本主义商品经济的客观需要而同时产生的。资本主义初期的经济活动，已经形成了会计主体的萌芽，并为会计主体的假设理论准备了实践基础。在自由资本主义的发展时期，企业的组织形式出现了合伙制。在合伙制企业里，产权主体已多元化。多元化的产权主体为了实现各自利益的最大化，产生了对各自产权进行明晰界定和保护的客观要求。商品经济的发展奏响了会计主体假设的序曲。

一般认为，会计主体假设起源于 15 世纪。此时代表先进生产力与生产关系的企业组织形式是现代公司制的前身。随着商品经济的高度发展，近代公司的大量出现，会计主体与产权占用主体已经由客观需要变为客观现实。这一变化很快导致了“企业产权主体会计理论”的出现，会计的任务由原来侧重于为业主所有权服务，转变为为出资者和经营者并以经营主体为重点的服务。商品经济发展到现代市场经济阶段，“由一组支薪的高、中层经理人员所管理的多单位企业，就可以恰当地被称之为现代企业。这种企业在 1840 年的美国还不存在。到第二次世界大战时，这类公司已在美国经济的许多部门中成为占优势的企业制度”。在现代企业里，由于所有权职能进一步分化，会计主体假设已不限于解决出资者、经营者、债权人和劳动者之间的分工与协作问题，而且还必须解决企业与企业之间、企业与内部组织之间的会计主体划分问题，此时的会计主体范围和内部结构都已发生了质的变化。

在现代市场经济下，市场交换的实质是生产资料和资本的产权交换。产权占用主体将其所占有的产权在不侵犯出资者终极所有权的前提下进行转让、出租等交易活动，这是使资本保值增值和资源优化配置的客观要求，也是各产权主体利益最大化的客观要求。现代企业产权的所有权和经营权（占用权）的分离，必然造成产权占用主体及其内部结构与会计主体相吻合。

（2）持续经营假设

在市场经济条件下，企业随时都有破产拍卖或被兼并的可能，同时企业被租赁和承包的现象也不断出现，但是持续经营是企业产权关系的基础，也是所有产权主体的共同愿望。企业会计必须正确核算各个会计期间的经营成果及财务状况，不能因可能中断经营而放弃会计核算，以免出现短期行为和产权模糊现象，影响产权主体的利益。即使出现拍卖、兼并等中止情况，也必须要用会计方法进行财产清查、资产评估，确定其交易价格及清算价格，对其进行合理的产权界定。又如承包制作为目前重要的产权经营方式——委托经营形式，我们不能因承包期将要终止而随意增加经营者和生产者的利益，从而侵蚀所有者及债权人的产权，而应该从全局出发，突出企业资产的保值和增值。

(3) 会计分期假设

产权的基本权益是收益权和支配权，而支配权主要是指对收益的支配权。因而收益权成为产权最根本的权益，它表现在会计上，就是应该合理地核算各会计期间的收益和支出，从而确定各会计期间各产权主体的收益和支配权利的多寡。由于各会计期间的产权结构可能是经常变动的，如果不以分期的方式来界定企业的收益，显然会给收益的支配带来错乱。

(4) 币值不变假设

一般而言，在市场稳定和企业实际收益确定的前提下，一项新的会计政策的出台不会改变产权主体的收益总量，但会引起各产权主体之间利益的变化。因此，如何协调与平衡各产权主体的利益是制定会计政策的重要因素，也是衡量会计政策制定好坏的重要标准。相反，如果市场稳定这一假定被推翻，会计核算以市场变幻为前提，各产权主体利益不但此消彼长，而且会出现同消同长，几败俱伤的局面。产权总体利益的总量也会随机而变，企业资产、收益均处于不断的变幻之中，各产权主体的利益很难得到稳定的体现和保护。

8.4　会计原则与产权保护

在基本假设的前提下，对会计业务的处理还应受会计原则的具体指导。这种指导具有权威的可行性，并在很大程度上为保护产权起到积极的作用。

(1) 客观性及历史成本原则

这两个原则是指对经济业务的处理应以客观事实为依据，以保证会计资料的真实可靠。它要求企业对取得的耗用资产和已形成的债务都应以当时的实际成本计价。对同一经济业务的计量，一定能得出实质相同的结果，即能经受住必要的稽核，确保资料的客观真实。它是会计原则中最为基础的部分，也是保护产权主体利益不受侵害的最根本保证。

(2) 可比性（一致性）原则

它要求在会计期间的前后各期应采用相同的会计方法、程序和原则。前文已经叙述了在市场和收益稳定的前提下，一项会计政策的变更，会导致各产权主体利益的此消彼长。为稳定产权关系，就不得任意变更会计政策和方法；同时，可比性的约束还有助于企业内外产权主体对各期的会计资料进行分析对比，从而有助于产权主体判断和评价不同企业、不同期间的权益得失。

（3）配比原则

该原则要求把企业的所费与所得在同一时期或同一对象上加以确认和比较，以衡量企业的经济效益或收益。它与权责发生制一起共同构成确定企业收入和费用的基本原则。配比原则的出现与产权保护有着直接渊源关系。20 世纪 30 年代以后，由于股份公司的大量出现，企业所有权与经营权日益分离，社会上持股人数越来越多，产权主体已呈多元化、分散化、复杂化的趋势。这种分散的产权结构促使那些不能直接参与管理的产权主体更加关心企业的获利能力，从企业净收益的高低来判断其投资的收益。会计理论与实务的重点也转移到损益表上来了，这样，正确确认费用、收入的配比原则也便应运而生，并以此作为损益表的重要理论依据。

（4）稳健原则

该原则是保护和均衡产权主体利益的重要体现。根据会计理论，稳健原则系指对同一会计问题存在几种不同的处理方法时，应选择那种对所有者权益有利影响较少的方案。这里便有一个兼顾所有者权益和债权人权益及其他产权主体利益的问题。这项原则是会计保护产权、均衡产权主体利益的一个极好示范。以直线折旧法和加速折旧法为例，直线折旧法在不同会计年度内均衡分摊折旧费用，相对于效用来说，一方面，它使得前期费用偏低，收益偏高，从而使前期所有者的收益偏大，另一方面又影响到长期投资者的后期收益，使得债权人所据以担保和抵押的资产价值悬空（失真）。而在加速折旧法下，由于所提折旧基本上与使用效能相配比，使较高的耗费从前期较高的收益中得到扣除，因而相对合理地体现了各产权主体的权能要求，均衡了长短期投资者的利益，也保护了对企业资产的要求权。

（5）重要性原则

它要求企业会计对“重要”的经济业务和项目在报表上加以反映，而对影响不大的项目可予以合并反映或删减。所谓“重要项目”的标准便是产权主体必须了解的项目，即所有能够影响产权主体进行判断、评价和决策的项目都是重要项目。这项原则表明，在对会计事项进行全面充分揭示的前提下，突出了产权主体（即利害关系人）对企业判断的特殊要求。

8.5 会计原则的中国特色问题

以上列举了几种重要的会计原则与产权之间的关系问题，我们不难发现，会计理论与实务产生和发展的轨迹无不与一定的产权关系相联系，并为反映和保护当时的产权制度服务。中国会计的改革，也应以产权制度的现状与发展趋势相吻合，否则，其运行将是艰难而徒劳的。因此，中国会计的改革在借鉴国际惯例的同时，应是带有中国特色的。反映到会计原则上，我们认为至少有以下几点特色：

（1）会计原则的制定与颁布的主体是国家财政部门

我们知道，会计原则的制定应该照顾各产权主体的利益。在西方由于产权分散化十分明显，即企业产权广泛分散于社会各界，国家对企业的产权（所有权）起不到绝对的控制作用，因而会计原则只能由民间组织共同来制定，形成“公认”的原则。在我国，虽然产权结构已有分散化趋势，但无论怎样它不仅不会减轻社会主义公有制的色彩，而且会逐渐扩大公有制的领地。这样，国家作为企业产权主体的主导作用自然确定，由政府牵头，统一制定颁布会计准则，也就顺理成章。可以说，公有制不仅是中国所有制的特色，而且是中国产权改革的特色，同时还必须是会计改革的重要基石。

（2）统一性原则

西方会计着重突出前后会计期间的可比性（一致性），而对空间上的各行业、各部门的主要会计指标的口径是否一致未做特殊的规定。我国会计准则从加强国家宏观调控的角度出发，强调会计原则的统一性这一重要内容。

（3）划分收益性支出和资本性支出原则

其实这项原则是配比原则的一个特例或具体运用。它在西方由于未做特殊规定，导致了实务界的投机和滥用。例如美国早期的铁路业，通常在企业创办初期支付巨额的股利，使创办人和短期投资者获得额外的收益，而长期投资者和债权人则蒙受了极大的损失。这样在会计上合理区分资本和收益，保护各方投资者和债权人的产权利益就显得十分必要。在西方虽然有配比原则和费用资本化等理论作为指导，但始终未能单独把资本和收益问题做原则列示。为总结经验教训，并考虑到我国企业短期行为十分普遍的严峻事实，将划分收益性和资本性支出作为原则单独列示，不愧为明智和推进之举。

第9章

产权保护、会计计量与会计稳健性

9.1 产权保护、公允价值与会计稳健性

9.1.1 产权保护导向：从会计稳健性到公允价值的嬗变

产权是一个使人受益或受损的权利束，是对财产的广义所有权，包括狭义所有权（归属权）、占有权、支配权和使用权；其直观形式是人对物的关系，实质上却是产权主体之间的经济权利关系。产权具有减少不确定性、外部性内在化、激励与约束功能、资源配置功能以及收入分配功能。产权理论的核心就是研究如何通过界定、变更和安排产权来降低交易费用，提高经济运行效率，从而优化资源配置。经济学本质上就是研究稀缺资源的产权。市场经济属于产权经济，中国改革开放的历程是一场深刻的产权变革。改革开放的推进必须借助于一套经济制度安排，而经济制度必然涉及产权。会计改革体现为会计制度变迁，旨在准确界定产权和保护产权。会计与产权之间的紧密关系是与生俱来的，换言之，会计发展史就是一部对正当产权经济利益进行界定和保护的历史。

计量是会计的核心，而计量属性是会计计量的内核。要完成资产计价和收益决定两大使命，会计计量属性的合理选择和有效运用则是关键。历史成本和公允价值是财务报告中两种最重要最具有代表性的会计计量属性。会计是产权结构变化的产物，作为一种国际通用的商业语言和低成本的信任机制，是为监督企业契

约签订和执行而产生的。会计契约在企业契约耦合体中居于中心地位。公允价值会计信息的“结果真实”导向比历史成本会计信息的“程序真实”导向更具有产权经济意义；理想条件下的全面的公允价值计量使会计学收益向经济学收益逼近，而历史成本计量使会计学收益偏离经济学收益，必将扭曲会计界定产权和保护产权的功能，进而降低产权资源配置效率。

历史成本计量属性难以对企业产权价值运动过程、结果及其所体现的产权经济关系进行有效的反映与控制，界定产权和保护产权的职能难以充分发挥，于是引入会计稳健性原则（惯例）进行部分弥补。稳健性原则是与历史成本计量属性相互配合或配套使用的。之所以要提出稳健性，主要是公允价值计量思想的“不完全”采纳。稳健性原则又称为谨慎性原则，起源于中世纪的欧洲。Bliss（1924）将早期会计稳健性思想明确表述为“不预计利润，但预计所有损失”。FASB 在 SFAC2 中指出：稳健性原则是指对不确定性的审慎反映，以确保对经济活动中内生的不确定性和风险给予充分考虑。Basu（1997）将稳健性定义为“会计人员倾向于对当期好消息的确认比对坏消息的确认要求有更严格的可证实性”。近年来经验研究发现，会计稳健性在许多国家都存在，并且在最近 30 年有逐渐增强的趋势。在不同国家，会计稳健性的程度会随着国家间法律、经济和政治等制度环境的差异而不同。会计稳健性的基本特征表现在：（1）稳健性对利得与损失、收入与费用、资产与负债的非对称性处理；（2）系统性造成了企业净资产账面价值远低于其市场价值和盈利低于实施中性会计原则所要汇报的盈利，导致了当期盈余的保守与未来盈余的激进；（3）稳健性基础上的会计信息与其反映的经济实质之间会产生一定程度的偏差，该偏差的大小体现了稳健性的强度。可见，会计稳健性对于债权人产权保护是一种有效的制度安排，但对股东等其他利益相关者就不是一种最优的制度。

由于现代企业本质上是利益相关者之间相互缔约形成的合作收益大于合作成本的产权契约联结体，企业存在和发展的根本原因在于利益相关者相互合作创造出合作剩余或组织租金，而合作剩余或组织租金的创造与分配需要利益相关者之间由非合作博弈转变为合作博弈，这一切均依赖于会计界定产权和保护产权。不论是公有产权还是私有产权，也不论是强势产权还是弱势产权，均应该得到平等有效的保护。现代财务报告不仅应为债权人服务，而且应为包括股东在内的利益相关者服务。产权界定和保护需要会计提供基础性的具有透明度、相关性、公允性和反映真实性的会计信息。有鉴于此，历史成本计量属性（及会计稳健性）逐渐让位于公允价值计量属性遂成必然。

IASC（1995）在 IAS32 中规定，公允价值是指“在公平交易中，熟悉情况的当事人自愿据以进行资产交换或负债清偿的金额”。IASB 于 2009 年 5 月 28 日发布的《公允价值计量（征求意见稿）》和 FASB 于 2006 年 9 月 15 日发布的 FAS157《公允价值计量》对公允价值的定义相同，即“在计量日当天，市场参与者在有序交易中出售资产收到的价格或转移负债支付的价格（退出价格）”。公允价值是经济学中价值概念的会计表达，公允价值计量就是基于价值和现值的会计计量。20 世纪 90 年代以来，公允价值计量逐渐风靡全球，适度谨慎地引入了公允价值计量也被公认为我国 2006 年新会计准则体系最吸引眼球的亮点，标志着我国已建成与国际财务报告准则实质趋同的企业会计准则体系。我们将公允价值的基本特征凝练为三个方面：（1）公允性；（2）反映真实性，且结果真实甚于程序真实；（3）估计性。其中，“真实与公允观”是公允价值的最高理念和根本特征。公允价值是现实中充分发挥会计平等界定产权和保护产权功能的最重要的计量属性，它使会计真正走上“价值计量”和“产权保护”的轨道。产权保护导向促使会计稳健性向公允价值嬗变。

9.1.2 公允价值与会计稳健性关系考析：产权保护视角

长期以来，中外会计学术界在公允价值与会计稳健性之间如何进行权衡一直争论不休，这种争论随着公允价值计量在会计国际趋同背景下广泛运用而逐渐升温。“公允价值”如果作为一种会计计量属性，而“会计稳健性”作为一种会计计量原则，表面上看，两者是不同的事件，似乎不具可比性，实则从一个侧面反映出两者之间错综复杂的关系。计量是会计的核心，按照计量对象的不同，会计计量可细分为资产计价和收益决定。“计量虽很重要，但某一属性的计量，不应等同于某一属性的会计”。会计计量模式的选择是多种因素（尤其是产权博弈）共同作用的结果。我们认为，当全部或绝大部分项目都按历史成本计量并纳入财务报表时称之为历史成本会计模式；当全部或绝大部分项目都按公允价值计量并纳入财务报表时称之为公允价值会计模式；当历史成本计量属性和公允价值计量属性在会计计量中都没有绝对主导优势时，即介于历史成本会计模式与公允价值会计模式之间的会计模式，称之为混合会计模式。会计模式与会计稳健性的关系如图 1 所示。

会计及其准则具有技术性和社会性双重属性，在经济全球化和金融自由化导致的会计国际趋同过程中，会计准则具有经济后果的性质使会计国际趋同的本质从会计技术性之争演变为产权博弈之争。正如著名会计学家郭道扬教授（2009）

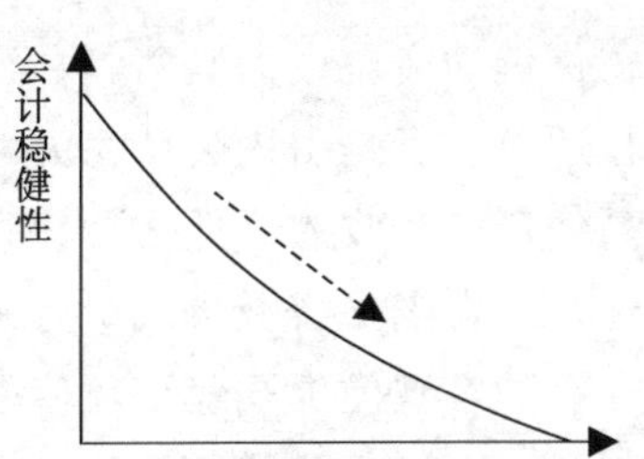

历史成本会计模式 ➜ 混合会计模式 ➜ 公允价值会计模式

图 9－1　历史成本会计模式、混合会计模式、公允价值会计模式与会计稳健性关系

所言，全球化所引发的利益分配关系的复杂性，集中体现在跨国产权价值运动周而复始的循环过程之中，矛盾的集中点极其深刻地反映在以国家为利益主体的会计制度博弈方面；掌握全球会计制度变革的控制权，是当今会计规则大变革中的焦点问题。我们认为，无论是杨纪琬教授和阎达五教授提出的“会计管理活动论”，还是葛家澍教授和余绪缨教授主张的“会计信息系统论”，抑或是杨时展教授和郭道扬教授首创的“会计控制系统论”，虽然考察视角各异，但均与产权保护密切关联。换言之，会计管理活动论的核心是价值管理，而价值管理的内核是产权管理；会计信息系统论认为会计是一个以提供财务信息为主的经济信息系统，虽更强调技术性，但也承认会计的社会性，而会计的社会性必然涉及产权问题；会计控制系统论的核心是受托责任，直接触及并深刻体现出产权思想。鉴于此，本书从产权保护视角来考析公允价值与会计稳健性这对会计基本范畴的关系问题，也是切实可行的。

（1）历史成本会计模式下的公允价值与会计稳健性：若即若离

我们认为，会计是一个以提供财务信息为主的人造的界定和保护产权的反映与控制系统。在历史成本会计模式下，全部或绝大部分项目都按历史成本计量并纳入财务报表，它所倚重的事实性基础要求计量时要做到客观、具备可验证性和数据易得性，其确认基础建立在过去已经发生的交易或事项基础上，它最显著的特点与缺陷都是面向过去，并引致会计计量也面向过去。

“会计的发展是反应性的”，会计环境对会计（准则）的重要性已受到国内外会计学界的普遍重视。事实上，会计计量属性和会计模式的选择深受会计环境的影响。在会计发轫之早期，债权人产权保护（解决债权人与企业之间的信息不对称问题）成为会计信息服务的重点。在市场经济和证券市场不发达的相对稳定的会计环境中，历史成本会计模式生成的会计信息基本能满足债权人等信息使用者的需要。随着现实经济环境中不确性和风险的增加，缔约各方之间存在信息不对称和复杂利益博弈关系，代理冲突难以彻底消除，纯粹的历史成本会计模式越来越与会计环境的变化不相适应。于是引入会计稳健性原则局部修正历史成本会计模式的不足，避免企业高估资产和收入、低估负债和费用，进而避免损害债权人的物质资本产权。稳健性是最古老最普及的会计原则（惯例），在财务会计和报告中占有一席之地，其存在的客观前提是经济环境中的不确定性和风险。可以说，稳健性原则、实现原则、面向过去的传统会计确认和计量都是与历史成本会计模式相互配合或配套的。有关研究表明，契约需求、股东诉讼、税收和会计管制构成西方会计稳健性存在的主要根源；政策管制及管理层与股东之间、大股东与中小股东之间的代理问题以及文化、心理等因素的影响，使会计稳健性在我国具备存在的根基。

会计稳健性对于产权界定与产权保护来说是一柄“双刃剑”。稳健性本质上是一种限制性的或者附加条件的会计信息质量特征，虽然应用非常普遍，但在理论上更多地被视为一种“惯例”而非“原则”。虽然文献普遍发现了稳健性的好处，但价值相关性和可靠性之间必定需要权衡，过度的稳健性会损害会计信息的价值相关性，提高信息不对称程度，进而降低会计信息的有用性，这意味着稳健性也是有成本的。稳健性基础上的会计信息与其反映的经济实质之间会产生程度不同的偏差，该偏差的幅度反映了稳健性的强度，也体现了对客观、公正、公平等界定产权和保护产权的背离程度。会计稳健性不是万能的，不可能解决历史成本会计模式固有的全部问题。因此，在历史成本计量属性占绝对主导地位的历史成本会计模式下，逐渐引入公允价值计量属性成为必然，这与计量观取代信息观的会计发展趋势也是非常吻合的。事实上，针对稳健性的系统研究正是在 20 世纪 90 年代各国会计准则越来越多地采用公允价值计量的情形下才开始兴起的。

在历史成本会计模式下，历史成本计量属性始终占据绝对主导地位，而公允价值应用的广度和深度都是非常有限的。为了更有效地反映与控制产权价值运动过程、结果及其所体现的产权经济关系，认定和解除受托责任，提供决策有用信息，历史成本会计模式程度不同地先后导入了会计稳健性和公允价值计量属性。值得注意的是，公允价值与会计稳健性在基本理念上是矛盾的，这注定了两者在共同弥补历史成本会计模式缺憾的同时，不可能深度有机契合，而是背离与耦合并存。总体而言，在历史成本会计模式下，公允价值与会计稳健性是一种若即若离的关系。

（2）公允价值会计模式下的公允价值与会计稳健性：彻底背离

随着金融创新和金融自由化的迅速发展、虚拟经济和实体经济的比重逐步易位、企业组织形式的不断变化、无形资产的大量涌现、信息技术的飞速发展以及利益相关者对会计信息需求的变化，经济与会计环境的不确定性和风险显著增加，使得历史成本计量属性受到巨大冲击，暴露出诸多缺陷，更能适应会计环境变化的公允价值计量属性应运而生。随着资本市场日益发达等会计环境急剧变化，历史成本会计模式向公允价值会计模式演化是大势所趋。为实现会计的定价功能和治理功能，达到企业各利益相关者的利益冲突有机协调和合法产权平等保护的目的，会计务必提供具有相关性、透明度、如实反映（可靠性）和公允性的会计信息，为此，公允价值得到广泛应用和会计稳健性及其母体（历史成本会计模式）式微同样不可避免。

公允价值会计模式下，全部或绝大部分项目都按公允价值计量并纳入财务报表，会计的根本使命是为信息使用者提供决策有用信息。公允价值计量属性与产权具有深层契合关系。平等、公平、等价、自愿和诚信五项原则是公平高效的产权制度的基础，这些基本原则的实现有赖于公允价值计量。整体而言，会计对产权的界定和保护是微观层次的、基础性的，而法律对产权的界定和保护却是宏观层次的、总括性的；两个层次的产权界定和保护都需要会计提供基础性的真实公允的会计信息；公允价值计量基础是现实中充分发挥会计界定产权和保护产权功能的最佳计量基础。公允价值将“真实与公允观”奉为圭臬，它给企业利益相关者提供一个“机会均等”和“规则公平公正”的利益博弈、分享与保护机制，因而能促进会计契约的顺利签订和有效履行、提高会计信息质量和均衡产权利益。

而稳健性对利得与损失、收入与费用、资产与负债的非对称性处理，人为地制造一种主观偏差，扭曲了会计信息对经济业务真实情况的反映，与反映真实性、中立性（可靠性的核心要素）等会计信息基本质量特征相悖。会计信息只有真实，才能公允。因此，过于稳健的会计信息，在丧失反映真实性的同时也丧失了公允性、中立性，与最高会计理念“真实与公允观”相悖，在本质上与会计理论的逻辑相冲突。会计在维护与保护利益相关者权益及保障市场经济有序、有效运作中的作用都是基础性的，也是不可替代的。企业存在和发展需要契约共同体相互合作创造出合作剩余或组织租金，会计稳健性对利益相关者产权的非对称性界定和保护，极大地打击了要素所有者之间由非合作博弈转变为合作博弈以便创造尽可能多的合作剩余或组织租金的积极性，既不利于通用会计契约的有效履行，也不利于剩余会计信息产权的合理配置，从而阻滞了公司绩效的提高和会计目标的实现。

简言之，在一个理想（纯粹）的公允价值会计模式下，公允价值与会计稳健性两者之间彻底背离。为了更清楚地阐明这种背离关系，我们提出公允价值会计模式和历史成本会计模式下两条概念链：

①公允价值会计模式下的概念链：目的性基础—价值/现值—公允价值—摧毁会计稳健性—产权保护平等—经济收益/全面收益—决策有用观—损益满计观—资产负债观—相关性—未来经济利益—权责发生制—计量观。

②历史成本会计模式下的概念链：事实性基础—成本—历史成本—引入会计稳健性—产权保护异化—会计收益—受托责任观—当期营业观—收入/费用观—可靠性（如实反映）—过去经济利益—权责发生制—信息观。

对比上述两条概念链，我们可以发现：公允价值会计模式摧毁会计稳健性，历史成本会计模式引入会计稳健性；公允价值会计模式促进企业会计契约各方的产权平等保护，历史成本会计模式引致企业会计契约各方的产权保护异化；公允价值会计模式下，公允价值与会计稳健性彻底背离。

（3）混合会计模式下的公允价值与会计稳健性：适度耦合

当历史成本计量属性和公允价值计量属性在会计计量中都没有绝对主导优势时，即介于历史成本会计模式与公允价值会计模式之间的会计模式，称之为混合会计模式。值得注意的是，公允价值会计（模式）与公允价值计量存在区别，公允价值会计模式与历史成本会计模式相对应，现行会计体系虽然适度谨慎地引入了公允价值计量，但公允价值会计模式尚未最终建立。总体而言，我国的会计模式仍属于混合会计模式。IASB 和 FASB 联合成立的金融危机咨询组（FCAG）调查显示金融机构对大部分资产仍是以历史成本计量的，印证了全球会计模式也属于混合会计模式，尽管当今世界公允价值计量的推广如火如荼。

会计具有经济后果性，计量属性的选择及其修正受各利益相关者相互作用的影响，是会计契约方产权博弈的结果。会计环境的变化促使公允价值计量属性逐渐向历史成本会计模式渗透，其应用的广度和深度向纵深发展，为会计模式的转换积聚能量和进行着量变。当会计环境发生了根本变革，股东（尤其是中小股东）产权保护（解决分散的股东与企业之间的信息不对称问题）就成为会计信息服务的重心。对股东来说，会计信息稳健和会计信息激进同样是有缺陷的，股东需要的是准确的信息，所以，会计准则有必要从稳健性向公允价值计量适当靠拢。高质量会计准则不仅要防止投资者高估企业价值，同时应防止投资者低估企业价值，两种错误定价都对股东不利并影响证券市场健康发展。因此，矫正会计稳健性的强度，拓展公允价值计量的应用范围，使会计政策由稳健性的一端向中性会计方向做适当调整，是混合会计模式下的必然选择。

纯粹的公允价值会计模式只存在于理想状况，在相当长的历史时期内是不可能完全采用公允价值计量而达到纯粹的公允价值会计模式的。因此，在今后漫长的时期内，一是我们务必坚定不移地推进历史成本会计模式向公允价值会计模式变迁以适应会计环境急剧变化的需要，从而有效完成会计所肩负着的重要使命；二是我们尚不能完全抛弃历史成本和会计稳健性原则，以便在现实会计环境下与公允价值计量进行权衡，以便适应产权结构，平衡产权利益，这与当前决策有用观和受托责任观有机结合的会计目标融合观也是基本吻合的。在产权的世界里，会计的本质是受托责任；会计目标是认定和解除受托责任（决策有用观可视为受托责任观的高级阶段）；会计职能是界定产权和保护产权。

公允价值遵循“真实与公允观”，凸显相关性和透明度，兼具合理可靠性，是反映和控制产权价值运动和产权经济关系的理想计量属性，从而实现会计契约方产权的平等有效保护；而会计稳健性偏离“真实与公允观”，偏离幅度的大小，取决于稳健性的强度，会计稳健性是以产权保护异化为代价来换取财务报表数字的稳定性；公允价值代表财务会计未来变革的根本方向，会计稳健性将日渐失去存在的合理性，其生存空间将被挤占。总体而言，在混合会计模式下，公允价值与会计稳健性是一种适度耦合的关系。

9.1.3 金融危机中公允价值与会计稳健性之争：一个产权博弈例证

公允价值自诞生以来始终是一个有争议的话题，随着美国次贷危机演化为全球性金融危机，并由虚拟经济向实体经济渗透，人们对公允价值的争论越来越多，甚至在金融界和会计界之间引发了一场公允价值计量优劣与存废问题的激烈论战。金融界率先指责公允价值在金融危机中造成了顺周期效应，放大了财务报表项目的波动性（不确定性），是金融危机的“元凶”；会计界虽然坚决否定了公允价值是金融危机的主要根源，但对公允价值顺周期效应也存有不同声音。面对来自市场的各种压力和抨击，部分国家和国际组织纷纷修改“公允价值”的规则，以应对金融危机条件下公允价值的顺周期效应等诸多责难。拨开迷雾，深入研判，我们认为这些论争既从会计技术性层面隐射了公允价值计量属性与会计稳健性原则的关系问题，又从会计社会性层面凸显了会计对于体现产权结构、反映产权关系和维护产权意志的极端重要性。

所谓的公允价值“顺周期效应”，是指市场高涨时，价格上涨计入收益将进一步推高资产价格，容易造成资产价值被高估；而市场低落时，价格下跌计入损益进一步打压资产价格，容易造成资产价格被低估的恶性循环。具体到 2008 年源于美国的金融危机，形成了一个“死亡螺旋”：交易价格下跌—资产减计—核减权益—恐慌性抛售—价格进一步下跌。

市场经济越发展，公允价值计量属性越重要。真实与公允并存、相关性优先兼具合理可靠性的公允价值，不仅不是金融危机爆发的根源，而且还是应对金融危机和改进会计准则的根本方向与契机。从根本上说，金融危机不是会计问题，而是经济问题，甚至是政治问题。公允价值的反对者一直质疑公允价值的可靠性和公允价值会计模式对历史成本会计模式高度背离的合理性，并随着金融危机在金融界和会计界之间引发的关于公允价值会计优劣和存废的激烈论战，所谓的公允价值“顺周期效应”也成了反对者抨击公允价值的靶子。经济本身就有周期性和波动性，资产（尤其是金融资产）的价格受人类心理等多种因素影响而呈现剧烈波动性日益成为常态，会计能如实地反映经济的周期性和波动性正是会计功能有效发挥的体现；会计本身不应抚平经济的周期性和波动性，抚平经济的周期性和波动性不是会计准则制定的目标；映射经济现实，捕获市场波动的影响，真实公允地反映会计事项和情况，向利益相关者提供具有透明度、相关性、公允性和反映真实性的会计信息才是会计准则制定的出发点，而公允价值计量属性恰好承担了这一使命。从表面上看，所谓的“顺周期效应”论争是会计“技术性”之争，实际上是会计“社会性”之争，折射出“会计稳健性”原则的非对称性计量经济后果与“公允价值”所追求的最高会计理念“真实与公允观”的偏离，深刻揭示了不同利益相关者产权界定与保护、利益博弈和会计信息经济后果性之本质。

稳健性的非对称性会计处理，使得市场高涨时不至于助推资产泡沫，市场低落时，因稳健性运用范围的局部性也不至于像公允价值那样及时灵敏地捕获资产泡沫被挤兑的现实和在财务报表项目上呈现出“波动性”。会计稳健性表面上削弱了所谓的公允价值“顺周期效应”，实则以虚假的报表数字替代真实的企业财务状况、经营成果和现金流量事实，是一种自欺欺人的做法。在这次全球性金融危机中，公允价值似乎对于过度低估企业价值、引起恐慌性抛售和加剧资本市场风险的指责难辞其咎，尽管用于修订历史成本计量的会计稳健性也是以“低估净资产”为基本特征的，但会计稳健性相对于公允价值而言，其局部性、滞后性和迟钝性可以缓减顺周期效应，但这种缓减效应是以延误金融机构损失确认和隐藏更大风险为代价的，公允价值则发挥了对危机的早期预警作用，此为其一。其二，在市场高涨时，公允价值似乎对于高估价值、加速资产泡沫化负有责任，因而以低估净资产为基本特征的稳健性原则被很多人误认为是平抑市场风险的良策。公允价值计量基础上的财务报告只是企业在某一时点上的一张“快照”，即便财务报告是有效的，它与契合稳健性的历史成本计量基础上的财务报告一样，也具有无法洞察宏观经济影响、宏观金融与微观金融断裂等局限性，事实上，会计本身不应该也没有能力越权承担这些“份外”的重任。因此，所谓的“顺周期效应”只是金融界等利益集团强加给公允价值的“莫须有”罪名。

暂停公允价值计量属性的使用，全面转为历史成本计量属性，并辅之以广泛的会计稳健性，只会导致会计实务的逆转，导致不一致和增加投资者的不确定性。公允价值相对于历史成本计量（及会计稳健性）而言，因充分真实地揭示经济波动性在企业经营上的反映而使财务报告项目呈现波动性。令人不解的是，在金融危机中，公允价值如实刻画会计对象的“波动性”却成了广为诟病的靶子。即便是在经济非理性繁荣或非理性衰退的特殊情境下，公允价值计量的层级理论受到重大挑战，我们也可以通过完善公允价值计量准则等措施（会计界已经开始行动，如IASB《公允价值计量》（征求意见稿）突出规范了不活跃市场下公允价值的计量)，完成资产计价和收益决定两大使命，合理平等地界定和有效保护会计契约方的产权，实现产权利益均衡。

综上所述，从全球范围来看，顺周期效应论争发生在公允价值与会计稳健性同时存在但又相互冲突的现实世界，由于当前全球会计仍处于混合会计模式阶段，因而公允价值与会计稳健性之间是一种适度耦合的关系；公允价值在金融危机引发的激烈论战中，充当了“替罪羊”角色，是利益相关者之间产权博弈的一个“筹码”和生动例证。

9.2 产权保护、二元计量与会计稳健性

9.2.1 二元产权结构的形成

以是否直接基于实物资产为标准，现代市场经济可以划分为实体经济和虚拟经济两大部分：实体经济是指商品销售、劳务提供涉及的生产和流通等经济活动，是人类赖以生存和发展的基础；虚拟经济是指以股票、期货、债券等衍生金融工具为载体的资本交易活动，它依附于实体经济而发展；实体经济是虚拟经济的基础，决定虚拟经济能否健康发展；虚拟经济对实体经济具有反作用，健康有序的虚拟经济可以为实体经济提供资金来源，助推实体经济持续增长。实体经济与虚拟经济的相互配合是长期增长的必要条件。市场经济是“产权经济”已成为经济学家和法学家的广泛共识。产权是指围绕财产而内化的一系列权利束的总和，它包括人与物之间的经济权利关系以及人与人之间的经济权利关系。产权也

是一种受益或受损的权利。市场经济的特征是一种商品交换经济，而商品交换的前提是必须拥有明晰的产权。商品交换过程实际上是交易双方让渡产权的过程，正是权利的价值决定了商品的价值。因此，市场经济本质上属于“产权经济”。鉴于“市场经济 = 实体经济 + 虚拟经济”，且“市场经济 = 产权经济”，所以“产权经济 = 实体经济 + 虚拟经济 = 实体产权经济 + 虚拟产权经济”，即“产权 = 实体产权 + 虚拟产权”。由此形成“二元”产权结构。

虚拟经济的出现源于社会分工与技术的进步，其发展经历了闲置货币资本化、生息资本社会化、有价证券市场化、金融市场国际化和国际金融集成化五个阶段。在生产力低下、资源匮乏的早期原始社会人类的经济活动中，人类通过分工结成稳定的氏族公社，增强了抵御自然风险的能力，提高了生存能力。对自然的依赖及利用促使农牧业发展并分离成农业和畜牧业。工具的使用和生产技术的进步，促进了农业的发展和劳动生产率的提高，手工业逐渐与农业分离。第二次社会大分工出现了直接以交换为目的的商品生产。交换的发展使贵金属成为占优势的货币商品，并成为人们追求的重要目标。随着剩余产品逐渐增多，社会财富开始积累，此时社会经济形态属于典型的实体产权经济。生产力发展与生产技术进步使得人类征服自然和获取生产资料、生活资料的能力进一步增强。商品经济的发展使得铸币逐渐被纸币所取代，这成为实体财富虚拟化的又一新起点。两次工业革命极大地解放了生产力，形成了高度专业化和复杂协作的生产方式即机器大工业生产，这需要大量的灵活的运营资金，催生了银行和其他金融中介机构，积累了大量社会剩余财富。存款、小范围流通的有价证券逐渐增多，虚拟产权经济开始萌芽与发展。第三次科技革命再次强化了金融创新和经济全球化进程，虚拟产权经济在资本市场上的存量和增量不断增加、流速不断加快，成为现代市场经济的重要组成部分。

9.2.2 二元计量与会计稳健性

会计稳健性源于市场经济和资本市场早期为保护债权人利益的制度安排，至今已有500余年。它是会计确认与计量的传统和原则，是一种“国际惯例”。FASB在2006年明确指出谨慎或稳健性不属于可取的财务报告信息质量，学术界对稳健性存废问题看法不一。为进一步分析计量模式选择对会计稳健性的影响，本书将会计稳健性划分为条件稳健性与非条件稳健性：前者源于委托—代理关系，指企业确认好消息和坏消息时的非对称行为（即及时确认坏消息，不确认或延迟确认好消息），如计量日实体产权后续计量计提减值准备但不确认升值，条件稳健性的存在可以增进债务契约、报酬契约和公司治理的有效性进而引起利益相关者行为改变；后者是应税收和管制需要而产生，指在取得资产或发生负债时就决定后续会计处理方法，如内部研发无形资产研究阶段的支出费用化、固定资产加速折旧法等，这些方法的采用会使企业资产的账面价值低于市场价值，一定程度上降低了财务信息的有用性。条件稳健性又称事后稳健性，即当外部信息证实资产的价值发生改变时就需要调整其账面价值；非条件稳健性也称为事前稳健性，是指资产在取得之初就确定采用的会计方法，并未利用除该资产或负债以外的任何信息。两者的主要区别在于是否利用了外部信息。

历史成本计量是以事实为基础，强调成本。当纯粹采用历史成本计量时，资产的账面价值由初始确认到后续计量期间是不会改变的。然而企业的生存和发展与环境密切相关，产权关系日趋复杂，加之财务信息受税率、通货膨胀率、物价变动指数等影响，资产价值改变是客观存在的。为了有效反映和控制产权经济关系，弥补历史成本计量缺陷、抵消过度乐观估计，会计制度引入稳健性原则对历史成本财务信息进行修正，如减值测试等。稳健性原则的引入一定程度上降低了历史成本计量的缺陷，提高了历史成本计量的适应性效率，进而确立了自身在财务会计中的重要地位。可见，历史成本与会计稳健性是相互依存、相互契合的。非条件稳健性主要是通过会计制度的强制性规定做到不多计资产和收益的同时不少计负债和费用。这是一种事前的稳健，属于规则导向。非条件稳健性独立于外部信息（不考虑市场环境变化）的特点与历史成本计量的客观性不谋而合。条件稳健性则应用了资产未来价值的预期信息（如资产减值测试时都需要利用市场价格、现值等信息）。在二元计量模式下，历史成本计量适用于实体产权，若外部市场环境的变化使得实体产权价值偏离了入账价值时，就需要借助条件稳健性通过计提减值予以修正。值得注意的是，条件稳健性仅反映实体产权的减值但不反映升值，这种制度安排具有合理性，因为企业拥有实体产权的目的是创造营业利润而非获取处置利润，即反映实体资产升值并无多大意义。无差错、中立性和完整性是财务信息如实反映基本质量特征的三个次级特征。历史成本计量模式下，中立性由稳健性支撑。正如无差错不要求在所有方面都完全精确，完整性不要求反映完整到事无巨细，中立性也并不意味着即时反映资产价值的变动。采用历史成本计量实体产权并引入条件稳健性来修正，也是中立性的一种体现。综上可见，历史成本计量基础与会计稳健性是相契合的。

公允价值强调决策有用，要求满计损益，财务信息具有预测和确认价值。公允价值计量以“决策有用”为目标，强调会计的估值功能；而会计稳健性以“受托责任”为目标，强调会计的信任功能。当然，表面上看，公允价值计量与会计稳健性完全相悖。但现实中，两者都有存在的价值：财务信息要达至“决策有用”的目标必须以先解除管理层的“受托责任”为前提，否则难以满足大股东的投资决策要求；会计的估值功能必须以会计的信任功能为基础，否则估值的准确性存在质疑。非条件稳健性源于会计制度的强制性规定，会计人员判断的空间偏少（如固定资产折旧方法选择、存货发出计价），主要应用于实体产权的计量上。这与公允价值计量主要适用于虚拟产权相悖，即非条件稳健性与公允价值计量相冲突。条件稳健性又称事后稳健性，需要借助外部信息并运用明显的证据来判断资产价值损失，及时确认减值损失，是以原则为导向的。条件稳健性既可以适用于实体产权，也可以适用于虚拟产权。就实体产权（如固定资产、存货）而言，当存在减值迹象时，需要进行减值测试。对于固定资产而言，减值测试的标准是“账面价值与可收回金额”，而可收回金额由“公允价值减去处置费用后的净额与未来现金流量的现值孰高”确定，即可收回金额的确定需要借助公允价值计量。同理，对于存货而言，减值测试的标准是“成本与可变现净值孰低”，而可变现净值确定的一般原则是“完工产品的预计售价 - 在产品到完工产品的加工成本 - 完工产品预计的销售税费”，“预计售价”的确定遵循“签了合同的按合同价，没有签合同的按市场售价”。这个“合同价”和“市场售价”也是公允价值计量的重要数据来源。即对于实体产权而言，条件稳健性是与公允价值计量相契合的。就虚拟产权而言，对于以公允价值计量且其变动计入当期损益的金融资产而言，不需要减值，即条件稳健性不适用，但是对于可供出售金融资产和持有至到期投资而言，当存在减值迹象时，需要进行减值测试，此类金融资产适用于条件稳健性。具体而言，可供出售金融资产减值测试的标准是“账面价值与公允价值孰低”，而持有至到期投资减值测试的标准是“账面价值与现值孰低”。鉴于现值的获取实际上是公允价值计量估值技术的一种运用，即可供出售金融资产和持有至到期投资的条件稳健性与公允价值计量相契合。综上可见，条件稳健性适用于实体产权和部分虚拟产权，与公允价值计量相契合；非条件稳健性适用于实体产权，与公允价值计量相背离。

上述分析表明：历史成本计量基础与会计稳健性相契合；公允价值计量基础与条件稳健性相契合但与非条件稳健性相背离。国际会计准则理事会若废除或淡化“会计稳健性”这一会计惯例，将使得国际财务报告准则体系难以成为正当会计行为规则，也会影响其国际趋同进展和准则实施效率。基于产权保护的理论逻辑，本书揭示了二元计量形成的必然性及其对会计稳健性的影响，为将“会计稳健性”这一国际会计惯例融入会计准则体系提供了可行路径。市场经济中具有不同特征的实体产权和虚拟产权并存形成的“二元”产权结构，决定了“二元计量”模式的形成：实体产权经济的最佳计量基础是历史成本，虚拟产权经济的最佳计量基础是公允价值。将稳健性划分为条件稳健性和非条件稳健性并结合计量基础的分析发现：历史成本计量基础与会计稳健性相契合；公允价值计量基础与条件稳健性相契合但与非条件稳健性相背离。因而，国际会计准则理事会保留“会计稳健性”的可行路径是：对于涉及实体产权的交易或事项，准则制定或修订过程中应采用历史成本计量基础，同时保留稳健性会计原则；对于涉及虚拟产权的交易或事项，准则制定或修订过程中应采用公允价值计量基础，同时采用条件稳健性原则，剔除非条件稳健性的规定。唯有如此，才能确保国际财务报告准则体系属于正当会计行为规则体系，从而为国际会计理事会构建一套全球公认的会计准则体系和实施国际趋同战略奠定坚实基础。

第 10 章

产权保护与会计的信任功能

党的十八届三中全会明确提出要完善产权保护制度。只有对私有产权实施有效保护，才能在市场经济中生发出社会信任来。产权和信任是市场经济正常运行的两大机制。信任是市场交易的基础，与法律相比，信任可以降低不确定性，促进行为者的决策，是一种低成本的保证交易秩序的机制，市场经济最重要的就是确立信任。财务会计在市场经济的有序运转中处于最基础、最重要和最具操作性的地位，是维系人类社会信任的低成本工具，其核心价值是维系人类社会的相互信任。近年来，会计信息失真问题仍较严重。2016 年 11 月 28 日，财政部发布的会计信息质量检查公告表明，部分企业存在会计信息不实等严重违规问题，如河北省粮食产业集团多计收入 4. 36 亿元，广西水利电业集团多计所有者权益 1. 74 亿元等。大型会计造假案例（如安然、世界通讯、蓝田股份等公司）不仅使经济遭受了重大损失，也降低了投资者和债权人等利益相关者对会计信息的信任，财务会计信任功能由此遭到破坏。诚信是会计的基础与根本信念，可信且相关的财务报告关系到企业的生命，任何时候都不能忘记。2017 年 11 月 5 日施行的新《会计法》，旨在规范会计行为，保证会计资料真实、完整，保护利益相关者的财产权益，维护市场经济秩序。其中，第三条规定：各单位必须依法设置会计账簿，并保证其真实、完整，同时明确了单位负责人对会计资料的真实性与完整性负全责。上述规定表明，财务会计提供的信息必须真实、完整，即具备信任功能。作为自生自发型构而成的市场秩序，其良序运行必然要求会计信息具备信任功能。因为为了确保竞争，必须有调整规范市场运行的抽象规则系统，这是市场秩序自发扩展与型构的重要前提。这种抽象规则系统主要是确保私有财产和自由秩序的宪政和法律规则。现代市场经济是一种产权经济，财产私有是市场分工和交换体系不断扩展的基础，市场参与者之间的商品服务交换本质上是一种财产权利的交换，正是权利的价值决定了商品服务的价值。准确界定财产权利是促进自愿交易和保护交易双方财产权益的先决条件。现代财务会计的两大基本职能是准确界定产权和有效保护产权，从而确保私有财产保值增值并促进自由交换，这决定了会计规则也属于抽象规则系统，是宪政和法律规则的重要组成部分，是评价竞争胜负和争议裁定的基准。财务会计只有具备信任功能才能维系市场秩序的自发型构和市场经济的良序运行。

针对会计与信任的关系，当前学者研究集中在信任、印象管理与公共会计职业之间的关系、会计制度的信誉基础、信任与会计丑闻、管理会计系统与识别信任、供应链会计对超市和供应商之间信任的影响、企业之间交换关系与“会计—控制—信任”的联结、会计核心价值与人类相互信任和诚信的关系、财务会计具有信任功能的原因以及契约和会计在信任发展过程中的地位。周华等（2017）在《中国社会科学》上撰文指出，国际财务报告准则下的财务报表混合列报会计数据和金融预期数据，减损了财务报表的信任功能，主张坚持“依法记账”原则，采用“历史成本会计 + 公允价值披露”的方式妥善处理国际趋同引发的会计法律制度体系冲突问题，提升财务会计的信任功能。当前，IASB 在全球范围内实施“强制趋同”方针，我国也确立了“中国企业会计准则与国际财务报告准则（以下简称 IFRS）持续全面趋同战略路线图”。但是，IFRS 本质上是证券行业以资本市场财务会计概念框架为指引而设计出来的一套证券分析规则，旨在统一上市公司信息披露规则，为证券投资者的交易提供决策有用的信息。这套准则体系主张采用公允价值计量基础，重视财务会计信息的相关性，主张财务会计应面向现在和未来，强调财务会计应具有估值功能，会计处理充满估计与判断。上述研究为本书奠定了重要基础，尽管雷宇（2012）从委托—代理关系、复式记账、会计准则和外部审计维度论证了财务会计具有信任功能的原因，但并未深入会计原理层面。为了维护市场经济秩序，确保会计规则属于抽象规则系统，必须维护财务会计的信任功能，妥善应对 IFRS 与本国会计惯例及会计法律制度体系的冲突问题。

10.1　财务会计信任功能的必要性

会计的本质是会计区别于其他事物的属性。“信息系统论”和“管理活动论”是目前占主导地位的会计本质观点：前者强调会计是一种信息系统工具，但未能体现现代会计工作过程中所体现的经济责任关系；后者强调会计是企业管理活动的重要组成部分，凸显了会计的地位和作用，但并未将会计管理工作与其他管理工作予以严格区分，忽视了会计管理的技术特性。现代会计反映的是对市场经济中产权关系与价值变动的控制，会计的本质是一种控制活动。控制论实质上是在管理活动论基础上的深化与拓展，会计在管理活动中主要充当控制职能的角色，这种控制缘起于会计的“受托责任”本质属性。现代会计是一个以货币为主要量度，按公认标准来认定和解除受托责任完成情况的经济控制系统。会计的本质是“受托责任”：“受托”表明会计是“受委托人之托”，“责任”强调会计必须向委托人如实报告企业财务状况和经营成果，取得委托人的信任。即财务会计的信任功能是会计解除受托责任的基础。“受托责任”的本质表明，财务会计是人类社会演化而成的一种信任文化。文化被认为是一种公共符号交流体系，是“文本的汇聚”，是“行动的记存”。会计文化是种种会计制度的魂，而会计制度则是一个社会会计文化的主要载体。会计作为一种信任文化与会计制度从整体来看基本上是同构的，前者是后者的“精神性”，后者则是前者在社会存在中的“体现”和“显化”。会计制度和财务报表等作为社会实存，是财务会计信任功能与符号交流的载体。其中，“资产负债表”是产权价值运动静态显化的结果，“利润表”则是产权价值运动动态显化的结果。

会计的本质决定会计目标。目前关于会计目标的主流观点有“受托责任观”和“决策有用观”：前者强调，会计的目标是提供可靠的会计信息（认定受托责任），反映经理人受托责任的履行情况（解除受托责任）；后者则认为，会计的目标是提供相关的会计信息，助力利益相关者的经济决策。一般而言，“受托责任观”主要适应于非成熟的资本市场国家，主张采用历史成本计量基础，会计制度遵从法律制度，形成“法律遵从型”会计法律制度体系；而“决策有用观”主要适应于成熟的资本市场国家，主张采用公允价值计量基础，会计制度与法律制度逐步分离，形成“金融预期型”会计法律制度体系。尽管两者存在差异，但实质上，决策有用观仅仅是受托责任观的高级形式，现代会计的目标是认定和解除受托责任。值得注意的是，只有那些体现为产权关系的受托责任才是会计所必须认定和解除的。现代企业中基于产权关系的受托责任有：（1）股东大会与董事会之间的信任托管关系，其特点在于“信任”纽带，一旦董事会受托经管公司，就成为法定代表人，双方是一种信任关系而不是雇佣关系；（2）董事会与经理人员之间的委托—代理关系，其特点在于经理人仅仅是代理人，其权力受公司法、公司章程及董事会委托范围限制，且双方是一种有偿的雇佣关系。考虑到股东大会由全体股东构成、董事会由大股东主导的现实，股东大会与董事会之间的信任托管关系实际上是大股东与中小股东之间的委托—代理关系。财务会计应在基础层面提供真实、完整的信息，为防止大股东对中小股东的利益侵害提供支撑，从而解除信任托管关系；而在董事会与经理层的委托代理关系中，如何评价经理层是否勤勉尽责、其经营的财产权利是否保值增值，这就要求财务会计准确认定公司的经营成果，如实反映经营业绩，从而解除经理人的财产受托责任。值得注意的是，会计处于董事会与经理人之间委托—代理关系的内部层次，其代理链条为：股东大会→董事会→经理人→会计人员。在这一链条中，仅经理人与会计人员之间不触及产权关系，即经理人与会计人员的利益是一致的，因而财务会计应站在公司立场上，通过提供真实、完整的信息，如实反映财产权利运动变化过程及结果，从而准确认定和有效解除受托责任。受托责任观强调会计受“经理人和股东”之托，经理人之托为会计的直接受托责任，股东之托为会计的间接受托责任，即受托责任链条为：股东→经理人→会计人员。决策有用观强调会计受“利益相关者”（含经理人和股东）之托，经理人之托仍为会计的直接受托责任，利益相关者之托为会计的间接受托责任，受托责任链条为：利益相关者→经理人→会计人员。然而，毋庸置疑的是，股东是最重要的利益相关者。决策有用观强调的是受“利益相关者之托”，实质上是要求财务会计提供的信息更具有公益性和公信力（如为国家宏观经济管理部门（统计局）提供信息，为税收部门的征管、检查、稽查提供基础数据源等，而并非 IASB CF（财务报告概念框架，下同）中阐述的仅为证券市场投资者、债权人等提供信息）。总之，不管是受托责任观强调的财产受托责任关系，还是决策有用观强调的泛化受托责任要求的公益性和公信力，这种受托责任关系的维系必然要求财务会计提供的信息具有信任功能。即现代市场经济要实现“认定和解除受托责任”的会计目标，必然要求会计信息具有可信性（真实、完整）。

“物竞天择，适者生存。”会计自产生之后，日渐完善至今，表明会计具有不可替代的职能。无论社会和经济体制发生怎样的变化，会计的基本职能都是为信息使用者公允而真实地提供可以信赖的财务信息，以维系各利益相关者之间彼此的信任。马克思认为，“过程越具备社会的规模，就越需要对过程进行记录和总结的簿记”。即产权的私有化和社会化程度越高，会计对“存量”财产权利的准确界定和“增量”财产权利的恰当反映越发重要。学界普遍认为，核算（反映）与监督（控制）是会计的基本职能：（1）反映职能一是信息确认，即对信息进行筛选，去伪存真，以保证会计信息的真实性和可靠性，二是进行核算，体现对会计方法的具体运用；（2）控制职能是指会计部门在遵守相关法律制度的前提下，采用科学的程序和方法，使企业经济活动和财务活动遵循经济活动规律和规范运行，以充分履行其受托责任。简言之，核算就是按照会计准则的要求，通过特定的方法将企业发生的经济交易或事项真实、完整地反映出来，实际上就是准确界定产权的过程；监督则是利用特定的程序确保核算出来的信息真实完整，实际上是确保产权界定的准确性和合法性，侧重于保护产权。现代会计的两大基本职能是界定产权和保护产权。准确界定产权和有效保护产权使得会计界定的产权利益边界与正当利益产权边界相吻合，从而报酬的支付与贡献大小相匹配，个人收益率向社会收益率接近，使得财务会计提供的信息成为利益相关者解除受托责任的依据，进而促进生产性努力的增长，助推市场经济健康发展。可见，会计职能的传统表达和产权解读都要求会计提供真实、完整的信息，具备信任功能。

复式簿记缘起于自然经济向商品经济的过渡，根源于私有财产占有与保护观念的增强。不管是古希腊法还是古罗马法，其产生均旨在保障私有财产，体现于以民商法为立法核心内容的法律制度体系之中。复式簿记的建立与发展从始至终成为贯彻落实民商法的基础，并使其工作责任日益凸显，促使簿记方法和技术不断改进与发展。发轫于15世纪地中海沿岸的复式簿记，是指在两个及两个以上相互联系的账户对主体的交易或事项以相等的金额进行记录的记账方法，其根本特征是“对所有权的认定”。由于地理位置的优势，当时地中海沿岸的商人通过海外贸易积累了大量资本，资本通过商品货币的形式在市场上流通，从而形成信用，为了能更加科学地反映出这些财富在贸易中的变化以及更加有效地处理债权债务的产生及清算事项，极具智慧的商人们创建了复式簿记方法。复式簿记是商品经济发展的产物，它的产生具有非常重大的意义，成为现代会计最重要的会计方法。簿记的核心目的只在于反映有关财产和产权的各种事实。在“资产 = 产权”这一思想前提下，复式簿记不仅可以捕捉到每一项交易或事项产权价值运动的两个方面，还能反映出会计要素之间的增减变动和相互联系，可以清晰地反映产权价值运动的来龙去脉。这是现代财务会计具备信任功能的技术基础。复式簿记的科学性集中体现在二重性（总账与明细账、记账符号对立统一）、科学分项（总账与明细账之间的统驭与细化关系、平行登记）与平衡原理（记账规则、试算平衡）。这种科学性使得簿记人员的责任集中在对财产权利的维护与保障方面。以复式簿记为基础的现代会计核算方法体系，不仅可以进行试算平衡，还可以进行账证核对（账簿与凭证）、账账核对（总账与明细账）、账实核对（财产清查）以及账表核对（总账与会计报表），确保会计信息的真实与完整，从而在技术层面保障财务会计具有信任功能。上述分析表明，复式簿记基于主体真实的交易或事项，其方法可以清晰地反映产权价值运动的全过程，这一特征必然要求财务会计具有信任功能。

10.2　财务会计信任功能的制度基础

鉴于财务会计信任功能须依赖会计法律制度予以实施，探讨财务会计信任功能的制度基础显得尤为必要。

10.2.1　财务会计信任功能的制度基础：演进理性主义观点

制度经济分析中演进理性主义遵循着“从斯密、门格尔到哈耶克”的思路。斯密有“看不见的手”和“棋子原理”两大经典论述：前者认为，人管理产业方式的目的在于使其生产物的价值达到最大化，他盘算的是自己的利益，并受一只看不见的手指导去尽力达到并非他本人想要达到的目标，他追求自己的利益，往往使得其比出于本意的情况下更有效地促进社会的利益；后者发现，在政府中掌权的人容易自认为非常聪明，常对自己想象的政治计划那种虚构的完美迷恋不已，似乎可用手像随意摆布一副棋盘中的棋子那样摆布偌大一个社会中的各个成员，但是，在人类社会这个大棋盘上，每个棋子都有其自己的行动原则。斯密的论述表明，人类社会的经济秩序并非一般人想象的那样条理井然和由人类理性设计的产物，而是人类行动的结果。门格尔（1883）明确指出，社会制度和秩序是从无数的经济当事人在追逐各自的自身利益所形成的“自私的交往”中生发出来的，它们是人类行动的产物，但不是集体设计的产物，也不是人们在公共意志指导下建立的；各种社会制度与秩序，同语言和法律一样，是适应性演进及人之努力和历史发展所非意设的结果。哈耶克（2000）的“自生自发社会秩序”理论认为，人类社会中存在着种种有序的结构，但它们是许多人行动的产物，而不是人之设计的结果，是抽象而非具体的，是人们行动和交往中所表现出来的常规性（regularity）和划一性（uniformity）。综上可见，制度经济分析演进理性主义的核心观点：一是人类社会的制度和秩序并非人类刻意设计与创设的结果，而是通过适应性调整型构而来，具有自生自发特性。人类所实际遵循的规则中，大多数的道德规则、习惯、习俗与惯例都是自生自发的产物。二是制度的演进遵循着“个人习惯→群体习俗→群体惯例→社会规范→法律制度”的路径，该路径既大致反映出人类社会经济制序[①]的历史发展阶段，又是在现实现世、即时即地发生着的一种内在逻辑演进过程。

要使财务会计具有信任功能，会计法律制度必须根植于本国市场经济实践，以切实维护利益相关者的财产权益为出发点，遵循“会计习惯→会计习俗→会计惯例→会计法律制度”的演进逻辑与路径。会计习惯是指会计人员在其会计工作活动与利益相关者传递信息的沟通交流中所呈现的诸多事态中的同一性，即在会计人员核算过程中所呈现出来的诸多单元事态中重复的、稳定的和驻存的一种会计行为轨迹。信息和决策成本的计算是会计习惯产生的原因。会计习惯的主要功能在于使会计核算面临的复杂情势简单化，其生发机制源于会计人员的本能及理性计算（即有意识的选择）的结果。一旦会计人员某一重复行为固化为会计习惯，它就往往使他们从理性计算和有意识的思考中解脱出来，使其像理性计算和其他非深思熟虑的思考（如感情冲动、他人的说教）一样，在会计核算方法的选择与决策中发挥重要作用。会计习惯是会计法律制度自发型构与演进的基础和逻辑起点。作为会计人员在其会计核算活动中的行为重复的一种“单元事态”的轨迹，会计习惯不断地向作为会计群体行为模式之复制的会计习俗进行“推进”与“转化”，是作为哈耶克“自生自发秩序”的会计习俗的生成与演进的内在原因。会计习俗源自那些集体从事同样行为的会计人员的经验、感觉与预期。会计习惯出于会计人员个人的重复，而会计习俗则是出于继续存在的会计人员团体的重复，且对会计人员个人有一种强迫的效果。会计习俗可被定义为被会计人员群体大部分成员认同并在特定的重复出现的境势中规约会计人员行为的常规性。这种“规约”本身实际上给会计人员个人一种确定的信息，告诉他应该这样做并有信心地预期到他本人如此行动也会从其他会计人员那里获得同样的合作。这表明，会计习俗一旦形成，就成为会计人员群体内部的一种自发秩序，是会计核算具有可比性的基点。当一种会计习俗长期驻存之后，亦会向作为社会实存的会计法律制度内部推进，从而“硬化”为一种“会计惯例”。会计惯例作为一种经由长期驻存而强化了的会计习俗中的“显俗”，其对象即是会计人员在会计核算、监督、列报等活动中大家所自愿或自然遵循的社会规则（即会计规则）。会计所使用的标准程序与文本等种种惯例形式已成为市场经济有序运转的重要基础。会计法律制度源自会计惯例，是会计惯例经司法先例的积累（英美法系）或主权者的认可（大陆法系）而形成的。经由“会计习惯→会计习俗→会

① “制序”即“制度+秩序”。韦森（2001）认为，institution 的含义中既包括“制度”又含有“秩序”的意义，所以创设了“制序”一词。

计惯例→会计法律制度”演进路径形成的会计制度称为“正当会计行为规则”，是财务会计具有信任功能的制度基础。其原因在于：一是“自下而上”的演进路径表明，会计制度的生发是会计人员群体经长时间驻存与检验所形成的公认会计行为规范，源于维护市场经济这一“自发秩序”过程中公认的财产权利界定与保护规则，必然属于正当行为规则；二是非正当会计行为规则不可能长时间驻存并演进到会计法律制度，只能随着时间的推移而消亡，只有正当会计行为规则才能得到市场参与者的广泛认可和信赖，并显化为具有信任功能的会计制度。

10.2.2　财务会计信任功能的制度基础：工具理性主义观点

制度经济分析中工具理性主义遵循着“从凡勃伦、康芒斯到诺斯”的进路。制度的根源是人们的思想和习惯，而思想与习惯又源自人的本能，制度归根结底受本能支配；“今天境势通过一个淘汰的、强制的过程型塑明天的制度，从而改变或强化他们从过去遗留下来的观点和心智态度”（凡勃伦，1899）。凡勃伦这一论述明显显露出人类可以按照自己偏好任意改变社会制度这一工具理性主义的思径取向。康芒斯认为，制度就是集体行动控制个人行动，具有合作博弈性质的集体选择过程中的个人相互作用亦产生市场秩序，不管个人想法如何，最有势力的制序群体通过集体行动程序（政治）决定什么是合理的东西。制度是一系列被制定出来的规则、守法程序和行为的道德伦理规范，它旨在约束追求主体福利或效用最大化利用的个人行为；制度包括人所发明设计的型塑人们交往的所有约束，只有明确、充分界定并由国家强制力量所加以保护的私有财产制度，才是西方近代产业革命、西方世界兴起的原因；国家界定产权结构，国家基础结构的创立旨在界定和实施一套产权。在诺斯看来，私有产权结构是统治者为满足自己利益最大化的欲望而刻意设计、建构和界定的结果，其工具理性主义倾向不仅体现在制度概念本身，也体现在产权理论和国家理论。综上可见，制度经济分析工具理性主义的核心观点是：制度是人类为了实现自身目的而刻意设计出来的。基于此，会计法律制度是人类为了建立交易双方的信任而被刻意设计出来的。

工具理性主义路径形成的会计法律制度通过“自上而下”建构而来，“法典式会计制度”特色鲜明，往往形成“法律遵从型”会计法律制度体系，是财务会计具有信任功能的制度基础。该体系的生成方式如下：首先，作为“权利法案”的宪法确立维护“私有财产权利”这一最高原则；其次，基于调整平等主体之间权利义务关系的民商法从质的规定性（民法）和量的规定性（商法）对私有财产权利进行细化，分解为占有权、使用权、收益权和处置权，而基于调整非平等主体之间权利义务关系的经济法则细化调整企业财产权益与国家所有者权益之间的分配关系；最后，民商法和经济法中涉及资产定价和收益决定的内容、具体化及操作规则分别形成会计专门法律、会计行政法规和统一会计制度。统一会计制度建设通过实现对产权的统一性控制和基础性控制，旨在维护与保障财产所有者合法经济权益。统一会计制度处于会计法律制度体系的基础层次，在实现准确界定产权与有效保护产权方面具有切实性和针对性。财务会计具有信任功能要求“法律遵从型”会计法律制度体系的构建须同时满足以下条件：一是各层次依次是对上一层次会计法律制度的细化，且须环环相扣，确保各层次有关财产权利界定和保护规则的系统性与一致性；二是各层级的会计法律制度均属于“正当行为规则”，确保会计法律制度体系属于“良法”。

10.3 财务会计信任功能的维护路径：演进理性主义与工具理性主义的融合

10.3.1 英美法系财务会计信任功能的维护路径

历史法学派认为，法律作为一种调规着人们交往与交换的正式规则系统，追根溯源，大多是从社会现实中人们的行事方式、习俗和惯例中演化而来。即大多数法律，尤其是民法、商法、城市法，甚至中世纪西欧社会中的宗教法和国际法，是从人们生活世界中的惯例规则演化或经主权者对习俗和惯例的认可而形成的。英美法系的法律渊源包括普通法、衡平法和制定法，其中普通法和衡平法体现为判例法，而制定法则属于成文法。经典普通法理论认为，普通法是由超出人们记忆之外的习惯经过长久的历史积淀发展而来，它能够得以延续和留存本身就说明它是合理的。英美法系具有连续性、开放性和适应性特征。从惯例、先例到法律是英美普通法的演进传统。可见，整体而言，英美法系是基于演进理性主义的理路。英美法系会计法律制度的主体内容由宪法、财产法、契约法、侵权行为法、继承法和破产法中有关财产权质的规定性与量的规定性以及会计准则构成，其演进遵循着“会计习惯→会计习俗→会计惯例→会计先例→会计法律制度”的路径。英美法系会计法律制度本身就是一套“正当行为规则”系统，因为正当行为规则在下述两种意义上都是“被发现的”：一是它们只表述业已得到遵守的惯例；二是如果那种以业已确立的规则为基础的秩序欲顺利且有效运行的话，那么人们就会发现正当行为规则乃是这些业已确立的规则所必需的补充物。这说明，英美法系会计法律制度具有很高的信任度。但形成会计法律制度体系则须经过长时间驻存，效率低下。英美法系财务会计信息功能的维护路径有：

一是利用会计职业团体（如英国的 FRC、美国的 FASB[①]）收集本国的会计惯例、先例，并将其及时吸纳到会计准则中来，加快“正当会计行为规则”的制度化进程，这也是利用工具理性主义方法的优势。

二是通过“逆向生成”的方式确保吸纳于会计准则的会计惯例、先例在破产法、契约法、财产法和宪法中得到采纳或不与这些“上位法”相冲突，从而使得财务会计信任功能奠基于具有系统性、统一性与一致性特征，以准确界定产权和有效保护产权为目标的会计法律制度体系中。

三是在坚持与国际财务报告准则（IFRS，下同）趋同的背景下：若本国某一会计惯例与国际会计惯例一致，可以直接采纳某一项具体 IFRS；若本国某一会计惯例与国际会计惯例相近，应采取与某一项具体 IFRS“实质趋同”的策略；若本国某一会计惯例与国际会计惯例相悖（情形很少，因为 IFRS 主要由英美法系国家主导），考虑到英美法系国家对趋同准则执行的非强制性，本书建议应根据本国会计惯例制定具有自身特色的具体会计准则，同时将 IFRS 要求的会计处理结果在财务报表附注中予以披露。这样处理可以确保本国会计准则属于“正当会计行为规则”，维护财务会计的信任功能，同时也不影响“实质趋同”的定位。本质上而言，会计准则国际趋同是以各国会计惯例具有共性为前提的。在市场经济国家之间，大多数的会计惯例具有共性，如商业信用、同业行规、契约的标准形式、转账支付的银行支票形式，以及现代信用卡的使用，会计或审计所使用的标准程序与文本等种种惯例形式，已经渗透到现代市场经济运行体系中人们的社会生活、交往以及交易的各个方面，以至于没有这些会计惯例的规约与调控，市场经济难以有序运行。但是，从生发机制来看，会计惯例本身也具有地区或国家特色，即受限于市场环境、法制模式、法治水平、市场经济发展的不同阶段和政府行为等因素影响，各国会计惯例难免存在特殊性。这也是目前各国会计准则与 IFRS 趋同的重大障碍。整体而言，英美法系国家大多属于成熟的市场经济国家，会计惯例的共性大于特殊性，这为本国会计准则国际趋同奠定了坚实基础，但必须谨记的是，要维护财务会计的信任功能就必须确保本国会计准则属于“正当会计行为规则”。

---

① FRC 即财务报告委员会，FASB 即财务会计准则委员会。

10.3.2 大陆法系财务会计信任功能的维护路径

大陆法系又称“罗马—日耳曼”法系，是以罗马法为基础，以1804年《法国民法典》和1900年《德国民法典》为代表的一个世界性法律体系，是在西方近代化过程中，欧洲各国复兴罗马法，依照法国立法模式制定自己的成文法典，并将其强制性推行到自己的殖民地而逐步形成的。大陆法系以制定法为主体，坚持工具理性主义进路，宣称所有法律皆源于立法者的意志。依此逻辑，大陆法系会计制度的内容及有效性均源于某种刻意的意志行为。然而，作为一个立法者，在努力维续一种日益扩展的自生自发秩序的过程中，他就不能随意挑选法律规则并赋予它们以有效性。作为欧洲大陆法系渊源的“粗俗的罗马法”本身就是习俗法。在13世纪的法兰西王室法中，也存在大量的习俗、惯例因素。尽管大陆法系直接传承罗马法传统，通过工具理性主义建构而来，但史料表明，在拿破仑时代，包括法国宪法在内的“法国六法”中的大多数条款基本上源自法国大革命前的社会习俗、惯例和习俗法。历经近半个世纪争论而理性建构的闻名于世的《德国民法典》，其实质内容大多是对当时德国的习俗和商业惯例实践的法律肯定与认可。正如Berman（1983）所言，“在一定意义上，所有的法律最终都依赖于习俗和惯例”。只是英美法系坚持“判例法”传统，从“习俗→惯例→法律制度”的过渡与转化是在“遵循先例”的原则中自然完成的，而大陆法系的习俗与惯例是通过“主权者”的意志被认可并以制定法形式被确立下来。因此，大陆法系财务会计信任功能的维护路径有：

一是准则制定机构（一般由政府主导）需要通过充分程序（due process）将本国的会计惯例这一“正当行为规则”吸纳到会计准则中，从而实现“会计惯例”到“会计制度”的演进，即在制定（建构）会计准则时，需借鉴演进理性主义的精神，确保会计准则具有正当性，是一部“正当会计行为规则”的耦合体。

二是将“正当会计行为规则”嵌入会计法律制度体系中。大陆法系会计法律制度体系主要由宪法、民商法、公司法、破产法和税法构成，一般属于“法律遵从型”会计法律制度，“法典式会计制度”特色鲜明。那么，如何将“正当会计行为规则”嵌入会计法律制度体系？一种方案是“顺流直下+平行推进”，即当出现新的经济业务形成新的会计惯例时，应由立法者召集各会计法律制度制定部门代表集体讨论，以“会计惯例”为基础，及时同步修改或完善会计法律制度，确保会计法律制度的统一性与一致性。另一种方案是“逆流而上+循序渐进”，即当出现新的经济业务形成会计惯例时，先形成会计准则解释或政府会计主管部门的临时文件，再逐步体现在会计准则、税法、破产法、公司法、民商法乃至宪法等会计法律制度中，形成一体化的具有系统性和一致性特征的会计法律制度体系，切实维护会计法律制度的信任功能。整体而言，第一种方案能够及时高效地确保会计法律制度的统一性与一致性，最大限度地减少会计法律制度体系内部的冲突，确保会计法律制度体系属于正当行为规则系统，是最优选择。但这要求会计法律制度的各制定部门及时协调修改、完善且步调一致，这只有在立法与司法效率很高的国家中才能实施。第二种方案在及时性、效率性方面逊于第一种方案，也可能引致会计法律制度体系内部暂时的冲突，但仍能确保该体系属于正当行为规则系统，是次优选择。

三是在选择与 IFRS 趋同的背景下，源于公允价值在金融工具中的大范围使用，该国的会计制度由“法律遵从型”转向“金融预期型”，这必然使得作为会计法律制度体系基础层次的会计制度与其他会计法律制度（如税法、公司法、民商法等）相分离，会计法律制度体系的运行基础被架空，依据会计准则生成的会计信息其真实性难以获得法学界的广泛认可，减损了财务会计的信任功能。为了实现对产权的一体化和基础性控制，维护财务会计信任功能，建立统一性与一致性的会计法律制度体系尤为关键，具体的路径方案是：（1）当趋同的具体会计准则与本国会计惯例相符时，表明该项会计准则属于“正当会计行为规则”，若现行其他会计法律制度的相关条款与该会计准则兼容或未有规定时，则其他会计法律制度应吸纳该项会计准则的精神进行补充或完善，以确保会计法律制度体系的统一性与一致性；若现行其他会计法律制度相关条款与该会计准则相冲突，表明现有法律制度已过时，此时应启动其他会计法律制度的修订程序以确保与该项会计准则保持一致，夯实会计法律制度体系的运行基础，因为只有这样，才能确保会计法律制度体系属于“正当行为规则”，这是财务会计信任功能的制度基础。（2）当趋同的具体会计准则与本国会计惯例冲突（主要是计量属性选择）时，表明趋同的会计准则不属于“正当行为规则”，这会减损财务会计的信任功能。考虑到大陆法系国家趋同准则实施的强制性特征，本书建议将本国会计惯例（如历史成本计量等）处理结果采用“附注披露”（当冲突的情形较少时）或“双重列报”（当冲突的情形较多时，在表内分两列，分别列示趋同准则和本国会计惯例数据结果）来传递本国会计惯例或会计准则的处理方法及结果，为本国会计法律制度体系的正常运行提供基础层面的数据源，切实维护财务会计的信任功能。

10.3.3 我国财务会计信任功能维护路径的特殊性

整体而言，当代中国属于大陆法系国家。前文所述的大陆法系财务会计信任功能的维护路径同样适用于中国，此处仅讨论我国会计信任功能维护路径的特殊性。从文化传统而言，西方国家盛行个人主义，而中国倾向社群集体主义。在中国社会中，社会秩序已把人的“人格”甚至“人性”内涵于其中，从而变成社会中注重人事关系、人人相互牵制，以“礼”为主要规制机制的君、臣、父、子式的宗法社会构造安排。长期处于封建社会，使得以交换为特征的商品经济发展很不充分，难以形成自生自发的市场秩序。社会分工受到限制，非人际化的交易规模狭小，加之历史上拥有一个强势的“人治”政府，封建社会后期至今，与同期西方社会相比，中国传统社会仍属于低信任度国家。我们是从传统中国礼乐文化精神上，依靠法国大革命以来的建构理性主义，“引进”并“建设”出了一种有中国特色的行政控制经济体制。这表明，我们的民族意识中“尊重他人产权”和“发扬民主”两种观念还有待加强，因为它们是现代市场经济有序运行的必要前提。借此背景，我国财务会计信任功能维护路径的特殊性有：

一是有效保护私有产权与规范政府行为。对私有财产制度的保护必须从政策保护走向法律保护和文化保护。《宪法》（2004）第13条规定：“合法的私有财产不受侵犯，国家依照法律规定保护公民的私有财产权和继承权”，十八届四中全会（2014）再次强调要保护私有产权，这为有效保护产权奠定了制度基础。然而，只有当政府和个人均尊重他人产权时，私有产权的有效保护才能落到实处。只有人们预期个人财产能得到有效保护时，才能为市场主体的长期合作提供动力，自然生发出社会信任来。政府控制了信任形成的制度环境，其行为对建立社会信任（包括会计信任）至关重要。规范政府行为要求政府恪守“法无授权不可为”，从“投资型政府”转变为“服务型政府”，这是建立政府信任乃至社会信任的关键。

二是会计计量基础的选择应坚持“双重计量”。产权界定的准确性与产权保护的有效性与会计计量基础紧密相连。计量基础是一种被选定的计价基准。计量是会计的核心，计量基础的选择会对财务会计信任功能产生重大影响。我国现行会计基本准则规定，企业一般应采用历史成本计量，采用其他计量属性（重置成本、可变现净值、公允价值和现值）应确保其可靠性。CFED（财务报告概念框架征求意见稿）将计量基础划分为历史成本（historical cost）（包括历史成本和重置成本）和现行价值（current value）（包括公允价值以及资产的使用价值和负债的履行价值两类)：前者的特点是不反映资产或负债的价格变化，强调会计计量坚持确定性原则，将可靠性作为选择计量属性的首要标准；后者的特点是利用更新（update）的信息反映计量日报表要素的货币量化信息，强调会计计量坚持随行就市原则，将相关性作为选择计量属性的首要标准。

历史成本计量的优点在于信息具有预测价值（过去的信息可被用作评估未来)、确认价值（当期的收益和费用可对先前估计的利润提供反馈)、可验证性和可理解性，符合成本效益原则。历史成本计量的劣势在于：不同时期类似资产或负债在财务报表上存在较大差异，这降低了同一报告主体内以及不同报告主体之间的可比性①。尽管如此，历史成本计量仍是实现财务会计信任功能的首选计量基础。为了维护信息使用者的财产权益，历史成本的劣势可以通过表外披露的方式予以解决。历史成本会计主张根据产权主体之间真实交易活动的对价进行会计处理，采用配比原则记录收入、费用与利润，从而确保记录的会计要素真实地反映会计主体财产权利的流转变化及结果，解除受托之责。历史成本会计的账务处理不反映资产价格变化，会计的重点是记录物权、债权、知识产权等财产权利的变动情况，且必须具备法律证据。根据“真实交易活动”留下的“法律证据”进行账务处理，可以确保会计信息的可靠性。可靠是信任的前提，即维护财务会计的信任功能，必然要求以历史成本计量为基础。

证券市场的高风险性导致金融资产的未来收益率具有很大的不确定性，而金融工具特殊的交易方式在扩大交易范围的同时也降低了交易双方之间的信任基础，市场参与者迫切需要一种能够帮助他们及时了解资产或负债市场价格及其波动信息的有效途径，公允价值计量恰好充当了这一角色。公允价值是市场参与者在计量日的有序交易中出售一项资产所收到或转移一项负债所支付的价格。它反映了预计未来现金流及其金额和时间的可能变化、货币的时间价值、现金流的风险溢价或风险贴现、流动性和自有信用风险等因素，其优点集中在提供的信息具有预测价值（反映了市场参与者的期望值并按其风险偏好来定价)、确认价值(期望的回报值及其与实际回报的差异，预期的金额、时间以及未来不确定性收益、风险偏好的变化产生的影响）和可比性（同一资产将会以相等的金额计量)，缺点主要在于非活跃市场获取公允价值的可理解性和可验证性问题。在证券市场上，因为公允价值能够持续可靠取得，所以公允价值计量是财务会计信任功能的可靠保障。使用价值和履行价值是特定主体的价值。资产的使用价值是主

① 一个可能的改进就是当价格变化非常显著时，用现行成本（current cost）替代历史成本计量将产生更相关的信息。如价格变化显著时，基于现行成本计量报告的收益和费用信息比历史成本更能预测未来的利润，更符合实物资本保全理念。

体从资产持续使用和最终处置中产生的现金流量的现值。负债的履行价值是主体履行一项负债产生的现金流量的现值。因为使用价值和履行价值不能直接被观察得到，所以需要借助于以现金流量为基础的计量技术确定。原则上，资产的使用价值和负债的履行价值与公允价值计量所要考虑因素相同，但它是基于特定主体假设而不是市场参与者假设，这决定了使用价值和履行价值的确定需要考虑交易成本，而公允价值的确定则不需要。现行价值计量基础侧重点在于提高财务信息的相关性，然而相关性须与如实反映配合才能使得财务会计提供的信息具有信任功能。若一味追求相关性而不顾及如实反映，该会计信息仍然难以有效保护投资者和债权人的财产权益。

保证让投资者获得有效信息的机制虽然能够控制逆向选择，但却不一定是激励管理人员、控制道德风险的最优机制，相关性与可靠性两相权衡所得到的信息是对投资者最有利的信息。为了提高相关性，以现行价值为计量基础的会计准则充满了估计与判断。但是，会计信息所传递的企业经营活动及其业绩的变化，如实反映是基础，估计与判断仅是补充。本书认为，要实现现代会计准确界定产权和有效保护产权的两大基本职能，维护财务会计的信任功能，必须利用历史成本和现行价值计量的优点，并克服其缺点。据此可以推知，会计计量基础的选择应坚持“双重计量”，即对主体的每一项交易或事项所引起的会计要素变动都同时采用历史成本和现行价值予以计量。具体而言：（1）在实体经济领域，会计计量基础应以“历史成本为主，现行价值为辅”。因为实体经济中的商品服务交易一般根据契约进行，价值的实现具有确定性和稳定预期的特征，这与历史成本的可验证性和可理解性特征相吻合。但如果商品服务价格变动较大，为了真实反映价值实现过程中的风险，也应在资产负债表日采用现行价值计量列报这一不利或有利的风险因素。这是会计履行监督职能或保护企业财产权益的基本要求。（2）在虚拟经济领域，会计计量基础应以“现行价值为主，历史成本为辅”。因为虚拟经济中有价证券交易频繁，价值变动风险大，其价值的实现一般“随行就市”处置，具有不确定性，这与现行价值计量的预测价值、确认价值和可比性的特征相吻合，但为了揭示资产负债公允价值变动隐含的风险，有价证券的初始购买成本（历史成本）仍须列报，这是会计履行监督职能或有效保护投资者财产权利的应有之义。

三是切实解决我国会计法律制度体系冲突问题。前文已述，财务会计信任功能的制度基础源于以准确界定产权和有效保护产权为目标、具有统一性与一致性特征的会计法律制度体系，且必须属于“正当行为规则”。当前我国会计法律制度体系存在会计信息真实性仍未得到法学界广泛认可、会计准则与法律制度理念背离以及会计准则与税收法规分离等诸多现实冲突问题，这主要源于我国企业会计准则与 IFRS 的趋同。当前，我国的数字经济和互联网经济等新经济蓬勃发展，“一带一路”倡议与供给侧结构性改革正在深入推进。新经济、新战略和新改革必然出现新的产权关系，也必然出现新的会计问题并演化为新的会计惯例。在持续全面趋同战略（2010）确立的视域下，当 IASB 颁布或修订具体的 IFRS 时，我国财务会计信任功能的维护路径有：（1）对于“新经济、新战略和新改革”经济业务，财政部会计司应组织会计准则委员会专家集中调研“新经济、新战略和新改革”过程中出现的新会计问题，对于已形成会计惯例的，应及时归纳总结，并积极与 IASB 沟通，争取将我国的会计惯例嵌入 IFRS 的制定与修订之中；对于未形成会计惯例的，应采集现实中具体存在哪些会计处理方法，并对这些方法展开专项研究，之后叫停明显不符合会计原理的处理方法，同时针对比较合理的处理方法允许企业根据自身实际情况采用任意一种方法。只有通过不同会计处理方法选择的“竞争”过程，正当会计行为规则才能“被发现”。即基于“正当会计行为规则”的会计制度之所以按照一种特定的方式进化发展，实是因为这些会计制度所保障的会计人员行动之间达成的协调性，证明了它们要比与其竞争的其他会计处理方法更具效力，因而也就取代了那些低效的会计处理方法。当某一会计处理方法作为一种惯例被发现时，即争取将该会计惯例被 IASB 采纳。因为，一旦被 IASB 采纳，相应的 IFRS 就属于我国的正当会计行为规则，这就维护了财务会计的信任功能。（2）对于除“新经济、新战略和新改革”之外的经济业务，若 IFRS 与我国会计惯例兼容，则采纳 IFRS。鉴于我国会计惯例遵从“法律制度”的传统，此时的 IFRS 也属于我国法律制度体系中“正当行为规则系统”的重要组成部分，与其他会计法律制度相兼容，建议及时推动其他会计法律制度通过补充或完善现有条款来吸纳该项准则的精神，进而形成系统性与一致性的会计法律制度体系。若 IFRS 与我国会计惯例相悖，也必然与我国法律制度体系相冲突（如法律制度一般采用历史成本计量基础，而 IFRS 针对金融工具一般采用现行价值计量基础，其公允价值变动不论是计入当期损益还是计入其他综合收益都不是真实的经济交易，这种根据预期来处理的金融分析会计规则与最新颁布的《会计法》第九条“各单位必须根据实际发生的经济业务事项进行会计核算”相冲突；另外，企业所得税法一般不认同会计准则计提的减值准备，因为企业并未实际发生损失）。鉴于我国是强制实施与 IFRS 趋同的准则，本书建议采用“三重列报”（即报表表内分三列，对每一报表项目，同时列示历史成本、现行价值与企业会计准则的结果）来解决，从而为会计法律制度体系的正常运转提供各自所需的数据及信息源。其中，“历史成本”列可为税收征管法、企业所得税法和民商法的正常运行提供数据源，“现行价值”列可为证券行业（证券机构、证券分析师及证券投资者）的估值及交易提供基础数据源，而“企业会计准则的结果”列可为境外上市、跨境交易及政府监管部门提供基础数据源。这样处理之后，才能在坚持国际趋同战略下既享受趋同收益，又使得我国的“正当会计行为规则”在“报表”中留存，是维护财务会计信任功能的可行路径。

第 11 章

产权理论与会计报告体系改革

企业产权制度的改革，深刻地影响着我国经济改革的进程，正在冲击着效率低下的“公有制”企业经营机制。在这种形势下，会计改革也正在打破“公有制”的局限，逐步建立起跨行业和跨所有制的统一的企业会计准则体系，并进而在适应多种经营形式方面，建立与企业产权制度改革相匹配的会计核算和监督体系。会计的这种变革，从根本上改变了会计改革的滞后局面，适应了经济改革的需要。

11.1　产权理论及其在我国的发展

产权理论是西方经济学的一个重要分支。所谓产权，是指民事权利主体所享有的经济权利，包括以所有权为主的物权、债权和知识产权等。其内涵则可分为资本权、占有权、收益权和处置权等。根据归属和占有主体不同，所有权又可区分为原始所有权和法人所有权。原始所有权也称终极所有权，是指企业的投资者对所投资金拥有的法律权利。在股份制条件下，所有权表现为资本权、股份权和债权。而法人所有权则是企业法人对企业营运资产所拥有的使用权、占有权和支配权，它们构成企业独立法人的自主经营权。

企业产权的拥有者就是产权主体。由于商品经济的发展，必然形成产权主体多元化格局，因而在各产权主体之间，客观上要求遵守平等权利原则。当企业所有产权的边界都十分清晰时，市场经济的主体才能真正形成，企业才能成为既有内在动力、又有行为约束机制的经济实体。

从我国十几年的经济改革看，实际上一直包含和孕育着产权制度改革的内容，只是没有明确提出“产权改革”而已。改革的过程中，在“政企分开”“两权分离”理论的指导下，从减税让利、扩大企业自主权，到逐步改革企业经营方式，完善企业经营机制，正确处理国家与企业的关系等，实质上都是产权关系的调整和改革。但是，由于产权理论研究滞后，而且对社会主义制度下的产权制度改革认识不足，因而这种实践中的“产权改革”并没有采取明晰化的形式，从而无法产生规范的产权规则，也就不能有效地进行产权经营和产权转让，其结果是延误了改革的进程，也阻碍了经济的发展。因此，按照社会主义市场经济的要求明确产权关系，已成为我国深化经济体制改革的历史必然。

11.2 西方会计报告与产权制度的耦合

国际经验和现代经济学表明，从长期来看，一个国家的经济运行机制同产权制度之间存在着严格的逻辑对应关系。例如，一元化的国家所有制和计划调节的经济运行机制是相配合的；多元化的所有制同市场调节的运行机制是相结合的。与此相联系，作为反映经济运行的会计信息系统，其报告体系的演化也无不体现了不同时期的产权主体对企业的要求和企业的地位，以及它们之间的利益关系。

会计经过漫长的发展之后，到18世纪至19世纪中叶，特别是英国产业革命完成以后，法律上才开始规定企业要编报资产负债表。19世纪60年代后，西方国家出现了资本集中化、企业股份化的趋势，企业的所有权与经营权逐渐分离。因而关心企业经营状况的，不仅是企业的经营管理者，而且还有企业外部的所有者。他们都需要企业提供财务资料以供决策之用。企业为了筹措资金和了解资本走向，以及出于确定资本的平均利润率等考虑，不得不定期对外做出会计报告。这时的会计报告，主要的使用人是公司的股东（即所有者）。

20世纪初，由于银行资本对工业资本的渗透和控制，银行由一般支付中介人变为企业的支配者。在美国，大部分企业主要依靠银行贷款从事生产经营活动，银行同企业的利益紧密相关。银行为了判断企业的偿债能力，把资产负债表当作了解和调查企业信用状况的主要依据。当时企业的财务报告体系，也就以突出债权人所关心的反映企业偿债能力的资产负债表为重心。为维护债权人权益，一种以帮助贷款人和债权人了解企业信用状况的对资产负债表进行社会独立审计的行业也应运而生。其审计报告的主要使用人除股东外，更突出了债权人地位。

20世纪三四十年代，随着证券市场的发育，股份有限公司大量涌现，企业经营权与所有权进一步分离，社会上的持股人越来越多。这样，大量的投资者更加关心企业的获利能力，以便根据企业净收益的高低来考虑其投资的收益。由此，会计理论与实务的重点，转移到了以损益表为中心的财务会计报告上来，服务重心转向投资者。这主要是因为企业产权主体形成多元化、分散化格局，资源优化配置的环境日趋成熟，投资者可以在股权、债权之间以及股权与股权、债权与债权之间进行投资收益的权衡，因而把企业获利能力的揭示提到了显要地位。

西方会计的发展历程表明，其报告体系经历了从无到有、从低级到高级的过程，逐步建立起了一个以突出所有者权益为核心的、全面兼顾债权人与经营者利益的包括资产负债表、损益表、财务状况变动表的会计报告体系。这其中的艰辛步伐，无不打下同时代的产权关系的烙印。

11.3　中国传统的会计报表体系体现着计划经济的产权关系

在我国传统的国有经济产权关系中，国家是全民所有制企业唯一的所有者，企业作为经营者只有有限的管理权。国家政权融行政职能、经济调控职能和所有者职能于一体，造成国家与企业的行政关系和经济关系混淆不清，既牵制了企业的正常经营，又影响了政府的宏观管理。集体所有制企业在长期的发展过程中，也演变成类似“全民”企业。这种情况，反映在会计制度土，必然是按行业和所有制由国家统一制定，而集体所有制紧跟其后，参照执行。在会计报表的编送过程中，由于企业与企业之间不存在秘密，不存在竞争和市场价格关来，因而企业均可将“商品产品成本表”“主要产品单位成本表”这些本属商业秘密的资料毫无顾忌地往上报；“资金平衡表”则严格地体现着国家所有者的产权意志，严守三段平衡原则，企业的经营自主权被勾销。不仅如此，企业还要详细地报送各种“专用基金明细表”，以汇报企业的专用基金的使用去向。

这一现象表明，我国传统的会计报表体系是与当时的计划经济条件下的产权垄断格局相适应的。这种体现国家绝对主权地位的会计制度及会计报告体系，必然与新的产权格局大相径庭，会计制度的变革和会计报告体系的更新也就势在必行。

11.4 市场经济条件下的会计报告体系要求体现多元产权主体的平等权利关系

国际、国内实践证明，一定时期的会计政策，必须反映当时的产权关系，以维护产权主体的权益，否则，会计工作便会错位和混乱。随着市场经济在我国的确立和发育，企业的投资主体呈现多元化趋势，发行股票和债券已成为企业筹资的重要渠道。在转换企业经营机制的呼声下，企业迫切要求有自己独立的财产权利——经营权、收益权和处置权；各行业、各所有制之间也实行了不同程度的融合，跨行业、跨所有制、跨国的企业集团正在逐渐扩展；国家与企业、企业与企业之间可以采取授权经营、承包经营，以及租赁、拍卖、兼并、股份制等多种产权经营和产权转让模式。因此，企业的所有者、债权人和经营者要求拥有公平支配收益的权利是合情理的。由于企业经营机制的转变，强烈要求我国会计报告体系不仅要打破“三段平衡”，而且更应着重体现各产权主体的基本利益。这样也就出现了照顾各方产权主体利益的以资产负债表、损益表和财务状况变动表为核心内容的会计报告体系。具体而言：

(1) 资产负债表

资产负债表实质上是反映产权结构和产权关系的会计报表。从资产方看，它反映着产权所存在的基本经济内容，即体现了产权内容的物权、债权和知识产权（无形资产）的分布状态；从权益方看，则反映着产权的内在构成，即产权内容所归属的产权主体，说明这些产权和债权人各占多少份额，以及由经营者支配的未分配利润的数量；从报表的服务对象看，债权人要求反映的短期、长期偿债能力，可以从资产负债表中取得。因此可以说，资产负债表是债权人所依赖的主要会计报表。

(2) 损益表

与债权人不同，所有者关注的侧重点是从企业分得多少利润或股利。为了正确考察企业的获利能力及财务成果，损益表是其重要的信息来源。与此同时，所有者还经常关注企业的利润是怎样公平合理地在各投资方进行分配的，以便所有者根据自身的目标和被投资企业的发展前景，决定税后利润在再投资与职工福利、奖励之间的分配和选择。同时，就债权人来说，对获利能力的了解也是判断企业长期偿债能力的重要指标。

(3) 财务状况变动表

它是旨在向企业管理当局、投资者、债权人和其他报表使用者，提供报告期内的理财过程及资金变化情况而服务的，但主要的服务对象则是企业管理者当局。按照现代企业制度，企业管理当局主要包括经理阶层和董事会。一个富有生命力的现代企业，应当是最雄厚的资金与最有才华的管理人员的最佳配合，即产权主体的最佳搭配。经理人员只要富有管理才能，往往不需要拥有多少财产（所有权）照样可以行使经营管理权，并从中获得收益及支配权。财务状况变动表提供的信息就是他们经营决策的重要依据。就董事会而言，他们可能是企业的所有者，但更应以经营管理者的身份在董事会出现，对企业的重要经营决策进行监控和做出最后裁定。

以上所述，并不是为了表明某一会计报表为某一个单一产权主体服务，而是侧重于为某一产权主体服务。实质上，任何一种报表均服务于不同的产权主体，而任一产权主体又需要不同的会计报表。正因为如此，我们才能通过这一系列既有侧重又照顾全面、相互勾稽的会计报告体系，来体现我国市场经济体制下产权主体多元化、产权利益公平化的发展态势，从而为推进我国产权制度改革铺平道路。

11.5 会计计量：从“二元计量”到“双重计量”的嬗变

十一届三中全会的召开是中国市场转型开始的标志，中国从行政控制型经济到市场决定型经济的转型，堪称“历史上最为伟大的经济改革计划”，使得约束竞争的权利结构从“以等级界定权利”过渡到“以资产界定权利”。经济学本质上是研究稀缺资源的产权问题，即产权的界定、交易和保护问题。清晰的产权界定是促进市场交易和有效保护产权的重要前提，而这又依赖于基础层面的会计计量。作为人类“自生自发的合作秩序”，市场经济秩序的良序运行离不开会计对存量财产权益的准确计量和增量财产权益的恰当反映。计量是会计的核心，为防范租值消散，减少“公共领域”，以市价为基础的“价值计量”是一种必然选择。

11.5.1 二元计量的必然性及经济后果

本书所指的二元计量（又称混合计量），是指一项资产或负债要么采用“历史成本计量基础”，要么采用“价值计量基础”。而单一计量即指全部资产或负债均适用同一计量基础，即历史成本计量基础或价值计量基础。ED 将计量基础划分为两大类：历史成本和现行价值（current value），其中现行价值包括针对市场参与主体的公允价值（fair value）和针对特定个体的使用价值（value in use）、履行价值（fulfilment value）。现代市场经济体系由实体经济和虚拟经济构成，形成了二元经济结构。其中，虚拟经济源自货币和价值符号，是在信用制度和股份制度的基础上发展而来，它涵盖整个金融市场体系，是以金融体系为依托的各种金融工具及其交易的总和；实体经济即指除虚拟经济之外的经济领域，即实际生产商品和服务的经济活动，具体包括工业、农业、建筑业、运输业和商业以及相关的物质生产活动。市场经济是产权经济，市场中的商品交易本质上是一种权利交易，正是权利的价值决定了商品的价值。鉴于“市场经济 = 实体经济 + 虚拟经济”，且“市场经济 = 产权经济”，所以现代市场经济中的产权结构由实体经济中的产权和虚拟经济中的产权构成，由此形成二元经济产权结构。其中，实体经济中的产权发轫于实体经济，特指实体经济领域隐藏在各种非金融工具交换背后的财产权利；而虚拟经济中的产权源自虚拟经济，特指虚拟经济领域各种金融工具及其交易背后的财产权利。实体经济中产权的显著特征是价值变动风险小，其价值的实现一般具有确定性和稳定性的特征；虚拟经济中产权的显著特点是价值变动风险大、交易频繁，价值的实现一般具有非确定性和“随行就市”的特点。企业法人对其财产依法享有占有、使用、收益和处分的权利。从权能来看，实体经济中产权的占有相对稳定、使用时间较长、收益固定或可确定以及处置一般发生在正常报废和消耗之时，而虚拟经济中产权的占有具有不确定性、使用时间较短、收益变动较大以及处置具有短期获利特征。即从产权权能来看，实体经济中的产权与虚拟经济中的产权均存在重大区别。会计的发展是反应性的。私有财产的产生使得占有者开始探寻维护私有财产的路径，并促进会计计量技术和方法的诞生、演进，同时确立了会计以维护和保障产权为既定的工作目标。会计计量的对象实际上是财产权利，计量属性的选择须与财产权利的特征相匹配，从而使得个体收益率与经济组织收益率趋于一致，自发促进经济组织生产性努力的增长。计量投入的生产率及对报酬的计量是经济组织两个至关重要的需求，报酬的支付须与生产率保持一致性。如果经济组织的计量能力很差，报酬与生产率之间只有松散的关系，生产率将较低，但如果经济组织的计量能力很强，生产率就高。据此可以得出会计计量的一般原则：实体经济中的产权应采用历史成本计量基础，虚拟经济中的产权应采用现行价值计量基础。鉴于“产权 = 实体经济中的产权 + 虚拟经济中的产权”，合乎逻辑地“会计计量基础 = 历史成本计量基础 + 现行价值计量基础”，由此形成“二元计量”模式。该模式形成的必然性如下：

历史成本计量基于过去的交易或事项，能够提供资产、负债、收入和费用信息，尽管并不能反映资产或负债的价格变化，但能反映资产的减值、消耗以及负债的履行。非金融资产的历史成本是资产收购或购建过程中所产生的所有费用，包括给予的对价和交易费用。只有发生资产的消耗（折旧或摊销）和资产历史成本不可收回（减值）时，才须进行调整。非金融负债的历史成本是承担负债时所实际收到的对价（剔除交易成本），只有发生应计利息、负债的履行以及估计的现金流出超过实际收到的对价时，才须进行调整。金融资产与金融负债的历史成本（即摊余成本）与上述类似，其后续的账面价值以摊余成本计量，反映应计利息、预计现金流量（含金融资产减值）、付款或收款的变化，但并不能反映其他因素引起的后续价格的变化。与采用现行价值计量相比，历史成本计量更简单、代价更低，更容易被人理解和验证（verifiable）。会计和审计界之所以选择以历史成本为主要计量属性，根本原因就是保证财务报表的真实、客观，财务数据可以稽核。可见，历史成本计量的显著特点是不反映后续资产或负债价格的变化，坚持实现原则，主要适用于价格变化小、价值变动风险小、管理上不要求报告价格变化的会计要素计量。这与实体经济中产权的特征不谋而合。因而，历史成本计量基础与实体经济中的产权计量相匹配。

现行价值计量包括公允价值、资产的使用价值和负债的履行价值。现行价值计量使用更新之后（updated）的信息来计量当日的资产、负债、收入和费用。因为更新，现行价值能够捕获到自前一计量日以来现金流和其他因素积极或消极的变化。公允价值是指市场参与者在正常的有序交易中，出售资产所收到或转移负债所支付的价格。以公允价值计量的资产和负债具有预测价值，因为公允价值反映了现金流的数量、时间和不确定性的预期（expectations），即反映了市场参与者的预期，并以反映它们的风险偏好方式来定价。使用价值和履行价值是特定主体的价值（entity - specific values）。使用价值是指主体预期从一项资产的持续使用和最终处置中所获现金流量的现值（present value）；履行价值是主体预期履行（偿还）一项负债所支付的现金流量的现值。原则上，资产的使用价值与负债的履行价值与公允价值计量所需考虑的因素相同，但为了提供最有用的信息，它们可能需要根据以下假设进行调整：一是使用市场参与者有关货币时间价值和风险溢价的假设；二是从履行价值中排除主体违约的可能性造成的影响。可见，以现行价值计量的显著特点是反映资产或负债后续基于风险调整等多种市场因素或个体因素引致的价格或现值变化。计量结果反映了市场或特定个体对资产或负债的预期，具有非确定性和“盯市调整”特征，主要适用于价值变动风险大且需及时报告变动结果的金融工具计量，这与虚拟经济中产权的特征相吻合。因而，现行价值计量基础与虚拟经济中的产权计量相匹配。综上所述，二元经济产权结构决定了二元计量模式。

“二元计量”尽管有其形成的必然性，但也有其难以回避的经济后果：

一是历史成本计量基础即便具有很好的“如实反映”信息质量特征，但可能缺乏“相关性”。如不同时点上因相同的交易或事项取得或产生的类似资产或负债在财务报表中列报的金额相差很大，这导致在不同的报告主体之间以及同一报告主体内部的可比性降低。此外，在价格变化非常显著时，现行成本（current cost）就比历史成本更相关，因为它符合实物资本保全理念并更能准确预测未来的利润。保证投资者获得有效信息的机制虽能够控制逆向选择，但却不一定会是激励管理人员（即控制道德风险）的最优机制，相关性与可靠性（如实反映）两相权衡所得到的信息是对投资者最有利的信息。这也说明财务信息同时具有高“相关性”和高“如实反映”质量特征是一种理想状态，现实中两者时有冲突。

二是现行价值计量即便具有很好的“相关性”，也可能缺乏“如实反映”。如果某一项资产或负债的公允价值难以在一个活跃的市场观察到，那么就需要使用估值技术来确定公允价值。估值过程可能昂贵且复杂，很难验证估值过程中的输入值和估值过程的有效性（validity），导致不同的主体对同一资产或负债计量的结果不同，这直接削弱了可比性，间接减损了如实反映。使用价值和履行价值是以现金流量为基础的计量技术，而未来现金流量取决于报告主体的估计，这也会存在与公允价值类似的问题。此外，很多资产是与其他资产结合使用的，其使用价值难以单独计量，而是以一组资产联合计量，然后再将结果分配给单一资产。这种分配过程复杂而昂贵，具有主观性。另外，使用价值和履行价值的估计可能不经意地（inadvertently）反映了与其他资产和负债的协同效应（synergies effect），可能不只是计量了他们想要的项目。估值过程的主观性、联合计量及分配、计量的协同效应决定了现行价值计量基础可能难以“如实反映”计量对象。为了达到完美的如实反映，一项描述（depiction）需要其有完整性、中立性和无差错的特征。而现行价值计量中存在的主观性、高计量不确定性与中立性相悖，联合计量及分配跟“无差错”相悖，协同效应跟“完整性与无差错”相悖。这都可能导致现行价值计量结果难以符合“如实反映”的质量特征。

三是二元计量使得财务报表汇总数据成为混合数据，降低财务信息的有用性。反映实体经济中产权的历史成本计量财务数据与反映虚拟经济中产权的现行价值计量财务数据混淆起来。已实现的利得或损失与未实现的利得或损失（如公允价值变动损益、其他综合收益等）混淆起来。报表使用者难以识别财务报表中哪些数据是面向过去的，哪些数据是面向现在和未来的；财务报表中的“净利润”，哪些是已实现、可分配的，哪些是未实现、不可分配的。报表使用者也难以识别财务报表数据反映的主体面临的风险，如以公允价值计量且其变动计入当期损益的金融资产资产负债表日的公允价值与初始投资成本偏离程度的高低。这些都降低了财务报表数据的有用性。

四是二元计量与会计稳健性。二元计量使得会计稳健性的存废问题成为争论的焦点。会计稳健性是指确认好消息比坏消息有更高的可验证性程度倾向，对资产与负债、收入与费用、利得与损失进行非对称处理。财务报告概念框架征求意见稿并未将谨慎性（稳健性）单独作为一个信息质量特征，尽管增加了“谨慎性”（prudence）指引，“中立性由谨慎性支持。谨慎性是在不确定的情况下做出判断需要保持一定的注意（caution），其运用体现为资产和收入不能被高估或低估、负债不能被低估或高估”。这已经偏离了稳健性（conservatism）的初始含义，因为谨慎性被解释为在确保财务信息中立性时需要保持注意。现行价值计量侧重相关性，要求财务信息具有预测价值、确认价值或两者兼而有之，而预测要求公允地考虑资产或负债的未来风险、违约情况、资金时间价值等各种因素，这与谨慎性的内涵背道而驰。经验证据表明，稳健性是普遍存在的，已成为一个国际会计惯例，其产生主要归因于契约、诉讼、税收和政治。会计制度的演进遵循着“会计习惯→会计习俗→会计惯例→会计法律制度”的理路。若在 CF 中删除稳健性，则将使得以 CF 为指导的 IFRS 舍弃稳健原则，这是建构理性主义“致命的自负”。源于会计惯例的稳健性原则属于“正当会计行为规则”，强制删除稳健性将使得 IFRS 丧失“正当性”，阻碍趋同进展，难以建立全球公认的高质量财务报告准则体系。

五是二元计量与会计法律制度体系冲突。英美法系会计法律制度体系主要由宪法、财产法、契约法、继承法、公司法、破产法和会计准则构成，大陆法系会计法律制度体系主要由宪法、民商法、公司法、税法和会计制度构成。英美法系国家沉淀了个人主义历史传统，遵循“判例法”传统，证券市场蓬勃发展以来会计制度服务私人决策意思浓烈，往往形成“金融预期型”会计制度，具有私益性；大陆法系国家“法典式会计制度”特色鲜明，遵从“上位法决定下位法”的原则，往往形成“法律遵从型”会计制度，具有公益性。与大陆法系相比，英美法系会计法律制度因“判例法”传统而具有更高的适应性效率。二元计量的引入使得会计制度与法律制度的理念发生重大分歧。现行价值计量基础的引入使得会计制度由“法律遵从型”转变为“金融预期型”：会计制度以决策有用性为目标，以相关性为首要信息质量特征，成为证券市场投资者交易公司股权（外化为股票、基金、期权、期货、认股权等金融工具）的估价工具；而法律制度以维护社会公平正义为要义，强调基于交易的可稽核、可验证的证据，重视证据的可信度和公信力，坚持历史成本计量、实现原则和配比原则。会计制度处于会计法律制度体系的基础层次，现行价值计量基础的引入使得会计法律制度体系的运行基础被架空，难以为会计法律制度体系的有序运行提供基础数据源。

11.5.2 双重计量发轫：财权与不完全契约

双重计量是指对每一项资产或负债同时采用历史成本和现行价值计量。会计是以货币为主要量度，依据公认标准来界定财权（产权）和保护财权（产权）以内部化外部性的微观计量系统。贯穿会计发展史，会计的对象是产权流或产权价值运动。但是，现代会计是一个货币计量系统，产权的价值形态即为“财权”。“财权”范畴的提出主要受我国财务本质讨论的影响。在“本金投入与收益分配论”的基础上，基于对财务“价值”层面和“权力”层面的融合分析，伍中信（1998）提出了具有全新内涵的“财权”范畴，即“财权”是一种“财力”以及与之相伴随的“权力”的结合，即“财权”=“财力”+（相应的）“权力”[①]。财权主管产权内容中价值形态的权能，并构成法人财产权的核心内容。企业的价值运动又确实地表现为一种财产权利和责任的流动与变化，如果说“价值流”是从“物资流”中抽象出来的本质力量，那么，在现代企业制度下，“财权流”就是从“价值流”中抽象出来的内在本质。简而言之，“财权流”就是由“财力+（相应的）权力”构成的，旨在反映隐藏在商品交换背后的财产权利和责任变动过程。如果说“产权流”是贯穿会计发展史过程中从权利层面对会计对象的抽象概括，那么，“财权流”就是现代会计对象的恰当表述。

财权（产权）的载体是契约，契约的基础是财权（产权）。基于不完全契约理论，财权在现实中也体现为一种不完全契约：该契约中的完备部分（即能够用条款规定且其结果可由第三方验证）形成通用财权契约，而不完备部分（即不能事先由条款规定，或即便能用条款规定但结果具有不可验证性，或企业合同疏漏、未做具体规定或即便可做明确规定但因成本高昂以至于现实并不可行）则形成剩余财权契约。“通用财权”因事前权责规定明确，可以为企业契约各方形成稳定的公平预期，促进合法交易。这种权责的规定主要体现在法律层面（如物权

① “财权”范畴的提出，激发了学者的浓厚兴趣，郭复初（2001）、李连华（2002）、衣龙新（2005）、伍中信等（2007）和何进日等（2007）均在此基础上进一步阐释和拓展了“财权”的内涵。具体请参见：曹越，伍中信．产权范式的财务研究：历史与逻辑勾画．会计研究，5：26。

法、公司法和合同法等）和公司层面（如公司章程、内部控制制度和企业会计处理具体规定等）。法律的要义是公平正义，国家层面提供的物权法、公司法和证券法等具有制度规模经济效应，是全体经济组织的公共契约，旨在维护社会公平正义；公司层面的章程、内部控制制度等可以在法律层面的指引下为利益相关者的合作与协调提供明细规则，从而给予投资者一种平等待遇。可见，通用财权契约的保护侧重公平，旨在为合同交易双方提供稳定预期，一般由法律、公司章程予以规制，遵循休谟（Hume）“稳定财产占有法则”和“履行许诺法则”。“剩余财权”因事前权责无法明确，需对事后的或然状态结果予以谈判解决，但这种“讨价还价”的谈判要么因交易费用高昂而终止交易，要么即便交易也降低了企业效率。如何确保企业在市场交易中的公平与效率？这就要求交易双方在遵从“通用财权”公平价值取向的前提下，将“剩余财权”诉诸市场参与者自发生成的合作秩序（如交易习惯、习俗与惯例），从而促进自愿交易，提高交易效率。即“剩余财权”价值取向应定位于效率价值观。可见，剩余财权契约的保护侧重效率，旨在促进合同交易双方自愿交易和自由缔约，一般由交易习惯、习俗和惯例来调整，遵循休谟（Hume）“根据同意转移所有物的法则”。简言之，“剩余财权”担负着将企业价值“蛋糕”如何做大做强的使命，而“通用财权”则担负着将“蛋糕”如何公平合理地分配给利益相关者（stake holder）的使命。综上可知，“财权 = 基于公平价值观的通用财权 + 基于效率价值观的剩余财权”。任何一项财权配置在实践上表现为某项具体财权配置对公平与效率的权衡。权衡的规则是：如果一项财权中通用财权占主导，那么该项财权在配置时就应侧重公平；如果一项财权中剩余财权占主导，那么该项财权在配置时就应侧重效率。

依此逻辑，二元经济产权结构的价值化便形成二元经济财权结构，即“财权 = 实体经济中的财权 + 虚拟经济中的财权”。会计对象的具体化形成会计要素。会计要素实际上是产权要素，产权要素的特点决定了会计要素的特点。即在产权的世界里，财权流的具体化体现为会计要素、会计科目以及财务报表项目。依据前文二元经济产权结构的显著特点可知，从列报维度来看，虚拟经济中的财权具体化为财务报表中的货币资金、以公允价值计量且其变动计入当期损益的金融资产/金融负债、可供出售金融资产、长期股权投资、投资性房地产、公允价值变动损益、其他综合收益等报表项目；而实体经济中的财权即指除虚拟经济中财权以外的部分，典型的包括存货、固定资产、在建工程、生产性生物资产、油气资产、无形资产、应付职工薪酬等报表项目。根据二元经济中产权结构的显著特征以及财权契约的完备性可以推知：实体经济中财权的构成以“通用财权为主、剩余财权为辅”；而虚拟经济中财权的构成则以“剩余财权为主、通用财权为辅”。通用财权遵循“稳定预期”和“履行许诺”，要求会计计量遵循确定性原则、财务会计具有信任功能及财务信息应具有可验证性，这与历史成本计量的特征相吻合，即与通用财权相匹配的计量属性是历史成本；而剩余财权遵循“自愿交易”和“自由缔约”，要求会计计量及时提供面向现在和未来的具有预测价值、确认价值的信息，财务信息应具有估值功能，这正与现行价值计量的特征相一致，即与剩余财权相匹配的计量属性是现行价值。综上可知，实体经济中财权的计量属性应以“历史成本为主、现行价值为辅”，虚拟经济中财权的计量属性应以“现行价值为主、历史成本为辅”，由此形成“双重计量”。即对每一项财权，均同时从历史成本计量和现行价值计量两个维度来刻画其增减变动及结果，揭示其风险，从而为解决二元计量情境下的难题和推进 IASB 趋同进展奠定坚实基础。双重计量的形成逻辑如图 11－1 所示。

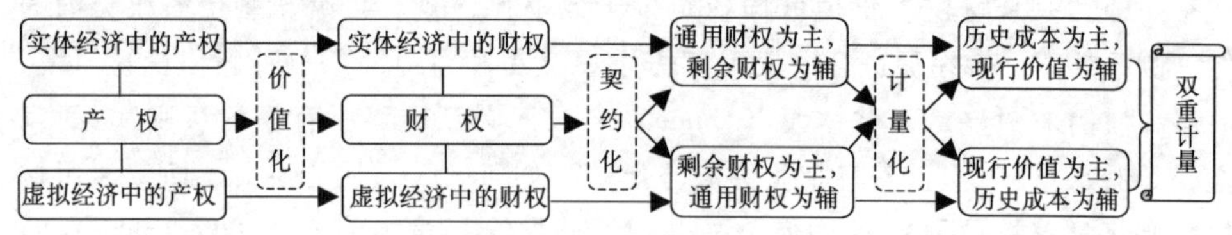

图 11－1　双重计量的形成逻辑

11.6　三重列报：财务会计适应性变革的可行路径

11.6.1　三重列报操作方案及推广成本

美国会计学会曾于 1966 年在其著名报告《基本会计理论说明书》（ASOBAT）的附录中，建议将财务报表改成“历史成本”和“现行成本”两栏式结构以应对当时剧烈的物价变动。基于此，葛家澍和叶丰滢（2010）主张将现行财务报表改为“历史成本”“公允价值”和“合计”三栏，将报表的“合计数”分解为“历史成本”和“现行价值”，从而将由二元计量引致的混合数据变为清晰可辨的数据，增加财务报表数据有用性。具体的操作方案是：凡现行准则或允许按公允价值计量的项目列示在“公允价值”一栏，凡现行准则按历史成本计量的项目列示在“历史成本”一栏，“合计栏”的数据等于“历史成本数据合计＋公允价值数据合计”，从而揭示历史成本与公允价值的构成比例关系，帮助报表使用者调整自己的决策。然而，该列报方式是基于二元计量（混合计量），只是在列示的时候分为历史成本和公允价值两列列示，即某一个财务报表项目的数据要么在历史成本列，要么在公允价值列，我们暂且称为“二元列报”。这确实可以将报表合计中的混合数据分为历史成本数据和公允价值数据，但仍无法反映采用公允价值列示的报表项目其历史成本是多少，采用历史成本列示的报表项目其公允价值是多少。即“二元列报”无法反映公允价值与历史成本之间的差异隐含的风险，而该信息却是投资者和管理层判断风险的重要依据。可见，“二元列报”仍无法解决二元计量情境下面临的难题，从而催生出“三重列报”。

三重列报是指以双重计量为基础，将财务报表改造成“三栏式”，分别为“历史成本”“现行价值”和“现行准则”数据三列，对于每一报表项目均同时列示历史成本、现行价值和现行准则数据。该列报的具体操作方案是：(1) 对于实体经济中的财权而言，因其计量属性以“历史成本为主、现行价值为辅”，所以在列示时，初始双重计量结果同时列示在“历史成本”和“公允价值”中，两者往往相等。后续计量时，“历史成本”列示减值之前的账面价值（初始计量剔除折旧、摊销后的余额），“现行价值”列示减值测试的标准（如长期资产一般为可收回金额、存货为可变现净值、贷款和应收款项为现值）。涉及连续会计年度时，“历史成本”列示自上一会计期间以来资产在不考虑减值情形下本年末的账面价值（即上期期末数据剔除本年计提折旧、摊销后的余额），“现行价值”列示当年年末发生减值测试的标准（同上）。这样在期末，将“历史成本”和“现行价值”对比就可以传递累计发生的减值损失金额。若涉及升值（可能源于物价变动），则“现行价值”仍列示减值测试的标准（同上）。这样，“历史成本”和“现行价值”在年末的对比就可以反映出自初始计量以来，该资产累计的现行价值变动结果。处置时，在利润表中，“历史成本”列示处置时的售价减去处置时该资产的账面价值（按资产负债表中的“历史成本”列示数据）及相关税费来确定，“现行价值”列示处置时的售价减去处置时该资产的“现行价值”列数据（按资产负债表中的“现行价值”列示数据）及相关税费来确定。(2) 对于虚拟经济中的财权而言，其计量属性以“现行价值为主、历史成本为辅”。初始计量时，在“历史成本”列和“现行价值”列分别列示资产或负债的历史成本与现行价值。一般而言，两者金额相等。后续计量时：①对以公允价值计量的金融资产（如交易性金融资产）或负债而言，资产负债表“历史成本”列均列示初始计量结果，不需调整；“现行价值”列中列示资产负债表日资产或负债的公允价值/使用价值/履行价值，同时将公允价值变动在利润表“公允价值变动损益”项目（适用于以公允价值计量且其变动计入当期损益的金融资产或负债）或资产负债表“其他综合收益”项目（适用于以公允价值计量且其变动计入其他综合收益的金融资产）中的“现行价值”列中列示；②对以摊余成本计量的金融资产（如现行准则中的持有至到期投资）而言，“历史成本”列列示该资产在资产负债表日不考虑减值情况下的摊余成本，“现行价值”列列示该资产在资产负债表日的现值。若金融资产发生减值（如可供出售金融资产、持有至到期投资），则将减值测试的标准（资产负债表日的公允价值、现值）列示在资产负债表“现行价值”列中，同时利润表对应报表项目中将按现行准则规定确认的“资产减值损失”金额列示在“现行价值”中。若发生减值之后的资产又升值（现行准则也允许转回），则遵从现行准则处理，将相关计量结果列示在报表的“现行价值”列中。处置时，利润表中对应项目“历史成本”列列示“售价减去处置日的历史成本及处置中发生的相关税费”（该数据即为企业所得税法规定的投资资产处置所得），“现行价值”列列示“售价减去处置日的账面价值、处置税费，同时加上将未实现的收益（公允价值变动损益和可转当期损益的其他综合收益）转化为已实现收益（投资收益）”。不管是虚拟经济中的财权还是实体经济中的财权，第三列均按现行会计准则的要求列示数据，从而形成“三重列报”操作方案。

与传统的单一列报和二元列报相比，“三重列报”可以保留现有列报的优势，其新意主要体现在：一是每一报表项目同时列示历史成本和现行价值，可以反映现行价值偏离历史成本隐含的风险，这有助于管理层和投资者等利益相关者判断该报表项目对应的经济业务面临的风险；二是对每一报表项目，同时列示的都是“干净”的历史成本信息和现行价值信息，没有经过减值调整；“干净”的历史成本信息可以为民商法与经济法（尤其是合同法、企业所得税法）的实施提供数据源，而“干净”的现行价值信息可以为金融监督部门和资本市场参与者提供数据源；同时，因为信息“干净”，财务会计的信任功能（历史成本列）和估值功能（现行价值列）可以得到充分发挥。值得注意的是，“三重列报”实际上向“按需列报”迈进了一步。因为对于报表项目而言，不论是何种类型的报表使用者，其要么关注历史成本、要么关注现行价值、要么关注历史成本与现行价值的偏离隐含的风险、要么关注现行准则列报的数据（如统计部门等）。“三重列报”提供的“干净”历史成本、现行价值信息以及现行准则数据基本上可以满足各类报表使用者的信息需求。

此外，“三重列报”方案具有较低的推广成本：一是可以保持现有报表体系结构，仅仅将现有报表的金额“一栏”分解为“三栏”，在财务软件或电子化表格中容易操作。二是就虚拟经济中的产权而言，针对以公允价值计量的金融资产或负债，“现行价值”列列示的数据与现行准则的要求一致，而“历史成本”列的数据在初始计量时易取得且可验证，并不会实质性增加财会人员的工作负担；针对以摊余成本计量的金融资产，“历史成本”列列示数据为不考虑减值情况下的摊余成本，当未发生减值迹象时，“历史成本”列示的数据与“现行价值”列示的数据保持一致，当发生减值迹象时，“现行价值”列示现值，但计算现值是现行准则的要求，也不会实质性增加财会人员的工作量。三是就实体经济中的财权而言，财会人员的工作量会有所增加。初始计量时“历史成本”列和“现行价值”列与现行准则一致。后续计量时若未发生减值或升值，也与现行准则一致；如发生减值或升值时，则“历史成本”需要列示不考虑减值或升值情况下资产的账面价值（即考虑折旧、摊销）。后续计量“现行价值”列时需判断是否发生减值或升值时的标准（除使用寿命不确定的无形资产和商誉外，只有出现减值迹象时才须进行减值测试；根据重要性原则，建议只有出现明显的升值迹象时才进行升值测试）。这种数据也容易获得，只是升值测试会在一定程度上增加财会人员的工作量。四是不需要在记账凭证、明细账和总账中增加“历史成本”和“现行价值”列，可以在保持现有会计核算基础上获取所需的数据源，不会实质性增加现有会计实务的核算成本，容易在实务中推广。综上所述，“三重列报”是一种低成本改进财务报表列报、增加财务信息有用性的列报方案。

11.6.2　三重列报与财务会计适应性变革

三重列报有助于二元计量难题的解决，是财务会计适应性变革的可行路径。

一是通过兼容财务报告“决策有用”和“受托责任”的目标，切实解决财务信息“相关性”与“如实反映”的冲突问题。IASB 在 CF ED 中指出“财务报表的目标是提供一个主体资产、负债、权益、收入和费用的相关信息，有助于报表使用者评价主体未来净现金流入的前景以及评价管理层对主体资源的受托责任”（para3.4）。在这一点上体现了 IASB 有望将“受托责任”纳入 CF。财务报告的目标是 CF 的基础（foundation），CF 的其他方面均源自目标的逻辑推演。一般而言，“决策有用”强调“相关性”，而“受托责任”强调“如实反映”。然而，对投资者的保护作用而言，“决策有用观”取决于特定的经济体制、商业惯例和相关市场成长发育特征，“受托责任观”则是发挥公司治理机制的功能；公司治理机制是业绩的基础特征，受托责任的财务信息有助于完善公司治理机制，从而更基础、更长远地保护投资者。值得注意的是，相关的信息并不一定如实反映，而如实反映的信息并不一定相关。相关性偏向采用现行价值计量基础，而如实反映则偏向历史成本计量基础。三重列报将“历史成本”和“现行价值”同时列报，可以满足报表使用者多方面的信息需求，能够破解“决策有用”与“受托责任”“相关性”与“如实反映”长久以来的争论僵局，使得列报的财务信息既能如实反映，又具有相关性。

二是三重列报将现有的混合数据改进为“历史成本”和“现行价值”，可以协调财务会计信任功能与估值功能的矛盾。财务报表是以过去的交易和事项为基础，以有力的客观而可稽核的证据来支撑；其他财务报告以报告日为基础，面向现在和未来，主要运用估计和判断来应对经济业务的不确定性，从而提供财务或其他经济信息以有助于使用者做出经济决策；两者都是完全必需的，但财务报表是中心，其他财务报告是补充。上述主张旨在维护财务会计的信任功能，因为财务会计是一种低成本的信息机制。然而，随着虚拟经济的蓬勃发展，证券市场交易规模不断扩大、交易日益频繁，IASB 认为财务报告应向使用者提供有关主体未来净现金流入的前景（prospects），这实际上是要求财务报告具有估值功能。一般而言，信任功能要求会计计量采用历史成本基础，财务信息具有完整性、中立性、无差错和可验证性；估值功能要求会计计量采用现行价值基础，财务信息具有预测价值或确认价值，信息生成充满估计与判断。在财务报表中采用历史成本计量基础确保财务会计具有信任功能，而在其他财务报告中采用现行价值计量基础实现财务会计的估值功能，也是一种理想列报模式，但与 IASB 当前的工作思路和各国现有准则的实际情况不符，这种列报模式将颠覆现有的会计实务，改革成本高昂。此外，将估值功能放在其他财务报告中且处于“补充地位”，也可能减损整个财务报告体系的决策有用性。而三重列报中“历史成本”列可以确保财务会计具有信任功能，“现行价值”列可以充分实现财务会计的估值功能，且两者平行列报，可以同时充分实现财务会计的信任功能和估值功能，协调二元计量情境下两者的矛盾。

三是三重列报可以使会计稳健性这一国际会计惯例得以保留。本质上而言，会计准则的国际趋同应以会计惯例具有共性为前提。经验证据表明，会计稳健性是一个国际会计惯例，遵从“斯密—门格尔—哈耶克”的演进理性主义理路，IASB 应将其纳入 CF 及具体准则中，从而确保 IFRS 属于“正当会计行为规则”。然而，IASB 为了提升财务报告的估值功能，在现有 CF 中删除稳健性以指导 IFRS 的修订，并强制性推进 IFRS 的趋同进程，这必将使 IFRS 难以成为“正当会计行为规则”而被世界各国所普遍接受，这是“康芒斯—凡勃伦—诺斯”工具理性主义理路“致命的自负”。那么，三重列报“现行价值”列通过实现财务报告的估值功能而为 IASB 在 CF 及 IFRS 中吸纳稳健性等国际会计惯例奠定了基础和可行路径。这对于提高 IFRS 的普适性，加快趋同进程具有重要意义。

四是三重列报可以为会计法律制度体系的良序运行提供基础数据源，切实解决二元计量情境下会计法律制度体系冲突问题。前文已述，法律制度强调基于交易的可稽核的数据，主张依法记账，贯彻历史成本计量、实现原则和配比原则。经济史中先后诞生了两类会计规则：一是遵循民商经济法、追求公共利益的“法律遵从型”会计制度；二是面向证券市场、谋求私人利益的“金融预期型”会计准则。2007 年实施的《企业会计准则》使得我国的会计制度从“法律遵从型”过渡到“金融预期型”，报表中“利润总额”因包含未实现的利得和损失不具有可分享性而不被企业所得税法和公司法所认可，“净资产”因包含预期公允价值变动而不代表实际新增的确定性财产权益。会计准则与税收法规、公司法等民商经济法相分离。2010 年我国确立了中国企业会计准则与国际财务报告准则持续全面趋同战略，要求会计准则的修订与 IFRS 保持同步。在此背景下，三重列报中“历史成本”列可以为民商经济法的良序运行提供基础数据源，如利润表中“历史成本”列的“利润总额”就代表新增的确定性利润，具有可分配性，符合税法、公司法和破产法等民商经济法理念，是企业所得税法应纳税所得额和公司法可供分配利润的基础数据源。“现行准则”列列示的数据符合趋同战略和政府监管部门的要求，有助于促进跨国交易，享受国际趋同收益。总之，三重列报可以有针对性地解决会计法律制度体系冲突问题，有助于建立具有系统性与一致性特征的会计法律制度体系。这对于破解各国（尤其是大陆法系国家）会计制度国际趋同引致的会计法律制度体系冲突难题，解决强制趋同获得的收益与法律体系高昂的调整成本之间的矛盾，建立全球统一的高质量会计准则体系具有借鉴价值。

下篇
产权中国进程中的会计制度变革

第 12 章

改革开放 40 周年与会计制度变革

12.1　会计变革与会计制度变迁

回首改革话沧桑，产权保护定基调。从 40 年经济体制改革的历程可以看出，我国经济体制改革从高度集中的计划经济体制开始，经历了以社会主义公有制为基础的有计划商品经济到以公有制为主体、多种所有制经济共同发展的基本经济制度的重大转变。明晰和保护产权（尤其是“弱势产权”）已经成为我国社会主义市场经济体制改革过程中的重要价值取向，也是和谐社会建设的基本要求。市场经济是法制经济。当前，为了贯彻“权利法案”[①] 精神，产权保护导向的法制建设稳步推进：《公司法》（2005）、《证券法》（2004）、《反垄断法》（2007）、《破产法》（2006）和《劳动合同法》（2007）等已经推出新版本，被誉为“市场基石”的《物权法》（2007）和《企业国有资产法》（2008）也已陆续颁布，并成为市场各界关注的焦点。综上可见，中国的市场化改革路径正在由等级规则（计划经济条件下的资源配置规则）向产权规则（市场经济条件下的资源配置规则）过渡。宏观层面上，产权保护导向的市场化改革不可回避已毋庸置疑，那么在微观层面上，产权保护导向的会计改革也应步调一致。因为“权利法案”的

① 一般而言，权利法案指一个国家的宪法，在我国就是社会主义宪法。十届全国人大二次会议（2004）通过了《中华人民共和国宪法修正案》，在原有保护“国家和集体财产”的基础上，明确地增加了对劳动者的产权保护、对国有及私有产权平等保护等相应条款，使宪法之“权利法案”精神得到巩固和加强。

落实和产权保护的最终实现，必然需要从基础层面上对产权价值运动（产权流）及其结果进行最切实、最具体和最具操作性的计量、监督和控制，而这正是现代会计的本质属性与基本特征。

会计和审计都是产权结构变化的产物，是为监督企业契约签订和执行而产生的。会计对产权的贡献是与生俱来的，并一直成为产权思想的忠实随从；其产生、发展和变更的根本使命是：体现产权结构，反映产权关系，维护产权意志。产权的社会化程度越高，会计对产权的反映与控制便越具有关键作用，也对新历史阶段的会计提出了更高要求。会计在维护与保护利益相关者权益及保障市场经济有序、有效运作中的作用都是基础性的，也是不可替代的。由此可见，在中国向社会主义市场经济转型过程中，不论从宏观层面还是从微观层面，会计界定产权和保护产权都具有基础性地位。产权会计[①]通过对财产“价值”与“权利”的双重确认、计量、记录、报告、调整和控制，使经济体制改革成本最小化，从而实现会计的宏观经济效益。

自20世纪90年代以来，FASB十分重视与公允价值会计确认、计量、记录和报告等有关具体技术问题的研究，已取得重大研究成果（SFAC7），并于2006年9月15日正式发布了《公允价值计量》准则。公允价值推广应用到非金融资产和非金融负债，将彻底改革以历史成本为计量基础的传统会计模式，使会计对企业价值的计量与经济学家预期的企业价值相一致。以国际趋同为主旨，以公允价值适度引入为特征，我国财政部也于2006年2月15日发布了新的企业会计准则体系和注册会计师执业准则体系。但是，新准则规定的会计界定产权的规则仍以历史成本计量基础为主导，这使得会计的产权界定和产权保护功能难以充分发挥，会计对产权经济控制的基础性地位难以真正确立，亟待变革。

中国经济体制改革的本质是实现资源配置由“等级规则”向“产权规则”过渡，明晰产权和保护产权是这一过程中的基本价值取向。市场交易实际上是权利交易。为保护交易各方的财产权利，促进交易效率，须创建法律制度予以规制，从而为良序市场经济的形成奠定基础。党的十八大报告指出：须加快建设对保障社会公平正义具有重大作用的制度，逐步建立以权利公平、机会公平和规则公平为主要内容的社会保障体系。因而，制度建设对于准确界定产权、有效保护产权和促进生产性努力的增长而言具有重要意义。当前，产权保护导向的法制建

① 所谓产权会计，就是以产权维护为对象，运用专门的会计方法，对各个产权主体的产权构成具体内容及交易过程中的增减变动进行连续、系统的核算和监督的一项专业管理活动，它是产权主体为维护与保障自身财产权益所采取的重要措施之一。参见：康均，《产权会计史研究》，中国财政经济出版社2005年版，第18页。

设稳步推进：《公司法》（2005）、《物权法》（2007）和《侵权责任法》（2009）相继颁布或修订，体系化的民法典制定也进入议事日程，这标志着中国特色的民商法律体系已经形成。

会计制度是民商法律体系的重要组成部分，并构成其运行的基础。IASB 为建立和完善全球统一的高质量财产权利反映规则体系，与 FASB 联合开发 CF（财务会计概念框架，下同），推动国际趋同取得实质性进展。该联合 CF 分为 8 个阶段（phase）：2010 年 9 月完成了第 1 阶段，成果为“目标和质量特征”；当前，第 2 阶段的“要素定义、确认和终止确认”、第 3 阶段的“计量”和第 4 阶段的“报告主体概念”正在稳步推进 。同时，IASB 加快了后危机时代 IFRS 的制定、修订。当前，IASB 和 FASB 正在着手推进的联合项目包括：金融工具会计减值、分类与计量、套利（Hedge Accounting）、宏观套利（Accounting for Macro Hedging）、保险合同、租赁、收入确认以及企业合并政策与程序。我国财政部相继发布了与 IFRS 实质趋同的企业会计准则体系（CAS－2006）及《中国 CAS 与 IFRS 持续趋同路线图》（2010），稳步推进持续趋同战略实施：2012 年财政部密集发布财务报表列报（修订）、公允价值计量、职工薪酬（修订）、长期股权投资（修订）、合并财务报表、合营安排、在其他主体中权益的披露和金融工具列报（修订）征求意见稿，彰显了会计制度在维护市场经济秩序和助推经济健康发展方面的重要作用。

会计制度和审计制度是公司法中的基本制度，会计制度变迁实质上是调整财产权利的界定规则，涉及利益相关者财产权益的变更。学者对会计制度变迁研究主要集中在会计制度变迁路径、变迁特征、变迁原因与变迁经济后果，侧重特定时期会计制度变迁分析，而忽视了从经济史演进和法律制度维度讨论会计制度变迁。

12.2　公司制与会计变革

中华人民共和国第一部《公司法》自 1994 年 7 月 1 日起施行。当时建立以公司制为主要特征的现代企业制度的工作，也正在神州大地广泛深入开展。会计作为经济改革的重要领域，应如何体现现代企业制度的精神？本节将讨论公司制与会计的姻缘和影响。

12.2.1 公司制与会计发展

在各市场经济国家，存在着三种基本企业制度：业主制、合伙制和公司制（法人制）。公司制只有400年左右的历史。现在所说的现代企业制度就是指现代意义上的公司制。从公司制发展的历程看，又有近代和现代意义上的公司制的差别。15世纪中叶，地中海沿岸城市的航海贸易十分发达。当贸易所要求的资本规模超过了血缘家庭所能承担的分量时，一家名叫“康门达”（Commenda）的合约组织应运而生。1492年哥伦布发现新大陆和1497年达·伽马绕过好望角到达印度，开辟了远洋贸易大发展的新纪元。于是一批在政府支持下的“特许贸易公司”得以成立，其中以东印度公司最为有名。这些公司具有近代公司的一般特征：靠募集股本建立，具有法人地位，由董事会领导下的经理人员经营等，标志着近代意义上的公司初具雏形。

在哥伦布航海之后的第3年——1494年，一种体现近代公司比较复杂的财产关系、反映企业资金来龙去脉的借贷复式记账法在地中海威尼斯出现。同年11月，意大利数学家、会计学家卢卡·帕乔利的《算术·几何·比及比例概要》出版。它以“一人所有之财物=其人所有权之总值”为基本原理，导出了“记录的两重性和记录结果的平衡性”。此后，会计才得以应付日趋发展的公司业务，整个会计界才从繁忙的会计实务中解脱出来并向着会计理论研究的方向发展。

由于特许贸易公司频繁的远洋海盗式的贸易，从殖民地掠夺了大量财富，也使其股东得到巨大的收益。于是一种模仿特许贸易公司通过发行可转让的股票来吸引投资的“合股公司”纷纷涌现，并逐步泛滥起来，欺诈行为也随之产生。当时较为有名的是“南海公司案”。该公司成立于1710年，成立后在“生意”上没有任何成就，但公司组织者炮制出一个前途无比美妙的发展计划，在一场证券投机狂潮中，公司股票价格由120镑上涨到1020镑。谎言被拆穿时，遭受巨大损失的股东、债权人强烈要求政府对南海公司进行查账。当时议会聘请了精通会计的查尔斯·斯尔对其进行审查，他提交了一份发现会计账目舞弊的报告。由于当时没有一套对公司进行约束的规范性会计制度，政府不便对南海公司及其他雨后春笋般成立的公司进行有序性的整顿，只能让南海公司关门大吉。1720年颁布了《泡沫公司取缔法》后，才抑制了公司的发展。由此可见，这场由法律和会计规范所导演的“公司制”发展的插曲是历史的必然，是会计规范没有跟上公司发展的惨痛教训。它说明了一个严峻的事实：公司兴则会计兴，会计兴则公司兴。两者是辩证统一的。

股份公司作为一种科学、先进的现代企业制度，通过发行股票来筹集资本，使个别资本比较方便地转为社会资本，符合社会化大生产的客观需要，其存在的合理性是显而易见的。因此，经过长时间的“沉默”，美英两国先后于 1937 年、1944 年颁布了公司法，确立了公司的法人地位，从而有利于公司向健康化的轨道发展。

公司制的继续发展，所有权与经营权进一步分离，股份分散化程度越来越明显。由于绝大部分小股东不参与企业的生产经营，因而迫切要求了解企业真实的财务状况和收益能力，以便对企业的投资做出正确的判断和决策。1929—1933 年世界性经济危机的爆发，使这一要求得到了升华，社会普遍认为企业会计信息不真，缺乏行业之间、会计年度之间的可比性，是其投资失误的重要原因。这就产生了需要制定一套既能得到政府支持，又能为广大财会人员所接受、保护广大投资者利益的会计处理方法和标准的客观要求和愿望。为此，从 20 世纪 30 年代初起，美国会计师协会就开始研究制定“公认”的会计原则，并成立了一个专门规范公司发展的组织机构——股票上市公司特别委员会。从此以后，公认会计原则陆续地得以颁布和改良。现代公司也迅速健康地发展起来。

随着“公认会计原则”的陆续推出，到 20 世纪 50 年代末，现代公司制已在美国经济的许多部门成为占优势的企业制度。由于公司普遍化，投资者也扩大了投资选择余地，投机的机会减少，人们往往向效益好的地方转移资本，促进了社会资源的合理配置，由此也促进了企业管理者把重心放到经营业绩上来，否则将会失去资本市场。激烈的自由竞争使企业家总结出一条经验：对任何企业而言，面临的选择均不一样；深控则强，失控则乱，无控则亡。顺应这一形势，在 50 年代末，一种以加强企业内部管理，考核内部各级业绩的管理会计得以诞生。它以 1966 年美国会计 50 周年年会发表的《会计基本理论说明书》（ASO - BAT）为标志，提出了企业“不但研究向外部使用人提供可信的信息，同时研究向内部使用人提供着眼于控制的信息，或者说，也研究向外部使用者提供经过控制而得出的、能使他满意的信息”。从产权角度讲，会计（指财务会计）一方面着重体现为企业外界产权主体——所有者、债权人服务（财务会计服务对象），另一方面则突出法人所有权的管理权能（管理会计的服务对象），通过内部管理职能的强化，来增强外部产权主体的财产保护权和收益权，最终实现为产权主体服务的会计目标：保护企业资产保值增值，并实现企业利益的最大化。

《会议基本理论说明书》的发表，是现代企业制度的完善和繁荣在会计理论上的具体体现和突破。它蕴含着世界会计学经过长达 500 年的与现代企业制度风风雨雨地并肩前行的足迹，标志着现代会计终于走向成熟。

12.2.2 现代企业制度对会计产生的影响

现代企业制度是公司法人制度，它的产生和发展对会计产生了深远的影响。归纳一下，主要有以下几个方面：

（1）对会计主体观念的强化

具有现代企业制度本质特征的是股份公司和有限公司，其共同特点在于公司以其拥有的法人财产承担有限责任。因此，要建立现代企业制度就必须界定企业产权，承认企业法人财产权，并且把企业法人的财产同出资人的其他财产划分开，只有这样才能以企业拥有的法人财产承担有限责任。为了明晰法人的产权关系，区别企业法人财产与出资人的其他财产，会计也必须以企业（法人）作为核算和监控的空间范围，否则便会导致产权界区不清。这种会计主体的观念越强，企业的产权关系也就越明晰，企业自主经营、自负盈亏、自我约束、自我发展的机制也就越健全。

（2）对持续经营观念的加强

由于现代企业确立了企业法人产权制度，必须把原来完整的所有权分解为出资者的最终所有权和企业法人所有权。出资者只对投入企业的财产拥有最终所有权，既不能任意抽走，也不能占用和进行其他处分，企业的资产随着公司的立废而存亡，而传统企业（业主制、合伙制）由于组、散手续简便，其资产可以随时撤、分。企业随时会“散伙”，因而相对来说，公司具有“永续的生命”，个别股东发生股权转移或其他变动都不会影响企业的营运，这就更加强化了会计核算的持续经营观念。

（3）公司制对会计“受托责任”理论形成的影响

公司是由一个法人治理结构来统治和管理的。通过这一结构，所有者将自己的资产交由公司董事会代管，公司董事会是公司的最高决策机构，拥有对高级经理人员的聘用、奖惩等权利。高级经理人员受雇于董事会，在董事会授权范围内经营企业。也就是说公司不是由业主直接经营，而是通过法人治理结构由专家代理治理。而这种由专家（经理）代理治理的“受托责任”则是通过会计部门提供的会计信息得以反映和揭示。从这种意义上说，所有者的投资目标→委托—代理关系的产生→决定了企业经理人员的行为目标→决定了企业的财务会计目标，这是一种责任委托，其“受托责任”集中在会计报告的资料上体现出来。

从历史上看，这种委托—代理关系的产生与公司制度的产生存在必然的联系：①独资企业的所有者、管理者、生产者三位一体，企业资产与私人财产合二为一，不存在业主与经营者之间的代理关系。②合伙企业的合伙人既是业主又是经营者，不存在合伙人委托他人代理经营的必要，一旦契约被破坏，合伙企业即告散伙，可以说，合伙企业也不存在委托—代理关系。因此，只有在公司制的财产终极所有权与法人所有权相分离的前提下，才有可能产生委托—代理的关系，而且随着公司股份化、股权分散化的发展，这种委托—代理关系就越明显，会计为反映这种“受托责任”的职责也就越重要。

（4）推进了其他会计理论的发展

在公司制的产生和发展的过程中，衍生出一系列的会计原则和方法，如配比原则、会计折旧等，并推进了“公认会计原则”的出台和改良。为了对公司外部的产权主体（所有者和债权人）提供“受托责任”的信息并为企业法人产权主体提供决策信息服务，在会计理论长期的发展演变中，逐步建立起了一套完整的，兼顾所有者、债权人和管理者产权利益的会计报告体系，其中资产负债表以反映债权人所需的偿债能力和流动能力为首要目的，并反映企业的产权结构，损益表则主要以关心获利能力的所有者为服务对象，而反映理财过程的财务状况变动表或现金流量表则主要服务于企业管理层，为反映其经营业绩，进行经营决策服务。当然这种报表体系为产权主体服务既各有侧重又相互兼顾，共同构成了完整的相互勾稽的完美体系。同时，由于广大所有者和债权人远离公司的管理层和生产层，因而相应增加并提出了公开披露财务报表的要求，从而推动了充分披露和公开会计信息等会计思想的发展，为会计走向社会化、公证化的道路创造了条件。

第 13 章

会计改革与产权改革的相关性分析

按照社会主义市场经济和现代企业制度的客观要求，建立企业产权制度，形成合理的产权营运机制，是我国当前经济体制改革的首要课题。产权改革与会计改革是分不开的。会计改革，必将为产权改革创造实现条件，为推进我国的经济改革发挥重要作用。产权和会计的相关性值得探讨。

13.1 会计与产权的历史渊源

从历史上看，产权制度的发展推动着会计理论和实务的更替，而会计所揭示的内容又反映着同时代产权关系的现状。简单的产权关系只需要简单的会计核算，多元化的产权关系则需要较翔实的会计制度为之规范。马克思说："过程越是按社会的规模进行，越是失去纯粹个人的性质，作为对过程的控制和观念总结的簿记也就越是必要"。这不仅指明了会计的职能，更重要的是揭示了企业产权与会计的发展规律。生产的社会化说明企业与外界（市场）有广泛接触，社会资源进行着融通和优化配置，进而导致了企业产权主体的分散化和多元化。而产权结构越复杂越发展，会计就显得越重要，越要有会计为之进行核算和监控。"因此，簿记对资本主义生产，比对手工业和农民的分散生产更为必要，对公有生产，比对资本主义生产更为必要"。在自然经济时代，产权关系十分单一，只需要"单式记账"方法就可明确产权收益。在商品经济发展阶段，出现了以盈利为直接目的的独资和合伙企业，企业的所有权经营权是合二为一的。独资企业出于计算盈亏、加强管理等需要，要求加强会计核算，从而使企业与所有者的其他经济活动和私人收支相区分；而合伙组织更要求会计将组织作为独立于各合伙人之外的独立实体来看待，以便公平合理地处理各合伙人的产权关系，明确各合伙人的债务责任，保证各合伙人的正当权益。此时，一种以反映企业资金来龙去脉的复式记账法便应运而生。在当时资本主义私有制条件下，由于企业资产乃至整个企业属业主所有的观念根深蒂固，因而在相当长的历史时期内，一种“业主产权”的会计理论一直占据着支配地位。

在资本主义商品经济高度发展阶段，以股份公司为特色的企业组织形式纷纷涌现，所有权与经营权明显分离，所有者的原始产权与企业独立经营的法人产权相继得到体现，一种以全面体现企业产权关系、保护产权主体利益的“企业产权主体会计理论”也随之确立。在这一理论指导下，维护所有者、债权人利益的“公认会计原则”及其他会计政策被陆续地推出和改良。

13.2　会计“受托（代理）责任”结构与产权结构的吻合

一般认为，对国有资产的产权管理是以权能分工和层层授权的方式来完成的。它表现为国家委托有关资产管理机构行使终极所有权代表职能，并代表国家授权组建集团公司或成立中介性投资经营公司（或控股公司）；经营公司以法人的身份按资源优化配置的原则选择投资对象，并派员进驻所控企业的董事会；由董事会再授权经理层管理生产经营活动；经理层委托财会部门将受托责任反映出来。从逆向来看，每一个层次又是一个受权、受委托的责任层次，负责保护上层产权主体的利益。从这个意义上说，投资者（股东或债权人）的投资目标，首先决定委托—代理关系的存在，其次决定企业经理的行为目标，再次决定企业财务会计目标。也就是说，企业财务会计的首要目标，便是反映各产权主体委托责任和受托责任的履行情况，即各产权主体的权责利关系。

从另一方面看，企业又拥有独立的、完整的法人财产所有权。法人财产既包括出资者出资、债权人贷款所形成的资产，也包括经营者、劳动者等所创造的无形资产，以及资本公积、盈余公积和未分配利润等资产。现代会计不仅要反映由于所有权的权能分工与协作所产生的产权关系，而且还必须反映在产品生产和商品交换过程中所产生的产权关系。会计的“受托责任”结构与纵、横两方面的产权结构是相吻合的。

13.3 资产负债表服务于产权结构改革

在旧的资金平衡表中，体现着计划经济条件下的国家一元化产权主体意志。“三段平衡”“专款专用”原则混淆了所有者和债权人的权益，不适应市场经济条件下企业多元化产权主体的客观要求。资产负债表的出现，从本质上为反映产权结构和产权关系找到了合适的方式。从资产方看，它反映着使用价值形态产权所存在的基本经济内容，即产权客体的物权、债权和知识产权（无形资产，这在旧报表中是没有的）的分布状态；从权益方看，则反映着价值形态产权的内在构成，即产权所归属的产权主体及其产权价值构成，说明这些资本所有者、债权人各占多少份额，以及由法人产权主体——经营者能支配的未分配利润的数量。从实质上说，资产负债表便是一张反映产权结构和体现产权关系的会计报表。

13.4 资本金制度的建立与产权保护

为保护产权利益，《财务通则》明确规定企业必须建立资本金制度。资本金按投资主体可分为：国家资本金、法人资本金、个人资本金和外商资本金。把企业产权关系比较明确的国家基金、流动基金和更改基金及专项拨款等全部转为国家资本金。而对其他各项资金则根据其性质、来源渠道和用途等进行具体分析和核定。

13.5 法人产权的保护体现在新会计制度中

企业的法人产权主要体现在企业的经营自主权方面。它包括对企业资产的占有支配权、使用权、处置权以及收益权等。在新会计制度中，主要体现在：(1) 取消专款专用原则，实行企业资金统一管理、统筹运用，赋予企业充分的资金使用自主权；(2) 扩大企业自主筹资和投资权，企业可根据实际需要，按法定程序自主选择筹资渠道、筹资方式和筹资结构；(3) 赋予企业留用资金支配权、工资奖金分配权；(4) 授予企业对于固定资产折旧年限和折旧方法的选择权，固定资产折旧年限只限制一个弹性区间；(5) 在不违背“两则”的前提下，企业拥有对会计科目的增删、合并和分立权，拥有对各种会计方法的选择权。

13.6　兼顾产权主体利益的分配制度

新的会计制度对各产权主体利益的保护均做了较为合理的揭示：其一，债权人收益处于分配时间的优先地位，直接从企业损益中扣除。其二，劳动者以其对劳动力的所有权换取收益权，通过工资、奖金和其他津贴等方式分配，直接从成本费用中列支，并将从工资总额中提取的福利基金更名为一种负债——应付福利费，强化了它的归属，而且在数量上，从原来的 11% 提高至 14%。同时，为改善劳动环境，在利润分配时还以先于所有者的次序，按 5% 提取公益金用于集体福利设施建设。其三，所有者权益则主要突出其收益权，它享有企业的终极所有权，因此也“享受”着企业的最后收益（或风险），即剩余资产索取权，因而将其排在分配次序的最后位置。

13.7　兼顾产权主体利益的财务报告和财务评价指标体系

新制度规定了以资产负债表、损益表、财务状况变动表为主要内容的财务报告体系。其中资产负债表以反映债权人所关心的偿债能力和流动能力为主，财务指标有流动比率、速动比率以及长期偿债能力的资产负债率；损益表是以所有者关心的获利能力为主要内容的报表，其财务指标以资本金利润率为核心；财务状况变动表主要侧重于对企业经营管理者（含董事会、经理层）提供资料，从理财角度反映企业一年来的作为，以便于法人产权代表进行分析、判断和决策。同时，由于经营管理者注重经营的效率与获利性以及对受托资金的有效运用，因而有“销售利润率”“应收账款周转率”“存货周转率”等指标为其服务。当然，上述会计报表及财务指标体系是互相联系的，虽各有侧重，但并不影响其为所有产权主体提供服务，而事实上每一产权主体为了维护权益都需要完整的会计报表及财务指标。正因为如此，它们才构成一个完美无缺的、相得益彰的兼顾各方产权主体需要的财务报告和指标体系。

13.8 几点启发和思考

以上仅就会计改革与产权改革的相关性做了初浅的分析。我们应该看到，这次会计改革是在产权改革刚刚开始且尚未定型的前提下出台的，虽然借鉴了国际会计惯例，但仍然会出现这样或那样的与我国产权改革不符的问题。举例如下：

（1）“资产负债表”命名不确切

更确切的命名应为“资产及权益表”或称“平衡表”。因为该表不是资产和负债两项所能囊括的，它对其中重要的部分——所有者权益没有在名称上反映出来。“资产负债表”并不是国际惯例，它的正规名称是“Balance Sheet”（平衡表）。从产权的平等权益出发，我们倡议为“资产负债表”正名。

（2）应增添“集体资本金”

根据新的会计制度，资本金分为国家资本金、法人资本金、个人资本金和外商资本金，唯独少了“集体资本金”这一项。“法人资本金”是指法人单位以其依法可以支配的资产投入企业而形成的资本金，显然不包括集体企业自身积累形成的资本金。而在产权界定时，由于集体企业资金的来源和用途比较复杂，产权关系较之国有企业更为模糊，因而也不可能全数划入国家资本金之列。从资本保值和产权明晰的角度出发，建议增添“集体资本金”。

（3）利润分配问题

从分配的次序看，新会计制度基本上照顾了各产权主体的合法权益。但是，利润分配的去向应是各产权主体（主要是所有者），所得税则不应属于利润分配的范畴。为此，我们建议取消“利润分配——应交所得税”科目，同时调整损益表和利润分配表的结构，把损益表计算到税后利润止。而利润分配表应以税后利润而不是税前利润为基础。同时，在税、利分流的格局下，我们不仅要在财务上“分流”，而且要从分配去向上彻底分流，把国有资产投资收益与税赋收入明确划开。

第 14 章

会计准则制定模式：交易费用理论的一种运用

交易费用是新制度经济学的一个基本概念，是现代经济学的重要理论基石之一，它可以用来解释和论证经济学中的很多现实问题，如经济体制的选择与变迁问题、企业的联合问题、技术转让问题。作为经济制度和会计制度中较为重要的会计准则，其制定模式的选择理应遵循交易费用最低原则。也就是说，我们在研究规范企业会计行为的会计准则模式问题上，要将其摆在政府、市场与企业三者以追求交易费用最低为原则的天平上。在政府、市场和企业之间，任何一种权利的安排都需要费用，某一种安排方式在任何领域里费用都最低的情况是不存在的，这就需要三者之间在权利安排上相互协调并不断调整权利结构，以求交易费用最低。

14.1　会计准则制定的市场模式

14.1.1　市场模式的优越性

(1) 广泛采用“顺向生成”的归纳法，有水到渠成之功效

纯粹的市场模式强调实务即市场交易活动，认为市场交易活动是制定会计准则的基础，它从已有的会计经验或惯例中概括出为人们所接受的原则，可以大大

减少准则在拟定、起草、讨论过程中的交易费用。

（2）适用性强

市场模式下制定的会计准则来之于市场，用之于市场，一方面可使会计人员操作顺手，减少经济运行成本和损失，另一方面不像政府模式那样具有严格的立法程序，没有太硬的制度刚性，因而能对准则做及时的调整和修订，避免许多不必要的运行损失。

（3）市场机制下形成的会计准则市场模式，使会计准则成了市场运行的“润滑剂”，更有利于减少市场交易费用

市场竞争机制要求提供一个公平的竞争环境，在会计上则要求确立一个“公认”的规范标准，从而可以减少会计领域里发生的“提供虚假会计信息”“隐瞒信息真相”等行为，而这两种行为正是经济学中“机会主义”所强调的“损人利己”行为中所惯用的伎俩，也是人们因此“防不胜防”而带来交易费用的最大领域（樊纲，1992）。

完善的价格机制有利于在制定会计准则时进行不同的价格比较，避免因价格扭曲导致判断失误，驱使制定成本上升。

市场的利益机制或效率机制要求人们在经济行为中进行可靠的收益费用比较，由于市场模式所发生的制定成本和取得的收益均是在市场中体现，两者在空间上具有相关性和配比性，有利于对制定成本进行控制。

14.1.2 市场模式的缺陷

（1）纯粹的市场模式生成速度极慢，甚至有可能永无结果，如美国在会计原则产生以前长期处于一个停滞、模糊和“惯例”时期，如果没有政府和权威机构的“催生”，恐怕至今还不会有会计准则。

（2）通过市场交易活动的经验而形成的会计准则，对会计实践起不到促进和提高作用，而且总是落后于实践，遇到新情况往往要“吃一堑”才能“长一智”，这一“堑”的交易费用可能很大。

（3）由于市场信息的“不对称性”，可能导致会计准则与实务存在偏差，造成运行损失，也因为这种信息的“不对称性”，一项原则往往要经历无数次“讨价还价”，才能达到“公认”的标准。美国在制定会计准则过程中成果最多、文件最丰富，也印证了其花费在“讨价还价”上的交易费用一定最高。

14.2　会计准则制定的政府模式

14.2.1　政府模式的优点

(1) 时间短、见效快，能较好地指导当前和未来的会计实务。不断变化和发展的实务是会计准则的基础，准则的可靠程度主要决定于它是否能够有效地指导不断发展变化的复杂现实。会计准则的政府模式在这一点上具有市场模式无法比拟的优势。

(2) 政府模式具有较强的强制性，可以克服“讨价还价”带来的交易费用。

14.2.2　政府模式的缺陷

(1) 由于政府模式的制度刚性，具有较为严格的立法程序，不易及时纠正和调整准则内容，可能带来运行损失成本，扭曲后的准则又给重新讨论和修订带来更大的费用。

(2) 由于政府模式不以市场交易活动为基础，可能因信息“不完全”而产生时滞性和全面性，难以指导会计实践。

(3) 政府模式收益与费用的不配比性，不利于交易费用的控制。由于在政府模式下的制定成本属政府行政性支出，而收益的取得广泛地蕴含于市场交易活动之中，两者在空间上不能配比，因而很难对制定成本加以控制。

根据以上所述，政府和市场在制定会计准则的权利安排上均有其优劣点，根据科斯的交易费用理论，某一种安排方式在任何领域费用都最低的情况是不存在的，理论的安排方式是寻找政府与市场结合与协调的支点，并且这种支点在不同经济环境和经济体制下应是有所不同的。根据政府与市场权利安排的比例不同，我们把理论的会计准则制定模式分为两种类型，即“以政府为导向，引入市场规则模式”和“以市场为导向，引入政府机制模式”。

14.3 我国会计准则制定模式探讨

14.3.1 我国目前的会计准则制定模式是纯政府模式

我国新颁布的《会计准则》虽经多年的讨论才得以出台，但其内容基本上是对西方惯例和我国理论界意见的总结，而不是以中国会计实践推导而来，因而它是一种由政府机构直接颁布的通过“递向生成”的演绎法完成的纯政府制定模式，这一模式的出现有它历史的必然性。

（1）我国独特的产权结构使我国政府有资格直接制定会计准则。

（2）我国会计准则制定的经济环境是逆向运行的，它决定了会计准则必须按演绎法来完成。

（3）世界先进成型的会计准则使我国采用逆向运行的政府模式成为可能，更能节约交易费用。

由于我国会计准则研究起步较晚，而且是在别国甚至国际会计准则比较完善以后制定的，这就使得我国在制定会计准则时，完全有可能根据本国经济运行的现状，参照国际惯例来制定会计准则，这样做不仅在时间上赶上了逆向运行的经济环境，而且可以大大节约在起草、讨论、制定等方面的交易费用，因而是可取的。

14.3.2 我国会计准则制定模式必须遵循“以政府为导向，引入市场规则”的模式

我国会计准则的制定才刚刚开始，以后还有一个漫长的发展阶段。政府制定模式有它现行的合理性，但继续颁布和完善则要在引入市场规则的情况下完成，这样才是理想的制定模式。

（1）我国以后的会计准则制定模式必须以政府模式为基调，这不仅因为我国没有顺向生成的市场模式的土壤，而且还在于如果随意做出制度性变迁和转移，其变迁和转移成本将是惊人的，所制定的会计准则也将与经济运行环境背道而驰。

（2）政府模式虽然具有前述合理性，但仍然存在政府模式所固有的缺陷，

难以成为理想的制定模式。

在目前的政府制定模式中，由于没有得到社会的“公认”，各种假账并未因会计准则的出台而减少，这同政府制定模式缺乏市场的联系不无关系。同时政府制定模式脱离实践，使得某些理论性的准则不能很好地指导实践，造成了企业的滥用和误解，会计信息失真现象更为严重。

（3）逐渐完善的市场机制，使引入的市场规则更有助于会计准则的完善，也不至于使会计准则因市场不完善而走样。也就是说，逐渐完善的市场经济使以后制定的会计准则引入市场规则成为可能。

根据以上认识，我们不难看出，我国会计准则的制定模式应以政府模式为基调，适当引入市场规则，随着市场经济的完善和发展，逐步扩大市场权力份额，并按照交易费用原则，合理地调整政府与市场的权力结构，就目前而言，我们的意见是：

（1）我国会计准则制定和发布权应属政府，它既可以由政府财政机构制定，也可由立法机关制定。一般认为《会计准则》不属法律范畴，因而以财政部门制定最为适宜。

（2）尽快建立“引入市场规则”的常设专门职业团体。该团体只具有与市场交易活动沟通而进行调研、草拟会计准则的权限，它只能是一个参谋机构，不具有制定权和发布权。它主要负责向财政部门提供有关来自市场的反馈信息和建议。该团体可取名为会计准则委员会，直接隶属于财政部门，人员要求在专业上、行业上涉及市场经济的各行各业。为确保制定的会计准则更贴近市场，建议在各省市设立会计准则委员会分支机构或分部，这样才能使会计准则的建立具有广泛的代表性和更大的权威性。

第15章

产权保护与会计改革成效测度标准

15.1 会计改革成效测度标准：会计信息价值相关性反思

如何有效地保护利益相关者的产权，促进生产性努力的增长，助推经济发展，已成为一个重要的国际议题。在完善社会主义市场经济体制和构建社会主义和谐社会进程中，会计界定产权和保护产权的基础地位日益彰显。如何尽量避免改革过程中的冲突和摩擦，使改革成本最小化，离不开会计对存量利益的准确计量和对增量利益的恰当反映。会计改革实质上是调整财产权利界定规则，重新划分产权主体利益边界。会计改革达成“准确界定产权，进而有效保护产权”的目标，有利于协调改革中各产权主体的利益，保护弱势产权主体利益，从而实现改革以最小化改革成本的稳定形式推进。为了深度发掘和切实贯彻会计的产权保护功能，促进生产性努力的增长，我们迫切需要探究会计改革成效的测度标准问题，以期准确评价会计改革成效，总结经验教训，为后续会计改革提供政策建议。

目前学术界主要通过检验变革前后会计信息价值相关性是否提高来判断会计改革是否具有成效。但是，从何种角度界定会计信息的使命进而界定会计信息质量，仍然是一个存在争议的话题。较恰当的检验会计信息相关性的方法，应当是财务报表信息“俘获”（capture）或“汇总”（summarize）影响股票价值信息的能力。目前占主流地位的检验会计信息价值相关性的“三模型”是：（1）Easton

和 Harris（1991）收益模型，用于检验收益与剩余收益对市场调整后报酬的解释力，代表着损益表的价值相关性；（2）Barth 和 McNichols（1994）及 Francis 和 Schipper（1999）模型，用于检验资产和负债对企业市场价值的解释力，代表着资产负债表的价值相关性；（3）Ohlson（1995）剩余收益定价模型，用于检验收益和净资产对企业市场价值的解释力，代表着损益表和资产负债表的联合价值相关性。文献检索发现，在这三个模型中，目前 Ohlson（1995）剩余收益定价模型占主导地位。部分学者利用"第一个模型"检验了税收账面确认与盈余组成部分的价值相关性、不同市场类型中盈余信息与非盈余信息的价值相关性、会计准则变迁对会计信息价值相关性、新会计准则实施前后会计盈余的价值相关性和公允价值层级信息的价值相关性以及公司治理机制对价值相关性的影响。另外部分学者运用"第二个模型"检验了新会计准则变化对价值相关性的影响，利用"第三个模型"检验亏损公司会计盈余价值相关性、新旧会计准则对股票定价的增量影响。还有部分学者同时利用上述三个模型中的两个或三个同时检验会计信息的价值相关性，如：刘峰等（2004）同时利用"三模型"检验了会计准则变迁是否提高了信息质量，欧阳爱平和徐俭（2009）也同时用"三模型"检验了新会计准则（2006）实施前后上市公司会计信息价值相关性变动，Dimitrios 等（2010）利用"第一个模型"和"第三个模型"检验了 IFRS 实施前后会计信息的价值相关性，王建新（2010）利用"第一个模型"和"第二个模型"检验了新会计准则的价值相关性，江笑云和孙辉（2010）总结了利用上述"三模型"检验新会计准则（2006）执行效果（价值相关性）的实证研究结论。

上述关于会计信息价值相关性的研究对于测度会计改革成效具有重要参考价值，但仍存在缺陷，如关于中国新会计准则价值相关性的研究结论众说纷纭、莫衷一是。会计信息价值相关性研究以资本市场满足半强式有效为前提。尽管对中国资本市场效率问题的检验结论存有争议，目前关于"中国资本市场未达到半强式有效"却是公认的。因此，运用"三模型"得出的结论与中国的真实情况难免存在偏差。以往研究表明，"会计准则质量提高会导致会计信息价值相关性提高"的推论成立需同时具备两个条件：一是会计信息本身不传递经济后果；二是资本市场有效。这些假设前提和推论前提的条件是苛刻的，现实中难以成立，尤其是在中国这样的新兴市场经济国家中。因此，我们并不能仅仅通过检验会计信息价值相关性是否提高来度量会计改革成效。此外，这些方法坚持的是关于会计信息真实性的"程序理性观"，即假定准则变迁使得准则本身质量提高，那么在此前提下检验会计信息的价值相关性：如果价值相关性提高，则说明准则变迁提高了信息质量；反之，则说明准则变迁没有提高信息质量，其原因在于准则执行不力而跟准则本身无关。这种逻辑推理在“价值相关性提高”条件下似乎没有问题，而在“相关性降低或不变”条件下将原因仅仅归于准则执行是值得商榷的。事实上，现实中一个国家的准则执行水平受限于多种因素（如政治、法律因素等），但仍然是逐步提高的。对于中国来说，与 IASB 的 IFRS 相比，中国 CAS 属于法规体现组成部分，会计准则作为法规体系，具有强制性的特点，要求企业必须执行，否则就属于违规行为（刘玉廷，2008）。IFRS 作为公认会计原则，不属于法规体系，不具有法定强制力，但具有重要影响和较强的约束力。中国 CAS 以法规形式制定和发布会计准则，更有利于会计准则的理解掌握和贯彻实施，即中国 CAS 的贯彻执行应该是有力的。因而将“会计信息价值相关性降低或不变”的原因归于准则执行不力是不合适的。总之，在新兴市场经济国家资本市场不完善的情况下，仅仅通过检验会计信息价值相关性是否提高来评判会计改革成效是不完整的，何况会计改革目标也不仅仅是增强会计信息对股价的解释力。那么，如何测度会计改革成效呢？我们认为，回顾会计学上关于“收益”概念的讨论与实践是寻求解决之道的重要途径。

15.2 会计改革成效测度标准：会计学与经济学收益启示

会计改革的目标不完全是增强会计信息对股价的解释力，会计学中关于“收益”概念的讨论与实践对于选择合理的会计改革成效测度标准而言具有重要参考价值。

15.2.1 会计学收益

收益代表投入价值与产出价值之比，或者是产出大于投入的差额，即如果投入一笔资本，则超过资本额的报酬就是收益。会计学收益又称为利润或盈利，通常是指来自期间交易的已实现收入和相应费用之间的差额（葛家澍、林志军，2002）。鉴于会计学收益的缺陷，西方会计学者逐渐注重吸收经济学收益的某些内涵，试图形成一种新的会计学收益概念。他们用资产的增减来定义收益，将资产的持有利得或损失列入收益中，这是从资产计价的角度来定义收益的尝试。促使会计学收益体现或趋向经济学收益的观点逐渐在财务会计理论界和实务界获得认可。FASB 在 1980 年发表的 SFAC NO. 3（财务会计概念公告第 3 号）《企业财务报表的要素》中提出两个不同的收益概念：盈利（earnings）和综合收益（comprehensive income）。其中，盈利就是现行会计实务中的净收益，综合收益则应包括"在一个期间内来自非业主交易的权益（净资产）的全部变动"，也就是要包括已实现和未实现的业主权益（净资产）变动。即：综合收益 = 净收益 +/−其他综合收益（包括已实现的和未实现的）。此时的综合收益非常接近经济学收益概念了。当然，由于一些经济学收益项目不符合会计确认标准，因而还不能作为收益在会计系统中进行确认、计量和报告。FASB 于 1997 年 6 月公布了 SFAS 130（财务会计准则公告第 130 号）《报告综合收益》，正式要求企业从当年 12 月 15 日结束的会计年度开始必须在财务报表中报告综合收益。2010 年 5 月，IASB 发布了《其他综合收益项目的列报（征求意见稿）》，以改进 IAS1（《国际会计准则第 1 号——财务报表列报》）中其他综合收益（OCI）项目的列报。我国《企业会计准则解释第 3 号》也规定：自 2009 年 1 月 1 日起，企业应当在利润表"每股收益"项下增列"其他综合收益"项目和"综合收益总额"项目。"其他综合收益"项目反映企业根据《企业会计准则》规定未在损益中确认的各项利得和损失扣除所得税影响后的净额。"综合收益总额"项目反映企业净利润与其他综合收益的合计金额。FASB 将综合收益定位于一个会计期间净资产的全部变动，其对收益的计量取决于资产、负债的计量，体现的是资产/负债观和损益满计观。从综合收益的定义公式可以看出，随着会计计量技术的不断发展，价值计量基础（以公允价值计量基础为实现形式）逐步取代成本计量基础（以历史成本计量基础为实现形式），"其他综合收益"将逐步转移到"会计净收益"之中，即会计净收益与综合收益之间的差异将不断缩小。当资产负债要素全面采用公允价值计量基础后，会计净利润与综合收益之间的差异基本消除，这时"综合收益"概念也就没有存在的必要了。

15.2.2　经济学收益

继亚当·斯密（1890）"财富的增加"和欧文·费雪"经济精神收益（人心理满足程度）、真实收益（一定期间经济财富的增加）和货币收益（经济资源货币价格的增加）"的经济收益观之后，J. R. Hicks（1946）在其名著《价值与资本》中认为，收益是一个人在期末和期初保持同等富有的条件下可能消费的最大数额，该概念已具有资本保持意义。经济学家一致认为，收益是随着未来服务潜能现值的增加而同时产生的，即收益实际上是一定期间的财富价值变动。依此逻辑，企业的经济学收益可以表述为：一定期间财产价值变动。值得注意的是，企业财产的会计术语主要是资产（仅仅是财产可以计量的部分）。因而，在业主权益理论看来，用会计的语言来近似（因为有些经济学收益项目缘于计量技术和确认标准等因素无法进入会计系统）表述企业经济学收益则是：一定期间净资产价值变动。在这里，从会计角度近似计量经济学收益，必然涉及对净资产实施价值计量。何谓价值？尽管劳动价值论与效用价值论的争论由来已久，然而价值的财务经济学表述却被广泛接受：价值就是未来现金流量的现值。鉴于公允价值会计计量是基于价值和现值的会计计量，因而公允价值计量是会计价值计量的最佳实现形式。从会计学确定公允价值的层级结构可以看出：公允价值是一种交易价格。当这种交易价格是在活跃市场中由多个市场参与者竞合而成时，它实际上是一种市场价格，这种价格实际上就是劳动价值论中的价格，可以这样说，活跃市场中运用公允价值进行会计价值计量，这是价值规律在会计学中的实现形式。而当这种交易价格是在非活跃市场中由特定个体竞合而成时，它实际上是特定个体的交易价格，这种交易价格并不是公允的，内含着特定个体的主观价值，实质上体现了效用价值论。这种情况下需要运用估值技术来确定公允价值。

15.2.3 会计学收益、综合收益与经济学收益比较

综上，我们发现，会计学收益、综合收益与经济学收益的关系如图 15 - 1 所示。

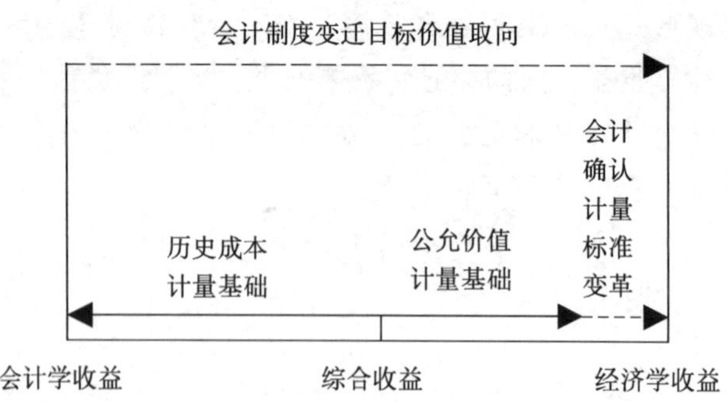

图 15 - 1　会计学收益、综合收益与经济学收益关系示意图

从图 15 - 1 中可以看出，经济学收益涵盖了综合收益和会计学收益，而综合收益又涵盖了会计学收益。当财务会计的计量基础由历史成本逐步转向公允价值时，综合收益逐渐向经济学收益方向扩充，但是，即便有关资产、负债等会计要素实施全面的公允价值计量，受会计确认和计量标准限制，两者也不可能完全重合，只能不断逼近。而当实施公允价值计量基础以后，综合收益公式中的“其他

综合收益”则迅速转移于“会计学收益”，会计学收益迅速趋向于综合收益，若实施全面的公允价值计量，则会计学收益与综合收益重合。此时，“综合收益”概念就没有存在的必要了。从现代会计改革与变迁的历史进程看，会计制度变迁的目标价值取向是逼近经济学收益，这也是会计终极目标所在。

15.2.4　会计学收益、综合收益与经济学收益计量公式及其关系

综上，我们可以将三者的计算公式列示如下：

（1）会计学收益 = 净利润（FASB）

（2）综合收益 = 净利润 +/- 其他综合收益 = 净资产的变动 = 期末净资产 - 期初净资产（FASB）

（3）经济学收益 = 经济利润 = 净利润 - 股权费用 = 净利润 - 期初净资产 × 股权资本成本

从财务学中关于最简单的经济利润的计算公式中可以看出经济利润与会计利润的区别是它扣除了全部资本费用，而会计利润仅仅扣除了债务利息。因而，一般而言，净利润是大于经济利润的。尽管从公式中难以发现综合收益与经济学收益的大小关系，但从其提出就是“以会计利润为基础经过调整后去接近经济收益”初衷出发，我们可以从理论上合理推断：综合收益大多情况下是大于经济利润的。而至于会计收益与综合收益，从（1）和（2）可以发现，两者大小关系是不确定的。会计的发展历程表明，从会计学的角度讨论经济收益并提出综合收益范畴，本身就是为了实现会计的产权保护功能，这也是会计改革应坚持结果理性的根本原因。既然目前会计收益、综合收益和经济收益已可以合理度量，那么从产权保护的视角去测度会计改革成效则顺理成章。

15.3　会计改革成效测度标准：基于产权保护视角

一般认为，会计改革具有成效是因为改革提高了会计信息的真实性。那么，我们首先应弄清楚什么是“真”。Simon（1978）明确区分了理性的程序标准（即程序理性）与新古典经济学的实质性标准（即结果理性）。程序理性强调过程符合目标，而不在意结果；结果理性则强调结果符合目标性，而不在意行为。简言之，前者注重过程，后者注重结果。产权经济学继承了新古典经济学中关于结果理性的标准，主张结果理性。众所周知，会计信息是会计准则执行人（会计

人员）根据一定的会计准则生产出来的。如果会计信息是失真的，那它必然与会计信息生产的某个或所有环节相关。高质量会计准则是生产高质量会计信息的前提基础。可见，通常所说的会计信息失真中的“真”，就是程序理性观，而不是结果理性观。我们认为，这种程序理性观容易导致人们对现行会计准则盲目遵从，减弱会计制度变迁的内在驱动力。会计与产权的关系是“过程”与“结果”的关系，会计核算和监督的过程都是为了准确界定产权，进而实现“有效保护产权”的结果。因而，忽略结果理性而仅仅单独从程序理性来考察会计信息真实性问题是不符合会计与产权的紧密联系的。会计（作为一个过程）对产权（作为一个结果）的贡献与生俱来，会计的发展史就是通过界定产权而保护产权的历史。会计为保护产权而效力的现实表明，在把握会计真实性的内涵时，我们应坚持“结果理性优先、兼顾程序理性”的原则。

本书认为，产权保护导向的会计改革必须坚持“结果理性”和“程序理性”相融合的价值观。根源于产权保护的基本要求，会计改革（会计制度变迁）是否真正具有改革成效应以会计收益是否逐步回归综合收益和经济收益为基准，因为这是会计发展史上会计变革的历史路径。具体说来，从“程序理性”来看，会计改革成效的测度应以“会计收益回归综合收益”为直接目标；而从“结果理性”来看，会计改革成效应以“会计收益回归经济收益”为终极目标。如图15－2所示，当会计收益与综合收益之差离横轴的距离（即第一类差异）逐渐趋向于0时，即会计收益回归了综合收益，会计改革就实现了其直接目标；当会计收益与经济收益之差离横轴的距离（即第二类差异）逐渐趋向于0时，即会计收益回归了经济收益，会计改革就实现了其终极目标。会计改革的直接目标从表面上度量了改革成效，即表面上信息质量的变化；而终极目标则是从实质上度量改革成效，即实质上信息质量的变化。从理论上讲，会计改革的直接目标是终极目标的过渡形式。只有当会计改革使得两类差异及其变动缩小时，会计的产权保护功能才能落到实处，此时的会计改革才符合信息使用者的稳定预期。

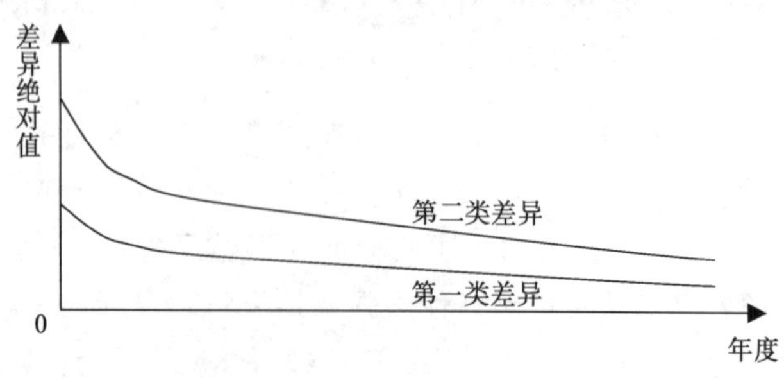

图15－2　会计改革成效目标取向

鉴于两类差异的存在有很多客观原因，为了度量会计制度变迁（会计改革）是否引起两类差异的显著变动，即会计改革（会计制度变迁）是否在减少两类差异方面富有成效，我们需要考察会计制度变迁引起两类差异变动（即度量增量）的方向及是否显著。一般而言，我们可以坚持如下判断准则：(1) 当某次会计制度变迁使得两类差异变动同时缩小时，表明会计信息质量得以实质性提高，即会计改革既实现了直接目标也实现了终极目标，则此次改革是富有成效的，原因是会计收益 > 综合收益 > 经济收益，会计改革使得会计收益向综合收益方向移动（会计改革第一类型）；(2) 当某次会计制度变迁使得第一类差异变动缩小而第二类差异变动变大时，表明会计信息质量表面上提高了但实质上却降低了，即会计改革实现了直接目标但未实现终极目标，则此次改革是失败的，原因是综合收益 > 会计收益 > 经济收益，会计改革使得会计收益向综合收益方向移动（会计改革第二类型）；(3) 当某次会计制度变迁使得第一类差异变动变大而第二类差异变动缩小时，表明会计信息质量表面上降低了但实质上却提高了，即会计改革未实现直接目标但实现了终极目标，则此次改革是有成效的，原因是综合收益 > 会计收益 > 经济收益，会计改革使得会计收益向经济收益方向移动（会计改革第三类型）；(4) 当会计制度变迁使得两类差异变动同时变大，表明会计信息质量实质性下降，即会计改革既未实现直接目标也没有实现终极目标，改革也是失败的，原因是会计收益 > 综合收益 > 经济收益，会计改革使得会计收益向远离综合收益的方向移动（会计改革第四类型）。四种会计改革类型如图 15－3 所示（$0 < A < B < C$）。

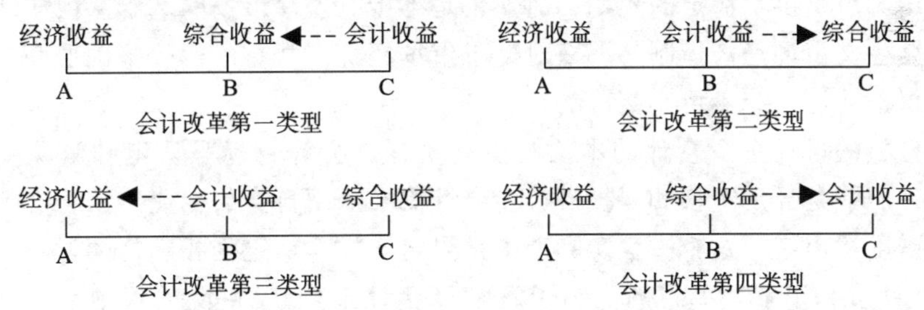

图 15－3　四种典型的会计改革类型

与会计信息价值相关性相比，这种测度会计改革成效的方法具有如下优点：(1) 避开了“资本市场有效及会计信息不传递经济后果”这一严格苛刻的条件，应用简便；(2) 避开了“新准则本身质量高”的不合理假设前提；(3) 避免了“会计信息价值相关性降低或不变归因于准则执行不力”的不合理解释；(4) 符合会计改革收益决定范式由“收入/费用”观过渡到“资产/负债”观的历史潮流；(5) 符合“会计收益逐步过渡到综合收益进而回归经济收益”这一会计改革价值取向。

第 16 章

产权保护、公允价值与会计改革

16.1 产权保护与计量基础抉择

产权给予个人自由处置资源的权利，从而为竞争性市场提供了一种基础。那么，在市场经济中，会计对财产（产权）的准确测度在维护产权主体权益方面无疑具有基础性作用。因为会计的准确测度（计量）为竞争性市场中公平、有效的市场竞争提供了稳定的预期，而这正是维持竞争性市场的基础。由于我们要建立社会主义市场经济体制，那么对处于市场经济正常有序运行基础层面的会计之产权保护功能，绝不可小觑。

在产权的世界里，会计的本质是受托责任；会计目标是认定和解除受托责任；会计职能是界定产权和保护产权。会计需要运用自身的专业技术将企业财产价值准确度量出来，这个过程实际上就是界定产权，认定受托责任的过程。认定（确认、计量和记录）的目的是为了解除（会计报告），解除的目的在于保护产权。可见，会计界定产权的最终目的是为了保护产权；产权保护的内在诉求要求会计准确界定产权。在市场经济中，会计界定产权和保护产权是微观层面的，且在整个产权保护导向的“和谐社会”体系中处于基础性地位。产权经济学家强调通过法律来界定产权归属进而控制产权和保护产权。但是，现实中会计准则和审计准则却处于民商法与经济法的基础层面，是法律制度中最切实、最具体、最具操作性和最基础的部分[①]。现代会计实践往往以会计准则（即一种产权规则）为准绳，它通过界定产权直接地对产权进行价值保护，从而内在地、间接地实现对产权的权利维护。整体而言，会计对产权的界定和保护是微观层次的、基础性的，而法律对产权的界定和保护却是宏观层次的、总括性的。两个层次的产权界定和保护都需要会计提供基础性的“真实公允”的会计信息。

那么，产权会计如何才能获得真实公允的会计信息呢？关键还是会计计量问题。Iriji（1979）认为，计量始终是会计的核心。那么财产的价值如何计量？这必然涉及计量基础[②]的选择问题。为了维护利益相关者的产权利益，使其达成重复博弈均衡结果，唯一可以被各产权主体普遍接受的计量基础就是价值计量。因为价值计量可以给所有产权主体一个“机会均等”与“规则公平”的利益分享和保护机制，能够给所有交易契约方的利益保护提供一个稳定的预期，使产权界定客观、产权保护有效。采纳价值计量基础，会计就可以较为准确地界定产权和保护产权，其认定和解除受托责任的目标也就可以圆满实现。市场经济越发展，产权保护思想越盛行，价值计量基础也就越重要。

16.2　公允价值与产权会计的对接

16.2.1　从价值计量基础到公允价值计量基础

现行会计模式中主要有两大计量基础——历史成本计量基础和公允价值计量基础。前者以历史成本为计价基准，而后者以公允价值为计价基准。历史成本主要是面向过去交易价格确认的，其提供的会计信息不能评估现在、预测未来，失去了相关性的会计信息，必将成为会计职业生存与发展的最大障碍。公允价值则是立足现在、面向未来，以决策有用为目标，能够为经济决策提供相关的会计信

① 有关这一论题的详细讨论请参见：郭道扬：《会计史研究（第 2 卷）》，中国财政经济出版社 2004 年版，第 3 页。

② 计量属性是计量客体能够用特定计量单位测定或计量某一特性或某一方面，而计量基础则是一种被选定的基准价格或计价基准（常勋，2002）。依此逻辑，历史成本计量属性也可以是公允价值计量基础的组成部分，而这正是公允价值会计模式所认同的。公允价值计量基础的实现形式有：历史成本/历史收入、现行市价、现行成本、重置成本、短期应收应付项目的可变现净值和以公允价值计量为目的的未来现金流量的现值。当然，关于计量基础的不同观点，请参见：陈美华：《公允价值计量基础研究》，中国财政经济出版社 2006 年版，第 5 - 6 页。

息。由于公允价值计量就是基于现值与价值的会计计量，因而公允价值计量基础实质上是价值计量基础的实现形式，是理想与现实的最佳耦合。采用公允价值计量基础，会计就可以比较准确地界定产权和保护产权。

在经济学中，价值就是未来现金流量的现值。经济学家认为，为找价值，应先找未来现金流量的现值（直接法）[①]，如果现值难以找到，就用现值的近似替代，包括现行成本、现行市价、短期可变现净值和符合公允价值定义的历史成本（间接法）。也就是说经济学家寻找价值遵循先直接法后间接法的路径。而在会计学家的思维中则恰恰相反。由于现值估值技术比较主观、复杂并受成本—效益原则约束，利用公允价值寻找价值时采用了先间接法后直接法的路径。但两者的终极目的都是为了获得价值。现行财务会计的计量属性主要包括历史成本（历史收入）、现行成本、现行市价、可变现净值和未来现金流量的现值。资产和负债必须有相关的计量属性；市场价格是所有计量属性的基本概念，其他计量属性如历史成本、现行成本、现行销售（脱手）价格都来自市场价格；市场价格是初始计量的基础，是会计一切计量属性的基础，是会计计量最公允的估计。可见，市场价格是公允价值定义中的核心内容。公允价值是在现行交易中的估计价格，而不是在过去交易中形成的实际价格。公允价值是一个复合的计量属性，其表现形式有：历史成本/历史收入、现行市价、现行成本、短期应收应付项目的可变现净值和以公允价值计量为目的的未来现金流量的现值。公允价值立足于当前的市场交易价格，是最贴近资产和负债真实价值的价格信息。这种信息不仅正确反映当前企业财务状况，更重要的是有利于正确预测与评估企业未来创造现金流量的能力，从而引导投资者做出正确的经济决策。因而公允价值计量基础能提供最具决策相关性的会计信息。

那么公允价值可靠吗？公允价值的可靠性问题是目前推行公允价值会计模式面临的主要障碍。一般而言，会计信息越真实公允，其可靠性越强。可靠性可用如实反映、中立性和可验证性三个指标来衡量[②]。就如实反映而言，公允价值显然比历史成本能够更准确地反映计量对象现在、未来的真实价值；就中立性而言，公允和中立本身就是两个相同或相近的概念，具有地位平等、公平交易、不偏不倚、自愿而非强迫等含义；而对于可验证性，历史成本来源于实际交易，且有据可查，其可验证性自然高于带有估计之嫌的公允价值，但公允价值可以通过

① 坎宁（Canning）1929年在《会计中的经济学》一书中提出了价值计量的直接计价法和间接计价法。

② FASB与IASB2005年至2006年的联合项目将“可靠性”用“如实反映”替代，并认为“如实反映”包括中立性和可验证性。我们认为，这种替代并不改变两者内在的本质，鉴于此，我们还是采用了国内通常的表述。

多种途径获取，也具有较高的可验证性。事实上，如实反映强调的是“结果真实”，而可验证性强调“过程真实”。就可靠性而言，“结果真实”显然优于“程序真实”[①]。市场环境的不断发育，计量技术的不断提高，公允价值的获取手段亦可以得到程序上的保证，在这种情况下，选择的天平不可避免地向公允价值一方倾斜。我们认为，公允价值会计信息坚持的是“结果真实”导向，这暗含公允价值会计信息的可靠性比历史成本会计信息的可靠性更具有产权经济意义，这是 FASB 力推公允价值会计的根本原因。

16.2.2　公允价值计量基础的产权解说

我们认为，现实中产权会计关于“财产”计价必须采用公允价值计量基础，这是由真实公允地反映产权流，维护外部产权主体财产保值、增值等正当产权利益决定的，也是由产权的激励约束功能、产权效率“三大自然基本法则”（占有的稳定性、经同意的财产转让和承诺的履践）决定的。

在经济组织问题上有两个重要的需求——投入的生产率以及对报酬的测度(计量)。这种测度的重要性在于，它能促进所有要素投入者的合作，发挥各自在专业化分工与协作中的比较优势，提高整个组织的生产率。因此，如果测度准确，报酬支付与生产要素“贡献”相一致，组织将提供生产性努力激励；反之，如果测度失误，随机支付报酬必将扭曲报酬与生产要素“贡献”之间的因果联系，破坏组织生产力，引致“猖狂”的分配性努力。可见，测度的目的就是设计出一种计量机制，使报酬符合投入的生产力，这是效率的源泉。

会计就是经济组织的一种最主要的计量机制。它通过对投入和产出进行直接测度，以使分配给要素所有者的报酬同他们的“贡献”相匹配，并使报酬的变化与“贡献”的变化步调一致。只有采纳公允价值计量，才能使两者变化的步调相一致，才能缩小支付的报酬对要素“贡献”的偏离度，才能内涵式地产生生产性努力激励，提高经济组织效率。度量和界定人们利益的准确性、维护和保证这一利益的有效性的变化，又会产生正反馈作用。各产权主体认为利益的界定、划分越是公平的，正当产权利益越是能够得到保证，那么整个社会产权利益保护就越有效，就越能促进投资增加，实现生产性努力的增长，遏制分配性努力。相反，一旦财产计价不相关，不客观公允，那么势必产生“弱势产权”和

---

① 因为“程序真实”只不过是为保证“结果真实”而采取的必要的手段，若“程序真实”无法保证“结果真实”，那么这种“真实”将毫无意义；相反，若能保证“结果真实”，至于采取什么样的程序则无关紧要。当然，在“结果真实”难以保证的情况下，确保“程序真实”是不可缺少的手段。

"强势产权"，从而导致企业产权配置错位。这种错位通过影响产权的稳定性、转让性等效率体制，形成"强势利益集团"，损失产权效率，进而损害产权公平。实证研究表明，"弱势产权"对企业再投资将产生长期的负面影响。这必然导致"弱势产权"主体投资不足，进而影响经济增长。这就是产权会计计量基础宏观经济效应的传导机制，也是产权会计抉择公允价值计量的宏观基础。另一方面，就微观层面而言，财产计价显失公允，那么对围绕财产而内化的一系列权利束（产权）的明确界定和动态调整，以便准确界定产权主体的权能和利益边界，使责权利相互制衡，那将是一句空话。公允价值计量基础通过给予所有产权主体在计量层面上的平等地位，从而给他们一个"稳定"的预期，进而为充分释放产权激励功能和提高产权效率提供重要保障。

16.2.3 公允价值计量基础的会计解读

德姆塞茨（1999）认为，在产权与价值的比较与衡量中，任何资源配置机制要为社会所接受，都必须解决好两类任务：一是不管资源如何使用，必须充分揭示资源收益的信息；二是必须促使人们认真考虑这些信息。我们认为，德姆塞茨强调了产权价值信息必须真实地、公允地、充分地予以披露，以引导投资者正确投资决策，而这正是会计反映与控制产权价值运动过程的核心内容。由此推知，经济学家正迫不及待地呼唤会计学收益趋同于经济学收益。幸运的是，理想条件下采纳全面的公允价值计量（价值计量）基础可以使会计学收益的表现形式即资金流向经济学收益（真实收益）的价值流逼近。而在历史成本计量基础下，两者存在差异的不确定性大大增加，以此为基础必将扭曲会计界定产权和保护产权的功能，进而降低产权资源配置效率。

一部会计发展史，实际上是一部对正当产权利益进行不断界定、维护和保障的历史。对正当产权利益的界定和维护是产权会计与生俱来的使命。而这又必须以价值计量为基础。所以，从更深层次上讲，追求价值计量是产权会计的内在诉求。产权会计学者认为，会计的职能是界定产权和保护产权。保护产权的依据又是什么？依据就是"产权流"。企业的价值运动又确实地表现为一种财产权利和责任的流动和变化，这种产权的流动和变化的目的无非是为了最终解除受托之责。产权流是价值流与权利流的伴生，是价值流在产权视角下更深层次的表现。产权流的静态结果以资产负债表反映，动态结果用损益表和现金流量表揭示。外部投资者以产权流信息为依据进行相关的投资决策，使会计的解除责任得以阶段性实现，从而部分实现会计的产权保护功能。由前述可知，关于产权流的计量，如果采用历史成本计量基础，产权流对价值流的偏离在所难免；如果采用价值计量即公允价值计量基础，产权流等于或无限逼近价值流。在这里，价值计量实现了公允价值会计与产权会计的对接。从价值计量这个角度讲，资金流、产权流和价值流三者本质上是一致的，并且采用全面的公允价值会计计量之后，三者金额应该相等。

16.2.4　小结：公允价值与产权会计对接模型

综上所述，我们可以构建一个基于价值计量的简单模型（见图 16－1）：

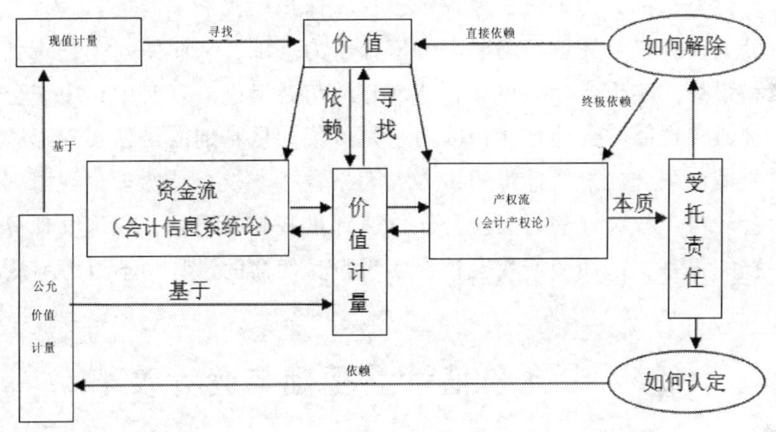

图 16－1　公允价值与产权会计对接模型

从图中可以看出，价值的量化依赖于价值计量。价值的动态形式是价值流。在会计信息系统论中体现为资金流①，在会计产权论中体现为产权流。价值计量的目的就是寻找价值，而公允价值计量就是基于价值和现值的会计计量。所以公允价值计量的最终目的还是寻找经济学中的价值。从这个角度讲，它是寻找价值手段的集合。信息系统论认为，实施了全面的公允价值计量后，资金流与价值流相等；会计产权论认为，会计目标是认定和解除受托责任，那么如何认定？我们认为，应对财产、负债和交易费用等实施全面的公允价值计量；如何解除？解除直接依赖于对价值流的揭示，包括静态的和动态的，这主要体现在“三张报表”（资产负债表、损益表和现金流量表）上，而终极依赖还是隐藏在物资流、资金

① “会计信息系统论”“会计管理活动论”和“会计控制论”中价值流均表现为资金流。为了分析的方便我们仅以“会计信息系统论”为代表，这并不影响得出的结论。

流和价值流背后更本质的东西——产权流。价值流是产权流的载体。价值计量使资金流、产权流和价值流在本质上达成一致，并且金额相等。在图 16 - 1 中，价值计量处于双重角色之中。一方面，从公允价值获取途径来讲，公允价值计量就是基于现值和价值的会计计量，其中现值计量是内含于价值计量之中的，只是为了说明直接法和间接法而将其单独列出，其最终目的还是为了寻找价值。这时公允价值是目的，价值计量是手段。另一方面，从经济学价值量化的角度来看，需要依赖价值计量。这时价值计量是目的，公允价值计量是手段。两者表面上看似乎矛盾，但实质上只是看问题的角度不同而已。其实，在价值计量中，前者就是会计学上的先间接法后直接法，后者就是经济学上的先直接法后间接法。两者最终归宿都是价值，都是为了很好地界定产权和保护产权。

综上可见，产权会计迫切需要以价值计量为基础，从而使其受托责任得到更好的认定和解除，实现会计的目标，体现它的与时俱进。现实中，由于公允价值就是基于价值和现值的会计计量，因而它是价值计量基础的最佳实现形式，是理想与现实的最佳耦合。价值计量的引入大大拓宽了产权会计的理论视野，实现了公允价值会计与产权会计的对接。公允价值计量基础的采纳，成为会计界定产权和保护产权的根基，从而使产权会计在实现自身使命的过程中不再力不从心。

16.3 公允价值计量基础与会计改革

前文从产权保护理念出发，论证了公允价值计量基础是现实中充分发挥会计界定产权和保护产权功能的最佳计量基础。会计改革问题则是由产权保护和公允价值计量基础所驱动。首先，我国《企业会计准则——基本准则》（2006）规定了五种主要的计量属性：历史成本、重置成本（现行成本）、可变现净值、现值和公允价值。《基本准则》将事实上作为复合计量属性的公允价值单独规定作为一种独立的计量属性，这对实务中理解和应用公允价值很不利，实务界可能误认为其他四种计量属性不属于公允价值。为顺利推行公允价值计量基础，我们建议未来修改《基本准则》时将公允价值的表现形式作为公允价值计量属性的补充规定。其次，《基本准则》规定：企业在对会计要素进行计量时，一般应当采用历史成本，采用重置成本、可变现净值、现值、公允价值计量的，应当保证所确定的会计要素金额能够取得并可靠计量。这表明，尽管新准则适度、谨慎地引入公允价值计量，但仍强调以历史成本计量基础为主导作为会计确认计量的指导思想。根据前面的论证，由历史成本计量基础逐步过渡到公允价值计量基础便提出了“会计改革命题”。产权保护导向会计改革的核心就是逐步推行公允价值计量基础，只有这样才能充分发挥会计的产权功能，奠定其在市场经济中“名副其实”的基础性地位。由历史成本计量基础逐步过渡到公允价值计量基础，实际上是要将会计计量由强调“成本”理念变为强调“价值”理念，关键就是会计后续计量环节对计量属性之“价值”理念的选择和切实贯彻问题。因为初始确认计量时，无论采用何种计量属性，其金额往往都是相同的。若历史成本、重置成本、可变现净值和现值能够反映后续时点计量日的公允价值（市场价格），则这些计量属性都属于公允价值计量基础的表现形式；反之，它们就是历史成本计量基础的表现形式。我们不应再传统地认定各种具体计量属性归属于哪种计量基础，因为这不符“公允价值是复合的计量属性，有多种表现形式”这一客观事实。产权保护导向的会计改革应重点关注这些问题。

总之，会计产生、发展与变革的历史，是一部对正当产权利益进行界定和保护的历史。会计要凭借界定产权和保护产权的功能，以达到认定和解除受托责任的目标，客观上需要以价值计量为基础。现实中，公允价值计量基础是价值计量的最佳实现形式，是理想与现实的最佳耦合。产权理论是推行公允价值会计的重要理论支撑。公允价值计量基础是现实中充分发挥会计界定产权和保护产权功能的最佳计量基础，它使会计真正走上追求“价值计量”和“产权保护”的道路。

第 17 章

产权保护、公共领域与会计制度变迁

产权保护导向的经济改革离不开会计对存量利益的准确计量和对增量利益的恰当反映。会计制度和审计制度是公司法中的基本制度，会计制度变迁实质上是调整财产权利的界定规则，涉及利益相关者财产权益的变更。学者对会计制度变迁的研究主要集中在会计制度变迁路径、变迁特征、变迁原因与变迁经济后果，侧重特定时期会计制度变迁分析，而忽视了从经济史演进和法律制度维度讨论会计制度变迁。此外，少数学者从会计制度“公共领域”的维度，分析了会计事项、会计信息真实性与会计履约范式，但学者并未将“公共领域”引入会计制度变迁分析之中。本章以制度变迁理论为基础，将产权保护、公共领域嵌入会计制度变迁领域，置会计制度变迁于经济史中的产权法律制度演进之中，旨在揭示会计制度变迁的必然性、变迁轨迹与变迁规律。

17.1 会计制度变迁的必然性：产权保护与公共领域

市场经济是产权经济、法制经济，我国改革开放的实质是解决社会主义市场经济体制建立过程中的产权问题。400 多年来，学者们对簿记或会计理论的研究，几乎一致是以对产权问题的研究作为出发点的。产权界定和产权保护是现代会计的两大基本职能。会计准则就是借助对会计行为的规范与约束，实现对产权的保护。正是因为会计在本质上是对财富的计量，因而在私有产权出现以后，会计可以“自觉地”被用作产权保护的特殊手段，从而使会计在产权社会中具有了产权保护的功能。

因为交易是有成本的，所以产权作为经济问题不可能被完全界定，未被完全界定的产权就被搁置在公共领域。公共领域中的财产既能扩大，也能缩小。随着商品各种属性价值的不断变化，产权的度量成本和保护成本不断增减，人们会相应地改变原来的决定，放弃某些财产，使其化作公共领域的财产，或对现有公共领域的财产进行重新界定，使之归于自己名下。若预期的收益超过预期的成本，一项制度安排就会被创新。只有当这一条件得到满足时，我们才可望发现在一个社会内改变现有制度和产权结构的企图。当在现有的制度结构下，由外部性、规模经济、风险和交易费用所引起的收入的潜在增加不能内部化时，一项新制度的创新可能获取这些潜在收入的增加。公共领域中的共有财产是潜在收益的主要来源。制度变迁的直接目的是获取公共领域中的经济租金，因为公共领域的大量存在使得制度由均衡演进到非均衡状况，这就迫切需要进行制度创新或变迁使得这种“非均衡”重新回归“均衡”。

从现实层面讲，我国会计制度变迁的本质原因是满足建立健全社会主义市场经济体制和对外改革开放的内在要求。有学者认为，会计制度变迁的理论逻辑是政府财政部门履行法律所赋予的职责，完善政府治理结构，明晰利益相关各方的产权关系而做的努力。该观点对会计制度变迁原因的探讨仅局限于政府制定会计准则模式，没有抓住问题的关键，且不具有一般性。本书认为，从产权范式维度借助“产权域秩序”和“会计域秩序”概念可以揭示会计制度变迁的内在逻辑与路径。产权域秩序是不同的产权主体以其所投入的资源为依据而对分享产权界区内“价值流”和“权利流”的份额及比重进行冲突与协调的结果，是产权博弈过程中的动态均衡。会计域秩序是利益相关者以其所投资的资源为依据而进行的利益冲突与协调的结果，是针对产权域秩序中存量和增量财产权利的计量、反映及监督规则协调而成的一致意见。产权域秩序和会计域秩序均是自生自发的动态社会秩序，会计域秩序是依据产权域秩序而生发的，这样当产权域秩序发生变化时，会计域秩序也会适时进行调整以保持与产权域秩序的一致性。只有这样，才能为会计准确界定产权和有效保护产权奠定坚实基础。

当然，源于人类的有限理性及会计域秩序以“产权域秩序”为标杆进行调整并非即时同步，会计域秩序对产权域秩序的偏离不可避免，偏离使得部分财产权利没有明确的界定规则，引致秩序层面的“公共领域”。尽管如此，会计域秩序还是动态调整的，因为随着市场经济的不断发展，一些新的交易或事项会出现，在现有会计制度没有规范的条件下，依据 CF，实务中又会形成新的会计习惯、会计习俗和会计惯例，乃至会计社会规范，这些都会被吸纳到会计域秩序中。会计的产权保护功能需要奠基于会计域秩序的会计制度来实施。会计制度是会计域秩序的制度表现，但却具有相对静止特征。一般而言，会计惯例规则是针对当前新出现的会计交易或事项的，而会计制度一旦制定就是针对“未来”，是约束未来期间会计实务处理的规则系统。因而，会计制度偏离会计域秩序就不可避免，形成制度层面的“公共领域”。

会计的公共领域溯源于会计制度偏离产权域秩序，包括秩序层面“公共领域”（会计域秩序偏离产权域秩序）和制度层面“公共领域”（会计制度偏离会计域秩序）两个完整部分，前者是会计信息先天性失真的根源，后者是会计信息规则性失真的根源。搁置在“公共领域”的产权，形成共有财产，会引致分配性努力。各产权主体为了攫取共有财产这一“经济租金”会投入消耗性资源，直至攫取共有财产的价值与投入消耗性资源的价值相等，即使得经济租金耗散至零。随着公共领域经济租金价值不断提高，共有财产权利体系中的非稳定性问题变得特别突出，当界定产权的成本小于收益时，公共领域中“共有产权”将得到重新界定，从而纳入会计域秩序中，这就要求原会计制度必须进行创新或修订以实现对新会计域秩序的高度遵从，进而内部化公共领域中共有财产的外部性，实现各产权主体个人收益率与社会收益率趋同，促进生产性努力的增长，助推市场经济健康发展。

总之，会计制度的相对静止与会计域秩序的动态生发决定了会计制度无法完全遵从会计域秩序，这使得未被界定的产权被搁置在公共领域，形成“共有财产”。当“共有财产”的价值提高以致对其界定的收益超过成本时，会计制度就必须变迁（创新或修订）以获取这种潜在利润，再次实现对会计域秩序的高度遵从，从而为产权主体提供生产性努力的激励。

17.2 经济史中的会计制度变迁：从“法律遵从型”到“金融预期型”

17.2.1 经济史中的“法律遵从型”会计制度

产权域秩序的制度化形成产权法律制度，而会计域秩序的制度化则形成会计制度。会计域秩序是依据产权域秩序生发而成，是产权域秩序中财产权利界定的细化，在产权域秩序中的生发过程中处于基础性地位。因而，会计制度也是产权法律制度运行的基础。当产权法律制度高度遵从产权域秩序且会计制度高度遵从会计域秩序时，合乎逻辑地，会计制度就会遵从产权法律制度，从而形成“法律遵从型”会计制度。人们之所以重视会计工作，是因为依据会计制度核算出来的有关企业的财务状况、经营成果和现金流量能够得到法律的认可，能够提供具有法律证据力的资产、负债和税后利润信息。法律遵从型会计制度提供的会计信息具有可靠性的根源在于“依法记账”①，这是会计学和会计工作在社会中得以安身立命的法宝。会计制度作为遵循民商经济法的规则，其特征是依民商法记录企业财产权利、债务和股东权益，依经济法（主要是税法）界定企业的收入、费用和利润，据此编报的财务报告在私法和公法层面均具有法律证明力。会计信息的可靠性是指会计提供的信息具有法律真实性、结果真实性，具有可验证性，具有法律证明力。

法律遵从型会计制度是 1973 年以前经济史中会计规范的一种常态。私人财产占有形成于原始社会末期，对私人财产的保护是奴隶制国家立法的主要精神，而会计立法则是首要的任务。

(1) 奴隶社会法律遵从型会计制度

古代西亚两河流域在公元前 3500 年左右由苏美尔人创造了楔形文字，公元前 3000—公元前 2500 年间，苏美尔人和阿卡德人建立了一批像乌尔、乌鲁克、拉格什、尼普尔等重要的城市国家，将传统的部落习惯逐渐演化为法律。约公元前 22 世纪末，乌尔纳姆统一两河流域南部，颁布了世界上第一部成文法典《乌尔纳姆法典》，涉及损害与赔偿、婚姻和继承等方面，反映出对奴隶主利益和私有制的坚决维护。公元前 18 世纪，巴比伦第六代王汉谟拉比统一了两河流域，制定了集两河流域楔形文字法之大成的《汉谟拉比法典》，其中涉及产权方面的内容有：①土地国有与有限的私有并存的土地制度，对私有土地和房屋的买卖、抵押、租赁、赠与和继承等做了明确规定；②债权法，规定债的主要形式是契约，还有侵权行为之债，重要契约必须采取书面契约形式；高度重视对借贷关系的调整，明确规定借贷利息等具体内容，确立以债务人或其家属作为人质拘留于债权人之家的债的担保制度，以保证债的履行。

古代印度作为一个文明古国，其法律传统具有深厚的哲学基础与鲜明的民族特征，其法律渊源与宗教经典密不可分，大致包括吠陀、法经和法典。与产权相关的古印度法内容有：①所有权，以土地国有制为基本制度，土地买卖和土地私有已出现，但受到限制，私人财物所有权受法律保护；②债法，因商品经济尚不

① 在大陆法系中，产权法律制度包括物权法、合同法、公司法、破产法、侵权责任法、税法等民商法和经济法；在普通法系中，产权法律制度包括财产法、契约法、信托法、公司法、破产法和侵权行为法等。

发达，契约关系较为简单，且种类少，每种契约权利义务关系并不十分明晰详尽，对契约成立的前提条件和履约进行了规范，对高等种姓的债权给予特别保护。

古希腊是欧洲最早进入文明社会、最早产生国家与法的地区。古希腊法的典型代表是雅典法。该法与产权相关的内容有：①梭伦改革中以拥有的财产为标准重新划分雅典公民等级，并按等级高低确定政治权利，其立法改革的根本原则是确认私有财产，容许土地转让与分割；②雅典规定了财产权的司法保障程序，不动产所有人对占有其不动产提起收益之诉向第一审级提出，产权的诉讼则向第二审级提出；③债的来源分为因契约而产生的债和因损害赔偿产生的债，契约之债须履行，设立担保制度，分为人格担保和实物担保两种，凡故意损害他人者，其惩罚双倍于损害程度。

古代罗马产生的罗马法是古代奴隶制社会最发达、最完备的法律体系。罗马法[①]中与产权相关的法律有：①物和物权法，物权是反映权利人直接行使于物上的权利，由法律规定，私人不得创设，包括所有权、役权、地上权、永佃权、担保物权（信托、典质和抵押）；②债是依法使他人为一定给付的法律联系，其标的是给付，债权人的请求必须以法律的规定为依据。

古代中国的夏商周时期都是奴隶制，其中西周是奴隶制鼎盛时期，其间与财产有关的法律建制有：①夏朝规定土地使用权由国王统一控制，商朝规定土地使用权归奴隶主贵族、处分权属于国王，西周实行以国王为代表的国有制；②西周立法中将债权债务处理密切结合起来，债权人在追偿债务时受法律保护，债务人有清偿债务的法定责任，凡债务方面的官司诉讼，强调以合法契约为据。

综上可见，维护财产所有权方面的法律制度在整个人类法律制度中具有根本性。产权法律制度是维护奴隶制国家政权和促进经济发展的制度装置。维护产权是维护政权的根本出发点，债权是产权的转化形式，从本质上讲，保护债权便是保障产权，对产权、债权与继承权的保障与维护也是奴隶制度时代财计立法建制的根本目标，它把这一行为落实到最具体、最切实的方面，从今往后，它都一直是经济法律制度建设中的基础部分。奴隶制时代的会计核算与报告制度有：①赋税征收和财政收支管理的会计制度。官厅会计贯彻“量入为出”的财政法则，包括户籍制度、财计入出项目制度、财计报告制度、财计牵制制度；②民间经济活动中的会计核算规范，包括放债利息计算收取规定、货币计量单位使用与物品

① 《十二表法》是罗马第一部成文法，涉及土地占有、债务、家庭、继承和诉讼等方面的法规，维护私有财产，特别详细地规定了债奴役制。而《查士丁尼法典》《学说汇纂》《法学阶梯》和《查士丁尼新律》被称为《罗马法大全》。

价格确定规定、记账以凭证为依据等。这些会计制度针对各国产权法律制度进行细化，并构成其运行的基础，是奴隶社会中会计制度遵从产权法律制度的鲜明体现。

（2）封建社会与资本主义社会法律遵从型会计制度

当人类社会进入封建社会、资本主义社会时，有关产权的立法建制仍然根源于对“产权”的维护与保障，即对产权、债权和继承权的一体化产权立法建制行为都是对封建时代和资本主义时代政治与经济环境的反映，遵循着由人类社会生产与生活过程中的产权习惯到产权习俗，由产权习俗到产权惯例，由产权惯例到产权社会规范，再由产权社会规范到产权习俗法，最后由产权习俗法到制定法的演进路径。产权法律制度本质上来讲并不是人类刻意设计的结果，而是通过建构理性主义方法遵从产权域秩序的结果。

中国封建社会早、中期的会计法律制度有上计制度、计账—户籍制度和会计报告，晚期会计制度集历代财计法律制度精华，主要有赋役征纳册籍制度和钱粮收支制度。中世纪早、中期欧洲主要国家的会计法律制度有：①法兰克王国《庄园敕令》中关于庄园会计分项核算规定、账册设置与核算规定、会计报告规定；②拜占庭帝国《市政录》中关于账簿与现金管理的规定。封建社会晚期西欧主要国家的会计法律制度有：①意大利威尼斯商业簿记制度，含复式记账、财产权益平衡关系、财产盘存制度、账簿设置、簿记试算表编制制度；②法国《商事王令》（又称《商人法典》）中规定了商人账簿设置、财产目录编制、破产清算、会计档案和使用制度；③德国商法规定必须设置的账簿有分录账、商品账和债务账；④英国有账簿设置要求、财产目录编制、簿记试算表。

进入资本主义社会之后，会计制度主要是规范复式记账会计核算方法，包括设置账户、复式记账、填制与审核凭证、登记账簿、成本计算、财产清查和编制会计报表等。这些关于会计核算的制度规范分散在产权法律体系中，如《德国商法典》《法国商法典》美国《统一商法典》《公司法》《破产法》等，还体现在专门的会计法规中，例如法国的《统一会计方案》、日本《会计法》、英美的财务会计概念框架及会计准则。这些会计制度都遵从于产权法律制度，是在基础层面界定产权和保护产权的制度安排。法律遵从型会计规则是规范社会经济秩序的必需规则，由于产权界定功能由民商法决定，收益分享功能由经济法决定，会计法规也就必然地由民商法和经济法规所共同决定。

17.2.2　经济史中的“金融预期型”会计制度

尽管法律遵从型会计制度曾一度在美国会计理论界、实务界和证券监管机构取得共识，但受联邦和州法律结构限制，在联邦层面却不可能形成稳定的法律遵从型会计制度。1973 年之后，脱离法律原则，强调金融预期的会计理论逐渐瓦解法律遵从型会计理论。学者将基于“预期”理念和“未实现”理念来运用公允价值的会计处理规则称之为金融预期型会计制度。法律遵从型会计制度的突出特征是依“法”记账，采用历史成本计量基础核算，收入费用、利得损失强调“已实现”原则；而金融预期型会计制度的突出特征是依“预期”记账，采用公允价值计量基础，收入费用、利得损失可以采用“未实现”规则。金融预期型会计制度诞生的经济环境在于虚拟经济不断发展（交易次数频繁、交易规模越来越大），而传统的历史成本会计难以提供及时、相关的会计信息，难以反映证券市场中的经济真实，从而将可以反映预期的公允价值计量引入现代会计之中。值得特别注意的是，并非公允价值计量本身都是内含未来预期的，只有在通过估值技术确定公允价值时才含有预期成分，另外在运用公允价值时，那种未实际进行交易就以公允价值发生变动为由进行会计处理，就是典型地依照“金融预期”进行会计处理。

金融预期型会计制度的典型规则有：（1）金融资产公允价值会计处理方法。交易性金融资产和可供出售金融资产全程都是采用公允价值计量，资产负债表日，公允价值变动前者计入“公允价值变动损益”，后者计入“资本公积——其他资本公积”，两者都是“理念”中的，而不是已经实现的损益或利得/损失。“公允价值变动损益”计入当年利润表，但这种利润却具有不可分配性，与公司法“利润须具有可分享性”原则相背离。另外这种会计处理因不符合“过去的交易或事项”，因而不被税法等经济法规认同。同理，“资本公积——其他资本公积”也是“未实现”的预期的所有者权益，也不代表所有者当前对其享有的剩余权益，与民商法律制度相违背。与此类似的还有投资性房地产后续计量时采用公允价值，公允价值变动也是计入“公允价值变动损益”。（2）金融资产减值和长期资产减值的会计处理。对于贷款和应收款、持有至到期投资以及不具有控制、共同控制、重大影响、公允价值不能可靠计量的长期股权投资这类金融资产而言，减值测试的标准是“账面价值与该资产未来现金流量的现值”，而后者就具有典型的金融预期性。对于具有控制、共同控制和重大影响的长期股权投资而言，其减值测试的标准是比较账面价值与可收回金额，而可收回金额的确定是“公允价值减去处置费用后的净额”与“资产预计未来现金流量的现值”两者中的较高者，其中后者含有预期因素，当可收回金额的较高者为“现值”时，相应的会计处理也含有预期因素。金融预期型会计制度中存在的对“预期”进行会计处理的部分一般不能得到法律制度的认可。

金融预期型会计理论实质上是证券市场监管机构及其主要参与者“炮制”的，旨在为证券市场发展提供支持的理论，目的是为了维持投资者的交易热情，为证券监管机构提供公众公司投资头寸的市值信息。金融预期型会计制度强化了证券市场中投资者的“决策有用”导向，因为上市公司在证券市场中的股票可以自由交易，为了鼓励投资者参与交易并维持频繁的交易频率，会计信息的相关性显得尤为重要，而引入公允价值被认为是提供相关性的关键举措。但是，其后果是助长了股市短期投机行为，漠视了长期投资的价值，这难道是证券监管机构的初衷？如此，则该规则就是为证券监管部门利益服务的。毕竟交易频率的高低和交易额度的大小是决定证券监管部门收益的关键。但是市场经济中的企业绝大部分并非上市公司，让这些公司采纳不被产权法律制度认可的金融预期型会计制度降低了会计信息可靠性，增大了税会差异调整成本。不仅仅是企业，还包括中介机构以及政府税收征管部门，是它们承担了金融预期型会计制度与产权法律制度冲突的社会成本。金融预期型会计制度具有“私益特征”，违背了“真实与公允”原则对会计制度“公益特征”的要求。

17.3　会计制度变迁的一般规律

行文至此，我们可以将会计制度变迁的一般规律总结如下：

(1) 会计制度变迁的根本原因是会计制度对会计域秩序偏离引致的“公共领域”。会计制度变迁的直接目标是实现会计制度对会计域秩序的高度遵从，终极目标是准确界定产权和有效保护产权，使得个人收益率趋同于社会收益率，促进生产性努力的增长，助推产权经济持续健康发展。

若想使进行生产性努力的人们获得他们努力的成果，必须满足两个条件：一是正确度量和界定正当利益；二是对正确度量出来的人们的正当利益进行维护和保证。有效的会计制度能够准确界定（度量）产权（正当利益），也能够有效保护（维护和保证）产权。近现代经济发展的一个重要迹象是生产性努力的增加，若要实现生产性努力的持续增加，必须实现作为度量技术替代手段的制度的进步，即制度化技术度量技术，因为单纯的技术度量是按照对象的自然属性进行的绝对度量，而市场制度度量则是按照对象的社会需求进行的相对度量。由于具有度量和界定功能的制度手段本身处于不断变化之中，不同的制度手段在界定人们利益的准确性方面存有巨大差别，于是维护和保证制度手段所规定的人们利益大致有两种不同的情况：一是制度所规定的人们利益边界和正当利益之间存在很大差距。在此制度规定下，分配性努力或掠夺被制度化了，对该制度的维护和保证就是对分配性努力或掠夺的保证。另一情况是，制度规定的人们利益边界与正当利益边界一致或接近，那么对该制度的维护和保证就是对生产性努力的维护和保证。会计制度作为一种维护市场经济有序运转的制度安排，是对会计计量技术的一种替代，当其界定的产权主体的利益边界与正当的产权利益之间存在差距时，就有一部分产权被搁置在公共领域，导致分配性努力行为。如果会计制度不及时变迁（制定或修订），就会对分配性努力进行维护和保证，从而大大降低会计制度的有效性，使得分配性努力在现行会计制度下被合法化，会计制度就成了“恶法”。分配性努力是一种严重的负外部性行为，要内部化（消除或降低）负外部性就须适时推动会计制度变迁，从而确立有效的会计制度。有效会计制度决定于会计制度对会计域秩序的遵从度。有效会计制度的标准就是界定的产权主体利益边界与正当产权利益一致，也就是准确界定产权。在该有效会计制度下，才能对正当的产权利益进行维护和保证，即有效保护产权，才能消除或降低负外部性，即内部化外部性。在有效的会计制度下，因为个人收益率与社会收益率一致，所以生产性努力会增加，经济就会持续健康发展，这是会计制度变迁的终极目标。

2. 会计制度和产权法律制度的演进遵循着由习惯到习俗、由习俗到惯例、由惯例到社会规范，再由社会规范到制度的路径。对一个国家而言，有效的会计制度应遵从有效的产权法律制度，从而实现会计制度与产权法律制度同步变迁。

会计制度和产权法律制度并不是人类刻意设计的结果，而是源于习惯、习俗和惯例，源于自发社会秩序，即会计制度作为一个人造秩序是对会计域秩序的近似与遵从。同理，产权法律制度作为一个人造秩序也是对产权域秩序的近似与遵从。会计制度维护会计域秩序，而产权法律制度维护产权域秩序。因为会计域秩序是从产权域秩序中演进而来，所以会计制度合乎逻辑地应遵从产权域秩序。对于不同国家而言，其产权主体的习惯、习俗、惯例和社会规范存在一定的差异性，因而产权域秩序也有其特殊性，这就决定了每个国家的产权法律制度拥有一定的特殊性。同理，受一个国家经济发展水平、社会意识形态和民主自由程度影响，各个国家产权主体的会计习惯、会计习俗、会计惯例和会计社会规范也存有一定的差异，即会计域秩序也有其特殊性，这决定了各个国家的会计制度存在一定的差异，这是会计制度遵从产权法律制度合乎逻辑的结果。因而，当产权法律制度发生变迁时，会计制度也应同步发生变迁才能保持会计制度的有效性；同理，当会计制度发生变迁时，表明产权法律制度体系的运行基础发生了变化，为减少新的会计制度与原产权法律制度体系的冲突，产权法律制度体系也要尽可能吸纳会计制度变迁的合理成果同步变迁。只有这样，才能使得有效的会计制度与有效的法律制度相匹配，从而实现对“产权”进行全方位式准确界定和有效保护的目标。

3. 虚拟经济的快速发展决定了“法律遵从型”会计制度演进到“金融预期型”会计制度的必然性，保护虚拟经济中产权主体的正当产权利益是这一转变的根本原因。现代市场经济体系是由“实体经济”与“虚拟经济”构成的“二元”结构经济体系，这就要求产权法律制度和会计制度对“二元结构”中的“产权”进行一体化控制。

1973 年后，法律遵从型会计制度逐步被金融预期型会计制度所替代，后者并渐成主流，但并非意味着金融预期型会计制度完全抛弃了法律遵从型会计制度，相反是在原法律遵从型会计制度的基础上引入了现值、公允价值等具有预期性质的计量属性。准确地讲，金融预期型会计制度仅仅是为了突出会计制度中引入金融预期规则而冠名之。按照本书的逻辑，由实体经济和虚拟经济构建的二元结构现代市场经济体系相应形成了涵盖实体产权和虚拟产权的二元结构产权体系，这客观上呼唤产权法律体系和会计制度对“二元”产权结构进行一体化的规制和控制。那么，一种理想的图景是产权法律制度应吸纳虚拟财产权的习惯、习俗、惯例并将其制度化至自身体系中，从而变迁至“二元结构”产权法律制度。同理，会计制度也应同步变迁到“二元结构”会计制度。二元结构会计制度应是一个混合体，其中对实体产权的规制应遵从原产权法律制度，而对虚拟产权的规制应遵从新加入的具有预期性的新产权法律规则。那么，最终的结果是变迁后的会计制度仍然是遵从变迁后的产权法律制度的。然而，现实情况下，会计制度已变迁至“二元结构”会计制度，但相应的“二元结构”产权法律制度迟迟未建立，这使得会计中界定虚拟产权的规则不能得到法律认可，导致实务中证券市场交易欺诈横行，助长了分配性努力，难以有效保护虚拟产权主体的正当产权利益。针对“二元结构”产权体系，如何进行一体化准确界定和有效保护并获得法律认可，这是当前会计学者和法律学者须深思的重大理论与现实难题，而改进财务报表列报方式是解决问题的方向。

第 18 章

产权保护、准则趋同与经济后果

35 年来，中国实现了从行政控制型经济到社会主义市场经济的转型与过渡，创造了中国奇迹，使得资源配置从“等级规则”转向“产权规则”，确立了“产权是所有制的核心”这一重要观点，形成了中国特色的社会主义法律体系。中国经济体制的改革，归根结底是解决产权问题。改革的过程实际上是明晰产权的过程。产权的载体是契约，契约的基础是产权。明晰产权需要契约及正式的制度安排予以规制。明晰产权的过程实际上就是准确界定产权，促进生产性努力增长，助推经济发展的过程。经济越发展，会计越重要。会计是一个国家乃至世界经济有序运转、持续发展的基础。会计工作是事关经济社会持续、协调与健康发展的基础性工程。我国财政部于 2006 年建成了与国际财务报告准则（IFRS，下同）趋同的企业会计准则体系（CAS，下同），包括 1 项基本准则和 38 项具体准则。自 2007 年开始，实施范围从上市公司、金融机构扩大到几乎所有大中型企业。2013 年 1 月 1 日起，按照工信部、国家统计局、发改委和财政部联合发布的《中小企业划型标准》，国内所有的大中型企业全部执行 CAS，而小企业执行《小企业会计准则》（SES）①，标志着与国际趋同的中国会计准则体系架构已经建立。

世界经济一体化的加深给各族人民带来了发展的契机，使各国经济更加紧密联系在一起的同时，也给国家的经济安全带来了挑战。2008 年爆发的金融危机不仅给全球经济秩序和金融体系带来了新的挑战，也对会计准则的制定和完善提

① 下列三类小企业需要执行 CAS：股票或债券在市场上公开交易的小企业；金融机构或其他具有金融性质的小企业；企业集团内的母公司和子公司。

出了新要求。建立全球统一的高质量会计准则有利于防范金融危机和促进经济发展，加快会计准则国际趋同的步伐是实现这一目标的重要途径。2010 年 6 月，多伦多 20 国集团峰会上，欧盟提出将继续推进金融市场改革，其中包括促进会计准则趋同。据统计，全球已有 100 多个国家要求采用 IFRS 或正在推进与 IFRS 趋同的工作。

关于会计准则国际趋同，国外学者的研究集中在不同国家之间会计准则的差异比较、会计信息决策有用性比较、采纳 IFRS 的可行性、中国 CAS 国际趋同及会计准则国际趋同程度的测量方法；国内学者则主要关注我国 CAS 与 IFRS 国际趋同的现状、必要性及未来展望，我国 CAS 与 IFRS 的规则差异、信息质量差异，会计准则国际趋同效果、影响因素以及对国际趋同的评价。可见，针对会计准则的国际趋同问题，国内外学者取得了丰硕的研究成果，但鲜有文献从产权角度讨论会计准则国际趋同的原因及趋同的会计准则与本国法律体系的冲突和协调。本章拟挖掘会计准则国际趋同的产权基础，介绍中国 CAS 趋同的最新进展，从法律制度维度揭示我国会计准则趋同的经济后果并寻求可能的解决策略。

18.1　会计准则国际趋同的产权基础

会计准则趋同的“标杆”是 IFRS，趋同的含义是本国的会计准则与 IFRS 实质上保持一致，仅仅在文字表述、结构安排和极个别特殊问题上存在差异。会计对产权的贡献与生俱来，其产生、发展和变更的根本使命是：体现产权结构、反映产权关系和维护产权意志。外部性内部化是产权与会计的联结点：外部性内部化的结果产生了“产权”；而外部性内部化的过程则催生了“会计”。产权界定和产权保护是现代会计的两大基本职能，是会计内部化外部性的两条基本途径。现实中，产权界定体现为会计的核算、定价功能；产权保护体现为会计的监督、治理功能。界定产权是为了保护产权，界定产权的准确性决定了保护产权的有效性。如何提高“准确性”，这就涉及会计准则问题。高质量的会计准则是会计实现准确界定产权的根本保障。自从产生了私有财产，财产占有者便开始寻求维护私有财产的基本路径，从今往后，产权理论与规则对会计的发展产生了决定性影响：一方面它促进会计理论与方法的发展变化；另一方面它使会计以维护和保障产权为工作的既定目标，在会计方面的法律制度构建中，无论发生何种变化，都从始至终必然以维护和保障产权作为它所规范解决的核心问题。现实中的商品交易本质上是一种产权交换，没有某种度量标准，财产权不可能建立，也不可能发生交换行为。毫无疑问，财产权的确立与界定，以及财产交易过程中的公平、合理度量及交易后结果的恰当反映都不可能离开会计制度的科学规定性。

市场经济是产权经济、法制经济，其基本特征是：竞争为他人创造价值和非人际化的等价交换。等价交换是人类历史中财产交换须共同遵守的原则。等价交换过程中财产如何度量则是会计准则需解决的重大问题。实际上，等价交换就是真实、公允地交换，这与会计信息的质量特征和会计的文化精神一脉相承。等价交换是人类自发形成的合作秩序，是市场经济良序运行的基础。当商品交换突破国界，交换中的权益之争不可避免，并成为经济国际协调中的重要主题，也是国际经济秩序的核心问题。任何一项国际经济冲突，本质上都是经济权益问题。解决这一问题的手段有政治手段乃至军事手段，旨在维护本国交换权益。这种国与国之间的交换利益之争往往是一种零和博弈，不利于世界范围内公平合理的交换秩序建立，不利于世界的稳定，不利于世界经济的持续健康发展。必须正视的问题是，任何一项经济交易，签订合同的落脚点必然涉及采用何种会计规范、会计方法，双方所关注的交易结果都必须通过协商来确定具体会计处理方法，经济权益问题的处理及分配是须反复协调才能达成的，而其中的会计协调则处于最基础、最重要的地位。事实证明，国际性或全球性经济交易越频繁、越复杂，会计协调便越来越重要。当资源在全世界范围内配置，国与国之间的交易摩擦开始凸显，如何保护各个国家的财产权益，维护自己的交换利益，降低交易成本，促进全球资源优化配置，建立一套全球公认的会计准则显得尤为迫切。这就需要一种超国家结构的准则制定机构（国际会计准则理事会—IASB，下同），将全球公认的商品交易过程中的基本会计处理习惯、习俗与惯例凝结为准则体系，从而形成一套财产权利的确认、计量与列报规范体系（IFRS）。该体系体现了市场经济国家会计习惯、习俗与惯例的共性，是 IFRS 形成的根本原因。会计准则国际趋同的产权基础是依据会计国际惯例来准确界定产权、等价交换产权和有效保护产权。该产权基础根源于市场经济中人类的相互依赖性与合作激励的意识形态。

18.2 中国 CAS 国际趋同的最新进展

为响应 G20 集团和金融稳定理事会关于建立全球统一高质量会计准则的倡议，财政部于 2010 年 4 月发布了《中国 CAS 与 IFRS 持续趋同路线图》，承诺中国 CAS 的修订、制定将与 IFRS 项目保持同步，确立了持续全面趋同战略。为了落实 CAS 和 IFRS 的趋同与等效，财政部会计司于 2008 年至 2012 年间陆续发布了《CAS 解释第 1—5 号》，对 CAS 在实际执行过程中出现的有关问题进行了补充和修订。当前，CAS 与 IFRS 相比，除长期资产减值转回一项差异外，其他实质上均与 IFRS 一致，只是在文字、结构等形式上存有一定的差异，这是由我国的政治、经济、文化和法律等特殊国情决定的。

2011 年 5 月 12 日和 6 月 16 日，IASB 发布了 4 项新的 IFRS（No. 10 合并财务报表、No. 11 合营安排、No. 12 在其他主体中权益的披露及 No. 13 公允价值计量）和 4 项修订后的 IAS（No. 1 财务报表列报、No. 19 雇员福利、No. 27 单独财务报表及 No. 28 在联营和合营中的投资）。为完善我国 CAS 体系，保持我国 CAS 与 IFRS 的持续趋同，财政部会计司在 2012 年 5—11 月陆续发布了 5 项修订 CAS 的征求意见稿和 3 项新增 CAS 的征求意见稿。其主要内容如下：

18.2.1　五项修订 CAS 的征求意见稿

（1）CAS No. 30 财务报表列报（征求意见稿）

财政部于 2012 年 5 月 31 日发布了该征求意见稿，拟修订的主要内容包括：①修订“综合收益”的有关内容。将其他综合收益项目进一步划分为“以后会计期间不能重分类进损益的其他综合收益项目”和“以后会计期间在满足规定条件时将重分类进损益的其他综合收益项目”两类区别列报。原在所有者权益变动表中反映的“综合收益”有关内容也做出相应调整，并在附注中增加有关披露内容。②整合现行规范性条款，充实完善相关内容。充实了持续经营的评价内容；明确了以权责发生制会计编制报表的相关内容，以与国际列报准则一致；明确了利得和损失项目的金额列报在原则上不得相互抵销；纳入了正常经营周期的定义；扩充了经营性负债的内容；参考我国审计准则对“重要性”的判断以及当前国际上对“重要性”概念的最新进展，进一步完善了“重要性”的定义和判断；充实了附注披露内容，如重要会计政策和会计估计的披露、报表重要项目的说明、终止经营的有关披露等。

（2）CAS No. 9 职工薪酬（征求意见稿）

该征求意见稿由财政部于 2012 年 9 月 29 日发布，拟修订的主要内容有：①充实了离职后福利的内容，新增了关于设定受益计划的会计处理规范。②充实了关于短期薪酬会计处理规范，将企业为职工缴纳的养老、失业保险调整至离职后福利中，企业向职工提供的非货币性福利统一采用公允价值计量，但公允价值无法可靠获得时，可以采用成本计量。③充实了关于辞退福利的会计处理规定。要求明确区分辞退福利与离职后福利；同时，在报告期末 12 个月内不需要支付的辞退福利应适用其他长期福利的有关规定。④引入其他长期职工福利，它包括除短期薪酬、离职后福利和辞退福利以外的所有职工薪酬，完整地规范职工薪酬的会计处理。修订后的准则将适用于短期薪酬、离职后福利、辞退福利和其他长期职工福利，涵盖了除以股份为基础的薪酬以外的各类职工薪酬。

（3）CAS No. 2 长期股权投资（征求意见稿）

2012 年 11 月 15 日财政部发布了该征求意见稿，拟修订的主要内容有：①规范了长期股权投资的范围。将“投资企业持有的对被投资单位不具有控制、共同控制或重大影响，并在活跃市场中没有报价、公允价值不能可靠计量的权益性投资”纳入 CAS No. 22 金融资产的确认和计量中处理。②为了与有关 CAS 的关键性概念保持一致，在确定“控制”“共同控制”和“合营企业”时，应按照 CAS No. 33 合并财务报表和 CAS No. 40 合营安排进行判断。

（4）CAS No. 33 合并财务报表（征求意见稿）

该征求意见稿由财政部于 2012 年 11 月 15 日发布，拟修订的主要内容有：①出台企业集团编制合并财务报表的豁免规定。除国有及国有控股企业、股票或债券已公开交易的企业、正处于公开发行股票或债券过程中的企业、金融机构或其他具有金融性质的企业以及其他需要对外提供合并财务报表的企业必须按照准则要求编制合并财务报表准则外，其他企业集团是否编制合并会计报表由企业管理层自行确定。②修改控制的定义和具体判断原则。包括改进控制的定义、引入实质性控制概念、关于拥有决策制定权利的投资者是委托人还是代理人的判断指引以及对被投资方可分割部分的控制。

（5）CAS No. 37 金融工具列报（征求意见稿）

财政部于 2012 年 11 月 21 日发布该征求意见稿，拟修订的主要内容有：①补充了权益工具的分类。允许以固定金额的任何货币换取固定数量的企业自身权益工具的配股权、期权或认股权证确认为权益工具，即外币的“固定换固定”；允许符合一定条件的可回售工具和发行方仅在清算时才有义务向另一方按比例交付其净资产的金融工具归类为权益工具。②补充了抵销的规定和披露要求。对抵销的原则进行了进一步的补充说明，并对抵销的金融工具和可执行的总互抵协议或类似协议下金融工具的披露做出了具体规定，要求企业披露相关数量信息并对抵销权利及其性质进行描述。③补充了金融资产转移的披露要求。对已转移尚未全部终止确认的金融资产以及已全部终止确认、但转出方继续涉入的被转移金融资产的披露这两种情况分别进行了规定和补充。④修改金融资产和金融负债到期期限分析披露要求。阐明了金融资产和金融负债纳入到期期限分析项目的范围，删除了要求披露金融资产到期期限分析的硬性规定，并对衍生和非衍生金融负债的到期期限分析区分不同情况处理，以减轻对衍生金融负债到期期限分析的披露要求。⑤删除了金融资产和金融负债公允价值相关的披露要求。

18.2.2　三项新增 CAS 的征求意见稿

（1）CAS No. 39 公允价值计量（征求意见稿）

该征求意见稿由财政部于 2012 年 5 月 17 日发布，主要内容包括：①明确了公允价值的适用范围，规范了公允价值定义，将公允价值定义为市场参与者在计量日发生的有序交易中，出售一项资产所能收到或者转移一项负债所需支付的价格。②明确了公允价值计量的方法和级次，将用于计量公允价值的估值技术输入值按照优先顺序分为三个层次。③企业应当对以公允价值计量的资产、负债或权益工具项目进行适当分组，并在此基础上披露公允价值计量级次、估值技术和输入值等相关信息。

（2）CAS No. 41 在其他主体中权益的披露（征求意见稿）

该征求意见稿由财政部于 2012 年 11 月 15 日发布，主要内容如下：①明确披露在其他主体中权益的目的，有助于其财务报表的使用者评估企业在其他主体中权益的性质及相关的风险，以及这些权益对企业财务状况、经营业绩和现金流量的影响。②整合并优化在子公司、联营企业、合营企业中权益的披露，统一在其他主体中权益的披露和统一主要财务信息。③增加在结构化主体中权益的披露，要求披露结构化主体的有关情况，既包括纳入合并范围的结构化主体，也包括未纳入合并范围的结构化主体。

（3）CAS No. 40 合营安排（征求意见稿）

该征求意见稿由财政部于 2012 年 11 月 15 日发布，主要内容有：①将合营安排定义为“由两方或多方共同控制的安排”，并明确仅当针对相关活动的决策需经共同控制该安排的各方全体一致同意时，才存在共同控制。②依据合营安排下各方的权利和义务将合营安排划分为共同经营和合营企业。③针对共同经营和合营企业分别规定了各参与方（包括合营者和对合营安排不享有共同控制的参与方）的会计处理方法，包括个别财务报表和合并财务报表层面。④要求首次执行的企业应当对其合营安排进行重新评估，由于分类变化导致会计处理方法改变的，应进行追溯调整。

18.3 中国 CAS 国际趋同的经济后果

经济后果是会计报告对企业、政府、工会、投资者和债权人决策行为的影响。会计准则作为会计信息生产与提供的规范，不是一种纯技术规范，而是一种界定产权和保护产权的制度安排，具有经济后果。会计是一门国际通用的商业语言。会计准则的国际趋同实质上是按国际会计惯例来界定和保护财产权利，必然涉及国际惯例与本国会计惯例的兼容性问题。那么，我国 CAS 与 IFRS 国际趋同的经济后果有哪些？下面将从正负两个层面来讨论准则国际趋同所产生的经济后果。

18.3.1 我国 CAS 国际趋同的正经济后果

（1）提高会计信息的可比性和透明度，降低海外融资成本

我国加入 WTO 以后，越来越多的企业开始走上国际经济舞台，企业跨国经营、跨国上市、跨国投资和跨国融资的现象日益增多。我国 CAS 与 IFRS 持续全面趋同，可以提高企业财务信息的可比性和透明度，使国内外会计信息使用者能够在可比较的基础上进行各项分析，极大地方便了我国企业进行各项国际经济活动。采用 IFRS 或与 IFRS 趋同的国家越多，财务报告的可比性就会越强，信息透明度就越高，从而促进了全球经贸往来和海外融资成本的降低。

（2）造就国际化卓越会计人才

自 2006 年中国 CAS 与 IFRS 实现趋同以来，国内越来越多的会计人员开始接触并熟知 IFRS，同时也逐渐具备了运用 IFRS 对相关业务进行会计处理的能力。此外，为保持与 IFRS 的持续趋同，国内准则研究人员密切跟踪并认真研究 IFRS 的各项修订和变动，分析其变动原因以及可能对我国实务产生的影响，为我国会计准则的国际化发展建言献策。这为我国持续推进会计准则国际化造就了一批卓越的会计人才。

（3）提升我国会计国际地位，降低反倾销调查概率

在国际趋同过程中，我国立足于本土国情，积极向 IASB 反馈意见，最终促成有关准则吸纳我们的建议进行了制定或修订，这为承认我国市场经济地位、提升会计国际地位奠定了坚实基础。另外，国际贸易中的反倾销调查往往依赖国际认可的会计信息，我国 CAS 与 IFRS 趋同之后，企业在应对反倾销调查时，提供

会计报表的真实性就不能被轻易否定，这会降低反倾销调查概率。

18.3.2　我国 CAS 国际趋同的负经济后果

（1）CAS 与法律制度之间的冲突及表现

财务会计的首要目标应当是以加强管理为宗旨，致力于促进实体经济发展，为企业经营管理和国民经济管理提供具有法律证据力的财务状况和经营业绩信息，而不是满足投资者的信息需求；IFRS 仅仅是适用于资本市场的游戏规则，其理论基础从最初的“法律遵从型”会计理论演化为“金融预期型”会计理论，实质上是一套金融分析规则。我国 CAS 国际趋同损害了企业会计账簿和会计报表的法律证据力，因为 IFRS 强调的不是依法记账，而是依预期记账，要求企业报告其资产和负债的公允价值信息。这样就使得公司法、证券法、税法、统计法等法律的微观运行基础被削弱，同时会计报表中大量的金融预期因素对资本监管造成了重大影响，导致监管成本加大且监管失效。

中国的法律制度属于大陆法系范畴，2005 年之前，我国会计制度“本土特色”鲜明，与 IFRS 趋同采取的是循序渐进的策略。2006 年发布的 CAS，实现了与 IFRS 的实质趋同。与此同时，中国的会计准则由“法律遵从型”转向“金融预期型”。原有的“法律遵从型”会计制度被“金融预期型”会计制度取代，必然导致产权法律制度体系的运行基础发生重大变化，使得会计制度与其他产权法律制度发生冲突，降低会计信息的法律证据力。当前存在的主要冲突有：

①严格执行会计准则生成的会计信息，其真实性仍未得到法学界的广泛认可。究其原因是“金融预期型”会计制度规范的会计处理引入了含有主观性的计量属性（如公允价值、现值、可变现净值等），使得其证明力或公信力大大降低，而法学界坚持的认定会计信息真实性的标准是“法律遵从”，主张程序理性与结果理性协同一致，这就使得会计法律制度体系正常运行所需的会计信息难以由“金融预期型”会计准则提供，易导致整个会计法律制度体系的运行基础被架空。

②会计准则与法律制度的理念发生重大分歧。与 IFRS 趋同后，会计准则的理念是决策有用，淡化了受托责任，更是漠视了会计信息的宏观经济作用。会计准则逐渐沦为市场参与主体之间的一种“游戏规则”，与法律制度一贯坚持的准确界定产权和有效保护产权的理念相背离。如将未实现的利得和损失纳入损益或所有者权益将导致该部分利润具有不可分配性以及净资产虚增，这与公司法“利润具有可分享性”以及“净资产增加不含预期”的理念相悖。

③会计准则与税收法规彻底分离。金融预期型会计准则与税收法规彻底分离的集中表现是企业所得税中应纳税所得额与会计利润之间的差异进一步扩大。税收征管的基础是“查账征收”，“账”就是会计账簿及源自账簿的报表。但目前税法中的收入、费用、应纳税所得额与会计中的收入、费用、利润在定义、包含的内容、确认标准等方面均存在较大差异，这就使得所得税的征管须在“会计利润”的基础上进行大量调整以得出应纳税所得额，无疑增加了纳税调整成本。而在“法典式会计制度”或法律遵从型会计制度中，这种调整很少或几乎没有。金融预期型会计准则导致会计核算结果不被税收法规认可，削弱了税法的运行基础。

(2) CAS 与法律制度冲突的应对策略

记账方法、民商法（主要是公司法）、经济法（主要是税法）构成了会计法规的三要素，其中只有记账方法是可以趋同的，所以我国应该在尊重本土法律制度和自主文化传统的基础上，切实完善企业会计法规体系，可考虑将会计制度融合在民商经济法律制度之中，确保会计制度与财税法、公司法的和谐一致。

理论上讲，要彻底满足投资者决策有用私人目标和法律制度社会目标，就必须采纳双重计量和双重列报：采用完全的公允价值计量基础满足投资者决策有用的私人目标，采用严格的历史成本计量基础满足法律制度的社会目标。双重列报的主旨就是在现有列报的基础上将预期成分删除从而为法律制度的正常运行提供会计信息支撑，同时扩大公允价值运用范围为投资者决策提供最相关的会计信息。这种双重计量和双重列报不仅适用于虚拟产权，也适用于实体产权。这样既可以在理论上融合“法律遵从型”会计制度与“金融预期型”会计制度之所长，也可以在实践上最大限度地满足不同的利益诉求并适当地简化会计规则、降低信息成本。此外，IFRS 的服务对象主要是证券投资者，它并未将金融稳定视为其目标。这就表明，资本监管规则应当以历史成本会计为基础，即银行业、保险业、证券业等的金融监管规则应一律采用历史成本会计信息。但是，现行准则是一个由历史成本计量基础和公允价值计量基础组成的混合计量系统。为了按照中国 CAS 提供会计信息，我们还需要按 CAS 标准来列报会计数据。基于此，未来的会计信息若要同时实现其决策有用的私人价值目标、法律所需的社会价值目标和国家要求的列报规范，须推行“三重”列报结构。

总之，趋同不是让一个国家或地区会计准则单方面向 IFRS 靠拢，而应是在会计准则制定过程中，IASB 与各国家或地区准则制定机构之间相互沟通、相互借鉴、相互认可。虽然我国会计准则国际趋同会不可避免地导致国内、国际经济利益的重新分配，直接或间接地影响我国的经济利益，但总地来看，趋同的利终归是大于弊的。我国应在“趋同是方向、趋同不等于等同、趋同是过程、趋同是互动和趋同是新的起点”的指引下，充分考虑本土国情，通过积极参与 IFRS 制定各层面机构的工作和在技术层面与 IASB 建立多层次的交流与沟通机制，在 IFRS 的制定和修订中积极争取发展中国家、新兴经济体的发言权，实现我国 CAS 与 IFRS 持续全面趋同。

第19章

会计准则国际趋同提升了资本市场效率吗？——来自“一带一路”亚洲地区主要资本市场的经验证据

会计准则的国际趋同最早可以追溯到20世纪70年代，国际会计准则委员会（IASC）制定的国际会计准则（IAS）。进入21世纪后，随着经济全球化的进一步发展，会计作为一种国际通用的商业语言，其国际趋同问题越来越受到重视（郭道扬，2013）。2001年4月，IASC改组成为国际会计准则理事会（IASB），在其成立章程中宣称，他们的目标是“制定一套高质量、可理解、可执行的全球会计准则，并促使其采用和严格的应用，实现各个国家会计准则与国际财务报告准则（IFRS）的趋同”。在此目标的指导下，IASB加大了向全球推广其制定发布的高质量的国际财务报告准则（IFRS）的力度，并取得了重大进展。尤其是2008年全球金融危机的爆发后，二十国集团（G20）峰会和金融稳定理事会（FSB）倡议建立全球统一的高质量会计准则，着力提升会计信息透明度，将会计准则的重要性提到了前所未有的高度。到目前为止，全球主要的国家和地区都已经直接采用了IFRS（有些是与之趋同的会计准则），或者宣布了会计准则国际趋同的计划。这场会计准则国际趋同的浪潮可以说是会计发展史上最为重要的变革之一，它带来的经济、政治、文化等各方面社会影响目前还无法全面估计。

面对这场大变革，各国学者从不同角度对其经济后果进行了深入研究和讨论，如资本市场的反应、对会计信息质量（包括透明度、可比性等方面）的影响、对资金成本和企业价值的影响等。但从相关文献来看，目前关于会计准则国际趋同对资本市场效率影响方面的研究却非常少，而效率问题是资本市场研究最为本质的问题之一，会计准则国际趋同对资本市场各方面的影响最终会反映在市场效率上来。

中国对会计准则国际趋同的最初需求来自改革开放初期吸引外资的需要，因此在过去的 30 多年里，我国会计准则一直处在向市场化、国际化方向演进的过程中。2013 年 9 月和 10 月，习近平总书记在出访中亚和东南亚国家期间，先后提出共建“丝绸之路经济带”和“21 世纪海上丝绸之路”（以下简称“一带一路”）的倡议，使得中国从来没有像现在这样对会计准则国际趋同有着强烈的需求。通过“一带一路”的建设，加强对亚洲地区基础建设的投资，不同于以往我国企业开拓海外市场，也不是对第三世界国家无偿的经济援助，而是由中国主导的洲际开发合作框架。当然，面临亚洲复杂的国际投资环境，我国需要国际趋同的会计准则作为润滑剂来减少交易费用。

19.1　会计准则变迁与渐进有效的资本市场

资本市场的效率，即市场价格对信息及时、充分、准确的反映，对其最早的研究可以追溯到 1900 年法国数学家巴舍利耶（Bachelier）对价格序列的随机游走刻画，但真正对资本市场运行机制和投融资理论产生重大影响的还是法玛教授提出来的“有效市场假说”，如果有价值的信息能够迅速地、无偏见地在证券价格中得到反映，那么证券市场就是有效的。根据不同信息对证券价格冲击的不同，法玛将资本市场效率分为弱式有效、半强式有效和强式有效三个层次。如何判断资本市场是否有效，关键在于判断证券价格的波动是否满足某种随机过程，大量学者沿着该思路，在不断的证实和证伪中发展完善了有效市场理论，逐渐形成了一套较为系统完备的研究框架和方法体系，代表着现代金融学的一个主要研究方向。但是，有效市场假说似乎也暗示市场效率是资本市场的某种固定特性，一般不受其他因素影响，在较长的时间内不会发生变化。然而近年来越来越多的研究却发现，资本市场的效率更可能是动态发展的过程。例如，著名华裔金融学家罗闻全把生物进化论的原则应用于金融研究，提出了一种全新的解释框架，即“适应性市场假说”（Adaptive Market Hypothesis，简称 AMH）。该假说认为，市场效率不是凭空评估的，而是高度依赖环境且动态发展的，正如自然界里昆虫数量的变化，是季节、天敌数量、同类昆虫数量以及它们适应环境变化能力的函数一样。

那么，哪些因素的变化可以影响资本市场的效率呢，它们的影响到底有多大？很多学者开始研究某些具体制度建设对资本市场效率的影响。例如，Freund 等人（1997）比较了实施电子交易系统前后多伦多股市效率的变化、Chang 和 Ting（2000）比较了在不同涨跌幅限制期间台湾地区股市效率的变化。在这些可能影响市场效率的因素中，信息披露制度举足轻重，是现代资本市场形成的必要条件之一。其中，会计信息是上市公司必须披露的重要内容，由于它直接关系到上市公司的盈亏情况，因而最受投资者和潜在投资者的关注。上市公司定期或不定期将其经营过程和财务成果进行披露，投资者通过对这些会计信息消化吸收、分析比较，做出买进或卖出股票的理性决策，从而形成股票（资本）的合理流动，实现资源的有效配置。

但是，资本市场上的投资者和潜在投资者对会计信息的需求具有多样性，会计信息的披露不可能予以全部满足，只能根据客观的市场需求和广大用户的基本特征，按照一定的规范和约束，公开披露具备相关性、可靠性、及时性、可比性等质量特征的会计信息。在英美等早期资本市场上，会计信息没有受到任何规范，每一家企业自己决定怎样进行会计记录，也不用向其他企业或社会公众披露所采用的会计政策，这最终导致 1929 年美国股市的大崩溃。这场影响深远的股灾使得美国从 20 世纪 30 年代开始成立专门的机构，根据客观的市场需求和广大用户的基本特征，制定统一的社会公认的会计准则，可见会计准则的建立就是出于降低交易费用、提高资本市场效率的目的。从此以后，会计准则促进着资本市场效率的提高，而资本市场的发展又要求会计准则进一步完善，两者相互促进、共同发展。例如 20 世纪 80 年代后期美国存款储蓄行业的金融危机促进了公允价值会计的发展，公允价值会计的发展又使金融工具及衍生金融工具的价值和风险得到更充分的披露，有利于相关投资者获得更有效的信息，进而提升了资本市场的配置效率。

1997 年亚洲金融危机、2001 年安然事件、2008 年全球金融危机，这一系列事件的爆发似乎正在说明，随着经济全球化的发展，仅在某一个国家内部实施统一的会计准则已经不够，其国际趋同已经势在必行。那么，会计准则的国际趋同如何对资本市场效率产生影响呢？我们认为，至少可以从三个方面对资本市场的效率产生影响：第一，高质量的会计准则提高了会计信息的质量。一般认为，IFRS 比传统的会计制度、会计准则更符合现代资本市场的需求，是一套高质量的会计准则，对维护会计信息质量有着重要的作用。第二，国际趋同增加了会计信息的可比性。当全球大部分国家或地区的企业都按照同一标准来编制财务报表时，会计信息的可比性大大增强，有利于消除信息障碍，在更大范围内配置资源。第三，促进上市公司治理水平的提高。在上市公司在执行 IFRS 的同时，无形地也带动了企业管理水平的提高，公司透明度增加，进而还可能改善整个市场投融资环境、培养全社会的契约精神，尤其是对那些市场经济还不发达的国家或地区。

然而，从相关实证研究的结论来看，会计准则国际趋同对资本市场效率的影响并不十分确定，其作用的发挥与其实施的环境有很大的关系。例如，Li (2010) 发现强制执行 IFRS 后，欧盟国家上市公司的权益资本成本显著下降，但是成本降低只是发生在法律执行力较强的国家。Daske 等（2008）对 26 个强制实施 IFRS 的国家的 310 家上市公司进行研究，发现在 IFRS 的引进期间，市场流动性提高了，但是他们也发现这些结果的出现需要以下条件：公司愿意使用 IFRS、法律的执行力较强、公司希望提高自己的透明度、公司的管理依赖于高质量的财务报告等。可见，资本市场的效率是诸多制度因素共同作用的均衡，它的提升有赖于资本市场整体环境的改善，仅仅改善会计准则的作用有限。不过这些研究大多以西方成熟的资本市场为背景，而亚洲各地资本市场在规模、开放程度和成熟度等方面存在较大差异，既有制度成熟的新加坡股市，也有尚未达到半强式有效的印度、马来西亚等股市，还有中国这种建立在转型经济基础上的新兴股市。南亚、东南亚地区是“一带一路”经济建设的重要地区，他们会计准则国际趋同情况如何，是否提升了资本市场效率，需要我们进一步实证检验。

19.2　实证检验

19.2.1　检验方法

从理论上说，有效市场上的价格是随机游走而不可预测的，那么其收益率时间序列就应该是序列不相关的，也就是说收益率时间序列的自相关系数应该等于 0。因此学术界往往把基于过去收益的收益可预测性作为判断市场有效程度的指标，当市场处于无效状态时，市场的可预测程度高，那么自回归系数就会显著异于 0，但如果我们观测到市场的自回归系数逐渐收敛于 0，则说明市场的预测能力逐渐消失，市场变得有效了。为了计算股价收益率时间序列的自相关系数，我们采用了 Zalewska - Mitura 和 Hall（1999）提出的一种以卡尔曼滤波分析为基础的时变参数模型（time - varying parameter model）的检验方法，Rockinger 和 Urga

（2000）对该方法进一步完善，最终形成的状态空间模型如下：

$$r_t = \beta_{0t} + \sum_{i=1}^{p} \beta_{it} r_{t-i} + e_t \qquad e_t \sim N(0, h_t) \tag{19.1}$$

$$\beta_{i,t} = \beta_{i,t-i} + u_{i,t} \qquad u_{i,t} \sim N(0, \sigma_i^2) \tag{19.2}$$

$$h_t = \gamma_0 + \gamma_1 e_{t-1}^2 + \gamma_2 e_{t-1}^2 D_{t-1} + \gamma_3 h_{t-1} \tag{19.3}$$

D_{t-1}为哑变量，如果 $e_{t-1} < 0$ 则取值1，否则取值0。

其中，（19.1）式是一个自回归模型，r_t 表示资本市场在时间点 t 的收益率，它可分解为三部分：时间序列的截距 $\beta_{0,t}$，反映时间序列的长期趋势；预测项 $\beta_{i,t} r_{t-i}$，反映回报率中可根据历史信息预测的部分；白噪声误差项 e_t，反映回报率中不能被一般趋势和可以预测部分解释的内容。如果自回归系数 $\beta_{it} = 0$，那么 $r_t = \beta_0 + e_t$，由于 β_0 和 e_t 都不包含过去的信息，所以根据过去的信息无法预测未来的收益，也就达到了 Fama 定义的弱式有效。（19.2）式表明它是一个随机游走的过程。（19.3）式是为了克服金融时间序列中常见的异方差问题，而对 e_t 的波动进行的条件限制。考虑到一般情况下，坏消息对股价的冲击更大，本书采用的是不对称的 TARCH 模型，好消息（$e_{t-1} > 0$）对条件方差的影响为 γ_1，而坏消息（$e_{t-1} < 0$）的影响为 $\gamma_1 + \gamma_2$。这三个方程构成一个完整的状态空间模型，通过卡尔曼滤波技术（Kalman filter），我们可以得到自回归系数 $\beta_{i,t}$ 的时间序列。在市场初期，$\beta_{i,t}$ 可能显著异于0，但如果我们观测到 $\beta_{i,t}$ 向 0 收敛并变得不显著，则说明市场的预测能力正在逐渐消失，而这个收敛的过程也就是市场有效程度逐渐提高的过程。

这种方法提出来以后，被广泛应用于新兴股票市场的渐进有效性的检验，如 Jefferis 和 Smith（2005）对非洲、Dobija 等（2010）对波兰的股票市场的检验。张兵、李晓明（2003）运用此方法研究了中国股市有效性的动态研究过程，Xiao – Ming Li（2003a、2003b）则进一步分析了影响收敛过程中的制度因素变化所起的作用。李学峰等（2012、2013）利用 $\beta_{i,t}$ 的均值对资本市场有效性程度进行度量，研究了各种因素对市场效率的影响。本书也用 $\beta_{i,t}$ 来表示资本市场效率，通过对比会计准则国际趋同前后的变化，来判断会计准则国际趋同的影响。

19.2.2 数据来源

我们选择了“一带一路”亚洲沿途各国（地区）4 个主要资本市场作为研究对象，其中既有发达的资本市场，如新加坡，也有新兴资本市场，如中国大陆、印度、马来西亚。其余还有一些重要的股市，如印尼、菲律宾股市，因还没有实现会计准则的国际趋同，所以没有列入研究样本。选用的4个资本市场的基本情况见表19-1。

表19-1　　亚洲主要资本市场会计准则国际趋同时间一览表

国家或地区	股指代码	股指简称	执行IFRS的日期
中国大陆	HS300	沪深300指数	2007.1.1
印度	SENSEX	印度孟买30指数	2011.4.1
马来西亚	KLSE	吉隆坡综合指数	2012.1.1
新加坡	STI	新加坡海峡时报指数	2012.1.1

从表19-1我们发现，这些资本市场执行IFRS的时间相对于欧洲国家来说比较晚一点，其中中国大陆从2007年开始执行与IFRS基本趋同的会计准则；印度要求上市公司在2011年4月采用与IFRS趋同的印度财务报告准则编制财务报告；马来西亚从2012年起开始执行IFRS；2012年实现完全趋同的新加坡财务报告准则在新加坡证券交易所所有上市公司中推行。当然，这几个资本市场向IFRS趋同的程度是不同的，有些直接采用IFRS，如新加坡等；有些则只是与其趋同，根据本国经济特点、历史文化传统等情况进行了调整，如中国、印度等，但是本书认为这两种情况没有实质性差别，是完全等效的，事实上中国等国家与IFRS趋同的会计准则也得到了国际社会的认可。

我们通过对比其会计准则国际趋同前后市场效率的演进情况，当然在这段时间里这些资本市场没有其他显著影响市场效率的事件发生。我们采用综合指数日收盘价的对数收益率进行分析，因为综合指数对反映资本市场的整体运行情况有很好的代表性，其定义为：

$$r_t = \ln\left(\frac{p_t}{p_{t-1}}\right) \times 100 \tag{19.4}$$

其中，r_t 表示日期t的对数报酬率，p_t 表示综合指数日期t的收盘价。研究过程中所用到的相关数据都来自CSMAR国泰安国际指数数据库。

19.2.3 实证结果及分析

根据（19.1）、（19.2）、（19.3）式组成的状态空间模型，令 $p=2$，运用EVIEWS8.0进行卡尔曼滤波和TARCH模型分析，结果见表19-2和表19-3。表19-2是窗口期为一年的检验结果，从中可以发现会计准则国际趋同对马来西亚股市的影响最符合理论预期：对比Panel A和Panel B中相关系数的变化情况，

TARCH 调整之前 β_{1t} 的绝对值从 0.0970 下降到 0.0588，β_{2t} 的绝对值从 0.0663 下降到 0.0320；而 TARCH 调整之后的结果中，β_{1t} 的绝对值从 0.4508 下降到 0.4135，β_{2t} 的绝对值从 0.6148 下降到 0.1622，说明会计准则国际趋同后马来西亚股市收益率的一阶、二阶自相关系数都更收敛于 0，股市的可预测性降低，效率提高。而 TARCH 方程检验结果中系数 γ_0 至 γ_3 的显著性也降低了，可见 TARCH 效应减弱，进一步说明资本市场的效率有所提高。其次，对新加坡、印度股市检验的结果中，除了个别系数不符合预期以外，大部分系数的绝对值在会计准则国际趋同后都有所降低，说明会计准则国际趋同对股市效率的提高有促进作用。然而令人难以解释的是，中国大陆的检验结果却与理论预期完全相反。在其检验结果中，自相关系数 β_{1t} 和 β_{2t} 的绝对值不降反升，显著性也没有明显降低，TARCH 效应也没有减弱，这些似乎都在说明会计准则国际趋同对中国股市没有显著的促进作用，反而使中国股市效率下降。

表 19－3 是两年窗口期的检验结果，放宽时间间隔后会计准则国际趋同的效果发生了明显变化。首先，会计准则国际趋同的效果在新加坡股市逐渐得以发挥，趋同前的 β_{1t} 和 β_{2t} 都大于趋同后相应的系数值，TARCH 效应也有减低，对比一年窗口期的检验结果，我们发现随着时间的推移会计准则国际趋同对新加坡股市效率提高的促进作用越来越大。其次，在对马来西亚的检验结果中，TARCH 调整前 β_{1t} 降低了，但 β_{2t} 却有所提高，而 TARCH 调整后变得相反，β_{1t} 提高了，但 β_{2t} 却降低了。在对印度的检验结果中，TARCH 调整前的卡尔曼滤波的结果符合理论预期，但 TARCH 调整后却变得不符合了。可见，扩大窗口期后，对这两国股市的检验结果变差了，说明会计准则国际趋同的效果减弱了。然而，对于中国股市的检验结果仍不能令人满意，不过我们还是发现了微弱的改善迹象，TARCH 调整后 β_{2t} 的绝对值从 1.5177 降低到 0.3810。

从以上分析可以发现，国际会计准则作用的发挥与其实施的环境有很大的关系。新加坡股市一直以其高效开放的商业环境、严明的法律环境以及稳定的政治环境而著称，显然这有利于国际会计准则作用的发挥，并且随着时间推移其作用越来越大。而印度和马来西亚的市场环境没有那么完善，会计准则的作用没有那么显著。在刚引入国际会计准则的第一年，高质量的会计准则对股市效率有一定的促进作用，不过其作用不断减弱。从检验结果也可以发现，会计准则国际趋同对中国股市似乎没有明显的作用，我们认为这可能是因为中国股市特殊的转轨经济制度背景造成的，国际会计准则可能并不适应中国的经济环境。

表 19-2　会计准则国际趋同一年窗口期的渐进有效检验结果

市场	卡尔曼滤波结果	TARCH 调整后卡尔曼滤波结果	TARCH 方程结果
Panel A：趋同前一年资本市场渐进有效检验结果			
中国大陆	$r_t = 0.3240 + 0.0068r_{t-1} - 0.0157r_{t-2} + e_t$ (817.39)*** (16.58)*** (-62.03)***	$r_t = 0.7573 - 1.040r_{t-1} - 0.2891r_{t-2} + e_t$ (18.04)*** (-1.32) (0.33)	$h_t = -0.0262 + 0.0478e_{t-1}^2 - 0.1066e_{t-1}^2D_{t-1} + 1.0245h_{t-1}$ (-1.09) (2.44)** (-4.05)*** (47.02)***
印度	$r_t = 0.0395 - 0.0500r_{t-1} - 0.0514r_{t-2} + e_t$ (98.35)*** (-100.6)*** (-141.07)***	$r_t = -0.3869 - 0.4578r_{t-1} - 0.2999r_{t-2} + e_t$ (-0.83) (-0.72) (1.14)	$h_t = 0.1484 - 0.0563e_{t-1}^2 + 0.2774e_{t-1}^2D_{t-1} + 0.8029h_{t-1}$ (2.06)** (-0.98) (2.33)*** (8.60)***
马来西亚	$r_t = 0.0041 + 0.0970r_{t-1} + 0.0663r_{t-2} + e_t$ (13.77)*** (183.25)*** (157.75)***	$r_t = -0.0218 + 0.4508r_{t-1} - 0.6148r_{t-2} + e_t$ (-0.05) (1.27)* (-0.66)	$h_t = 0.0057 - 0.0460e_{t-1}^2 + 0.1574e_{t-1}^2D_{t-1} + 0.9457h_{t-1}$ (4.06) (5.62)*** (4.29)*** (53.17)***
新加坡	$r_t = -0.0619 - 0.0593r_{t-1} - 0.0827r_{t-2} + e_t$ (-1837.9)*** (-352.02)*** (-2752.0)***	$r_t = -0.3063 + 0.3203r_{t-1} - 1.0528r_{t-2} + e_t$ (-0.52) (1.06) (-1.28)*	$h_t = 0.0312 - 0.0552e_{t-1}^2 + 0.0640e_{t-1}^2D_{t-1} + 0.8857h_{t-1}$ (1.85)* (-0.96) (1.06) (24.18)***
Panel B：趋同后一年资本市场渐进有效检验结果			
市场	卡尔曼滤波结果	TARCH 调整后卡尔曼滤波结果	TARCH 方程结果
中国大陆	$r_t = 0.4209 - 0.0086r_{t-1} - 0.0594r_{t-2} + e_t$ (2996.97)*** (-37.85)*** (-1042.43)***	$r_t = 0.3893 - 1.154r_{t-1} - 0.8843r_{t-2} + e_t$ (2.55)** (-2.31)** (1.64)*	$h_t = 2.2034 - 0.2089e_{t-1}^2 + 0.3236e_{t-1}^2D_{t-1} + 0.6021h_{t-1}$ (3.08)*** (-29.17)*** (5.10)*** (4.40)***
印度	$r_t = -0.0388 - 0.0017r_{t-1} + 0.0447r_{t-2} + e_t$ (-104.30)*** (-3.63)*** (153.94)***	$r_t = -0.1548 - 0.0543r_{t-1} - 0.6347r_{t-2} + e_t$ (-0.48) (-0.16) (-1.56)	$h_t = 0.0134 - 0.0606e_{t-1}^2 + 0.0878e_{t-1}^2D_{t-1} + 1.0105h_{t-1}$ (1.14) (-5.20)*** (3.26)*** (511.98)***
马来西亚	$r_t = 0.0366 + 0.0588r_{t-1} + 0.0320r_{t-2} + e_t$ (1277.23)*** (811.95)*** (502.25)***	$r_t = -0.1790 - 0.4135r_{t-1} - 0.1622r_{t-2} + e_t$ (-0.42) (-0.93) (-0.52)	$h_t = 0.0856 - 0.0752e_{t-1}^2 + 0.1889e_{t-1}^2D_{t-1} + 0.3849h_{t-1}$ (1.93) (0.69) (1.42) (1.39)
新加坡	$r_t = 0.0632 + 0.0602r_{t-1} + 0.0343r_{t-2} + e_t$ (201.45)*** (91.76)*** (69.85)***	$r_t = 0.4601 + 0.0217r_{t-1} + 0.0932r_{t-2} + e_t$ (1.97)* (0.06) (0.24)	$h_t = 0.4877 - 0.0774e_{t-1}^2 + 0.0203e_{t-1}^2D_{t-1} - 0.1716h_{t-1}$ (1.93)* (-1.57) (0.29) (-0.26)

注：括号里为 z 值。*、**、*** 分别表示通过 10%、5% 和 1% 的显著性检验。

表 19-3　会计准则国际趋同两年窗口期渐进有效检验结果

市场	卡尔曼滤波结果	TARCH 调整后卡尔曼滤波结果	TARCH 方程结果
Panel A：趋同前两年资本市场渐进有效检验结果			
中国大陆	$r_t=0.1641+0.0317r_{t-1}+0.0243r_{t-2}+e_t$ (489.11)*** (69.72)*** (100.85)***	$r_t=0.0354-0.3125r_{t-1}-1.5177r_{t-2}+e_t$ (0.11) (−0.93) (−5.84)***	$h_t=0.0131+0.0599e_{t-1}^2-0.0615e_{t-1}^2D_{t-1}+0.9592h_{t-1}$ (0.95) (3.43)*** (−3.83)*** (51.75)***
印度	$r_t=0.1396+0.0661r_{t-1}+0.0743r_{t-2}+e_t$ (458.08)*** (131.57)*** (−379.19)***	$r_t=0.5824+0.0047r_{t-1}+0.1364r_{t-2}+e_t$ (5.34)*** (0.01) (0.52)	$h_t=0.0353-0.0061e_{t-1}^2+0.2123e_{t-1}^2D_{t-1}+0.8709h_{t-1}$ (2.71)** (0.32) (3.78)*** (35.5)***
马来西亚	$r_t=0.0564-0.0353r_{t-1}-0.2367r_{t-2}+e_t$ (185.73)*** (−56.43)*** (−1198.61)***	$r_t=0.1760-0.2307r_{t-1}-0.0047r_{t-2}+e_t$ (0.83) (−8.14)*** (−0.24)	$h_t=0.0024-0.0467e_{t-1}^2+0.1046e_{t-1}^2D_{t-1}+0.9868h_{t-1}$ (2.4)** (−696.75)*** (112.26)*** (906.17)***
新加坡	$r_t=-0.0124+0.1580r_{t-1}-0.0451r_{t-2}+e_t$ (−41.32)*** (315.69)*** (−146.41)***	$r_t=0.0240+0.6111r_{t-1}+0.1908r_{t-2}+e_t$ (0.069) (1.98)** (0.49)	$h_t=0.0335-0.0142e_{t-1}^2+0.1346e_{t-1}^2D_{t-1}+0.8778h_{t-1}$ (3.28)*** (0.55) (3.81)*** (33.97)***
Panel B：趋同后两年资本市场渐进有效检验结果			
市场	卡尔曼滤波结果	TARCH 调整后卡尔曼滤波结果	TARCH 方程结果
中国大陆	$r_t=-0.0266-0.0289r_{t-1}-0.0360r_{t-2}+e_t$ (−86.26)*** (−86.42)*** (−324.07)***	$r_t=0.1471-1.4639r_{t-1}+0.3810r_{t-2}+e_t$ (0.84) (−3.10)*** (1.90)*	$h_t=0.4211+0.0068e_{t-1}^2+0.0806e_{t-1}^2D_{t-1}+0.8907h_{t-1}$ (2.24)** (0.28) (2.62)*** (21.7)***
印度	$r_t=-0.0045+0.0268r_{t-1}+0.0562r_{t-2}+e_t$ (−15.11)*** (42.34)*** (197.96)***	$r_t=-0.3290-0.5544r_{t-1}-0.2400r_{t-2}+e_t$ (−1.21) (−3.53)*** (−0.45)	$h_t=0.0054-0.0422e_{t-1}^2+0.0867e_{t-1}^2D_{t-1}+0.9932h_{t-1}$ (2.41)** (−3.90)*** (4.94)*** (198.95)***
马来西亚	$r_t=0.0377+0.1206r_{t-1}-0.0434r_{t-2}+e_t$ (123.35)*** (149.97)*** (−72.11)***	$r_t=0.1118+0.0418r_{t-1}-0.2120r_{t-2}+e_t$ (0.257) (0.096) (−0.643)	$h_t=0.1274+0.0437e_{t-1}^2+0.5777e_{t-1}^2D_{t-1}+0.2326h_{t-1}$ (6.7)*** (0.9) (5.17)*** (2.68)***
新加坡	$r_t=0.0310+0.1183r_{t-1}+0.0376r_{t-2}+e_t$ (102.8)*** (165.8)*** (79.32)***	$r_t=0.4590+0.2968r_{t-1}+0.1301r_{t-2}+e_t$ (2.19)* (0.81) (0.39)	$h_t=0.0210+0.0002e_{t-1}^2+0.0907e_{t-1}^2D_{t-1}+0.8942h_{t-1}$ (2.6)** (0.009) (2.77)** (21.8)***

注：括号里为 z 值。*、**、*** 分别表示通过 10%、5% 和 1% 的显著性检验。

19.3　结论

本章从宏观视角出发，研究会计准则国际趋同对资本市场效率的影响，丰富了我国相关研究文献。我们发现，趋同效果的发挥与其实施的环境有很大的关系，市场经济越完善的国家和地区越需要国际趋同的会计准则，趋同的会计准则也更能发挥作用，而市场经济不发达的国家会计准则的作用有限。这对我国正在实施的“一带一路”倡议有着重要的意义：

首先，“一带一路”倡议的提出和实施意味着中国资本将以一种全新的姿态出现在国际市场。以前是招商引资，而现在是来寻找投资项目，除了直接投资的方式以外，在不久的将来我国股市很可能会开放国际板，允许外国企业到中国资本市场上来进行筹资。但我们发现目前以欧美发达国家主导的国际会计准则可能并不完全适合我国国情，这就要求我们重新认识和定位会计准则国际趋同对我国经济发展的意义和目标，不仅能适应国际会计准则，而且要在国际会计准则的制定过程中获得更大的话语权。

其次，加强对“一带一路”沿途国家会计制度的比较研究，是顺利实施“一带一路”倡议的必要条件。“一带一路”沿途国家的经济发展水平、对外开放的程度以及文化背景都有显著差异，因而也产生了不同的会计发展环境，导致其在实现会计国际趋同时选择了不同的趋同层次，制定出有差异的会计准则，这些都会对该国的投资理财环境、外国资本的进入造成不同程度上的影响。彼此了解是合作的基础，在对“一带一路”沿途各国会计发展环境、会计准则制定模式、会计准则内容进行比较的基础上，合理地评价各国会计发展水平，确定各自的异同，并进一步寻求一个交易成本最小的会计合作与发展的模式，是保障“一带一路”倡议顺利实施的重要保障，也是我们会计人员的职责。

第 20 章

产权保护、二元准则与适应性效率

2011 年 10 月 18 日，财政部发布了《小企业会计准则》（SMS），自 2013 年 1 月 1 日起开始在小企业中施行，鼓励小企业提前采纳执行。该准则旨在规范小企业会计确认、计量、记录和报告行为，促进小企业可持续发展，充分发挥小企业在国民经济中的重要作用。这是继 2006 年 2 月 15 日财政部发布“1 项基本准则 +38 项具体准则”《企业会计准则》（CAS），实现与 IASB 国际财务报告准则（IFRS）趋同之后，再次与 IASB 发布的中小实体财务报告准则（SMEs）趋同。IASB 认为，SMEs 被设计用来满足中小实体（主要是中小企业）的需求，中小规模实体在全世界大约占 95% 的比例，与 IFRS 和许多国家的 GAAPs（公认会计原则，即会计准则）相比，SMEs 适当简化。这种简化有利于降低执行 SMEs 的成本，获取制度变迁的收益。至此，“CAS + SMS”体系的发布，标志着中国企业会计准则体系正式建成。学者们在针对大中型企业的会计准则研究中，倾注了大量心血，研究主要集中在以下几个方面：一是研究准则执行及其与盈余管理的关系；二是研究准则趋同、差异及其经济后果；三是利用 Easton 和 Harris（1991）收益模型、Barth 和 McNichols（1994）和 Francis 和 Schipper（1999）模型以及 Ohlson（1995）剩余收益定价模型检验会计信息的价值相关性；四是探讨会计准则制定、法律环境与会计履约。但是，限于数据约束对实证研究的制约，学者们对小企业会计准则的关注明显不足，主要针对小企业界定、小企业会计准则目标、小企业会计准则制定模式、小企业会计准则制定应遵循的原则以及小企业会计准则与 CAS 和税法的协调等方面进行研究。这些探讨为本书奠定了重要基础，但当前研究存在的缺陷集中在：一是未将 CAS 和 SES 结合起来进行比较研究，对 CAS 投入过多研究力量，而对 SES 的关注明显不足；二是立足中国特有的制度环境，运用产权理论、交易成本理论和制度变迁理论来探讨准则适应性效率问题的文章凤毛麟角。本章拟将 CAS 和 SES 结合起来进行分析，力争在弥补上述缺憾方面有所增益。

20.1　产权保护导向的二元结构准则体系

现代企业是多边契约关系的联结，是利益相关者交易产权的结果。企业是对市场的替代，是由一种内部控制契约替代另一种自由市场交易契约。在内部控制契约中，通过要素所有者的合作，能充分利用其比较优势，提高企业生产率，进而提高要素所有者的报酬。这在一定程度上促进了报酬支付与生产率的一致性，使得个人收益率与组织收益率保持一致，是组织效率的源泉。因为，如果报酬是随机任意支付的，不考虑生产者的努力，这种组织就没有提供生产性努力的激励；如果报酬支付与生产率负相关，必将在组织层面引致“猖狂”的分配性努力，从而偏离组织目标，导致组织瓦解。即在经济组织问题上存在两个至关重要的需求——计量投入的生产率以及对报酬的计量。这种计量的重要性在于，它能促进所有要素投入者的合作，发挥各自在专业化分工与协作中的比较优势，提高整个组织的生产率，其目的就是设计一种计量机制，使得报酬符合投入的生产力，这是效率的源泉。即如果经济组织的计量能力弱，报酬支付与生产率之间缺乏必然联系，组织的生产率就会受到减损；如果经济组织的计量能力强，报酬支付与生产率之间存在紧密联系，生产率就会得到刺激，使得个人收益率趋向于组织收益率，在组织层面促进生产性努力的增长。会计就是信息不对称条件下经济组织的一种最基础、最重要和最具操作性的微观计量机制，它通过对投入与产出的直接测度，内部化生产经营过程中的外部性，内在地提供生产性努力的激励。

会计对产权的贡献是与生俱来的，并一直成为产权思想的忠实随从，其产生、发展和变更的根本使命是：体现产权结构、反映产权关系、维护产权意志。会计的本质是外部性内部化，会计的目标是内部化外部性，会计的对象是财权流，会计的职能是界定财权和保护财权。会计是以货币为主要量度，依据公认会计标准来界定财权和保护财权以内部化外部性的微观计量系统。鉴于财权是产权的核心权能，因而会计的职能也可近似表述为“界定产权和保护产权”。准确界定产权是高效交易产权的前提，是有效保护产权的基础；有效保护产权是准确界定产权的保障和归宿。产权的载体是契约，契约的基础是产权。会计准确界定产权和有效保护产权需要借助会计准则这一产权制度形式来实施。会计制度是一个社会的博弈规则，是一些人为设计、型塑人们互动关系的约束，它构造了人们在经济领域中交易的激励，彰显了保护产权的内在要求。会计制度变迁反映了人类历史中经济社会的演化方式，是理解经济史变迁的重要方面。产权制度要解决的核心问题是激励问题，即如何使得个人对自己的行为负责。如果每个人都对自己的行为承担完全的责任，社会就可以实现帕累托最优状态。解决激励问题的关键是在企业的基础层面建立会计核算系统，计量企业财富与要素所有者的投入，降低信息不对称，遏制分配性努力，促进生产性努力，保护要素所有者正当、合理的财产权益。

然而，会计准则对产权的保护需考虑成本效益原则。当产权界定的成本小于收益时，通过制定更加详细的准则条款来对该类产权进行更明晰的界定是有利可图的，对该类产权进行准确界定的规则就使得原先的准则内在地具有了可扩展性，逐渐形成“规则基础”的会计准则制定与完善思路。当产权界定的成本大于等于收益时，对该类产权进行更明晰的界定是无利可图的，从而使得该类产权处于公共领域，利益相关者将会对公共领域中的“产权”进行寻租，引致分配性努力，导致该类产权租值耗散，直至寻租成本等于寻租收益为止。为了遏制这种公地悲剧，保护处于公共领域中的产权，会计准则应提供指导性的会计处理原则，逐渐形成“原则基础”的会计准则制定和完善思路。因而，任何一个准则体系，均是一个涵盖“规则基础 + 原则基础”双重基础的混合体，这决定了现实中的会计准则是以“会计目标”为导向，针对产权契约的完备程度来设计的，对于产权契约中完备部分，采用“规则基础”的准则制定思路，对于不完备部分，则采用“原则基础”的准则制定思路。即：

有效产权保护的逻辑条件为：

（1）产权界定成本 ≥ 产权界定收益，无利可图，公共领域，原则基础会计准则；

（2）产权界定成本 < 产权界定收益，有利可图，私人领域，规则基础会计准则。

会计准则双重基础混合体形成逻辑如图 20 - 1 所示。

图 20 - 1　会计准则双重基础混合体形成逻辑

依此逻辑，现实中企业（会计主体）的会计核算，完全可以在一套准则体系中进行规范，形成“一体法”的“一元”准则体系，即将针对大中型企业和小企业的会计核算规范，在一套准则体系中进行规定。然而，这种“一元”准则体系未能充分考虑大中型企业与小企业执行准则的成本差异、会计信息需求差异、业务繁简程度差异以及社会公众责任差异。“一元”准则体系势必导致准则本身“规范超载”。与大中型企业相比，小企业会计人员普遍存在业务素质不高、业务能力不强的特点，小企业会计信息需求方主要为税务部门、金融机构和工商管理部门，小企业的业务为常规业务且相对简单。小企业数量众多，但是单个小企业因其不具有公共责任、规模小而并未受到社会的普遍关注。卢新国（2009）通过对6个省891户小企业执行《小企业会计制度》情况的调查，发现小企业财会人才匮乏、税收征管方式不合理、相关部门解释不力、会计服务不到位和制度本身不完善是导致《小企业会计制度》实施情况不理想的主要原因。小企业的这些特点决定了“一元”规则体系必将导致小企业会计准则执行成本高昂，准则执行收益有限。当准则执行成本大于等于执行收益时，小企业的明智选择是不执行准则，这不利于保护小企业利益相关者的产权，与准则制定的初衷背道而驰。基于此，现实中世界上许多国家采取了“分立法”思路，即针对大企业和中小企业分别制定准则，从而形成“二元”结构准则体系。2006年2月15日财政部发布的CAS适用于境内大中型企业；为了降低制度执行成本，提高制度收益，改变《小企业会计制度》实施情况不理想的现状，助推小企业可持续发展，2011年10月18日财政部发布的SES适用于境内符合《中小企业划型标准规定》（2011）① 中的小企业，但除“股票或债券在市场上公开交易的小企业、金融机构或其他具有融资性质的小企业、企业集团内的母公司和子公司”三类企业外。SES中的“小企业”不仅遵循了《中小企业划型标准规定》中的“规模”这一定量标准，还采纳了是否具有“社会公众责任”的定性标准，从“定量+定性”两个层面界定了小企业，是一个重要的进步。SES的发布，对于界定小企业利益相关者的产权，进而有效保护小企业财产权利具有重大意义。因为小企业是国民经济和社会发展的重要力量，促进小企业的发展、壮大和繁荣，是保持国民经济可持续发展的重要基础，是关系民生和社会稳定的重大战略任务。SES是贯彻落实《中小企业促进法》《国务院关于进一步促进中小企业发展

---

① 2011年6月18日，工信部、国家统计局、国家发改委和财政部联合发布了《中小企业划型标准规定》，依据企业从业人员、营业收入、资产总额等指标，结合行业特点，将中小企业划分为中型、小型和微型三大类，旨在贯彻落实《中华人民共和国中小企业促进法》和《国务院关于进一步促进中小企业发展的若干意见》。

的若干意见》等相关政策法规的重大举措，对于加强小企业内部管理、税收征管和贷款管理而言，具有非常重要的现实意义。至此，CAS 和 SES 的发布，标志着我国正式建成“二元”结构会计准则体系。

20.2 二元结构准则体系差异及其适应性效率

通过比较 CAS 与 SES，我们发现，两者的差异主要体现在：

首先，两者适用范围不同。CAS 适用于大中型企业，小企业可选择执行该准则。而 SES 适用范围仅限于《中小企业划定标准》规定的除“股票和债券在市场上公开交易的企业、金融机构或其他具有金融性质的小企业以及企业集团内的母公司和子公司”三类企业以外的小型企业。执行 SES 的企业，发生的交易或事项在准则中没有规定的，可以参照 CAS 相关规定处理。执行 CAS 的小企业，不得在执行 CAS 的同时，选择执行 SES 的相关规定。从这里可以看出，在某种程度上，SES 是以 CAS 为母本，经过简化而制定的。

其次，两者会计科目设置有所不同。CAS 共设置一级会计科目 162 个，包括资产类科目 73 个、负债类科目 36 个、共同类科目 5 个、所有者权益类科目 7 个、成本类科目 7 个和损益类科目 34 个。SES 共设置一级科目 66 个，包括五大类科目，分别是资产类科目 32 个、负债类科目 12 个、所有者权益类科目 5 个、成本类科目 5 个和损益类科目 12 个。SES 大部分会计科目和 CAS 会计科目的名称相同，意义也相差无几（抛开适用范围而论）。比如，SES 中资产类 32 个科目中，有 29 个会计科目的名称和 CAS 科目名称完全一样，科目的定义也几乎一样；负债类 12 个科目除“应付利润”科目外其他 11 个科目和 CAS 负债类相关科目名称相同，定义几乎相同；所有者权益类 5 个科目、成本类科目和损益类科目与 CAS 相关科目也有类似的关系。

再次，两者个别科目及账务处理存在差异。（1）对于资产类科目而言：①SES规定对资产不允许计提减值准备。SES 规定：小企业的资产应当按照成本计量，不计提减值准备。资产的减值损失要在实际发生时计入营业外支出。已计入营业外支出的资产价值减损在以后期间又得以收回的直接计入营业外收入。而 CAS 则明确要求当资产存在减值迹象时，应当估计其可收回金额，可收回金额低于其账面价值的，应当将资产的账面价值减记至可收回金额，减记金额确认为资产减值损失，同时计提相应的减值准备。这种规定体现了 SES 与税法的协调，有利于降低纳税调整成本，也消除了资产减值的专业判断，这对于 SES 的有效实施是大有裨益的。②SES 没有对与资产相关的时间价值做出相关规定。如 SES 规定：融资租入的固定资产的成本，应当按照租赁合同约定的付款总额和在签订租赁合同过程中发生的相关税费等确定。对融资租赁业务的账务处理并没有出现"未确认融资费用"这个科目。而 CAS 对融资租入固定资产业务则考虑了相关资产的时间价值，规定融资租入的固定资产，在租赁期开始日，承租人应当将租赁期开始日租赁资产公允价值与最低租赁付款额现值两者中较低者作为租入资产的入账价值，将最低租赁付款额作为长期应付款的入账价值，其差额作为"未确认融资费用"，其中计算最低租赁付款额现值时须按规定选择折现率。另外，SES 规定：长期债券投资对债券折价和溢价的摊销也是按照直线法摊销而不是像 CAS 规定那样须对长期债券在初始确认时先通过计算得出一个实际利率，并且对长期债券的折价和溢价的摊销要按照实际利率计算，并按照长期债权（"持有至到期投资"）的摊余成本乘以实际利率确认长期债权的投资收益。SES 对长期债券投资产生的投资收益是按照票面价值乘以票面利率计算得出的。这种规定是符合小企业的实际情况的，一方面小企业难以取得可靠的公允价值，另一方面小企业难以做出合理的专业判断，加之从与税法协调的角度考虑，SES 采纳了历史成本计量，这降低了准则执行成本。③SES 通篇没有提到过"公允价值"这一概念。除投资者投入的资产外，所有的资产无论是流动资产还是非流动资产在初始计量时都是按照成本计量。投资者投入的资产都是按照资产的评估价值加上相关税费进行初始计量。资产的后续计量也没有提到公允价值的计量方法。而 CAS 规定会计的计量属性主要包括历史成本、重置成本、可变现净值、现值和公允价值五种；企业在对会计要素进行计量时，一般应当采用历史成本，采用重置成本、可变现净值、现值、公允价值计量的，应当保证所确定的会计要素金额能够取得并可靠计量。这说明，CAS 对会计要素的计量方法没有限制在五种之中的具体哪一种，而是由企业根据具体情况选择最合适的一种。例如，投资性房地产的后续计量，企业可以根据自身面临的市场环境及实际情况，选择成本模式计量或公允价值计量。这主要是为了减少 SES 执行过程中专业判断并与税法相协调。④两者具体科目的设置有所不同。SES 设置了"短期投资""周转材料"和"长期债券投资"科目，其意义大致可与 CAS 中"交易性金融资产""包装物及低值易耗品"和"持有至到期投资"相对应。而且，由于 SES 规定对资产不计提减值准备并且对会计要素的计量属性只是历史成本这一种，当然也就不存在各类"减值准备"科目、"减值损失"科目、"未确认融资费用"以及"未实现融资收益"等科目。另外，SES 对"长期股权投资"只规定了一种核算方法——成本法，而 CAS 则分不同的情况对"长期股权投资"规定了成本法和权益法两种核算方法。

(2) 对于负债类科目而言，与资产类科目相同，SES对负债类科目的计量属性也没有提到公允价值和现值。“长期借款”科目核算小企业向银行或其他金融机构借入的期限在一年以上的各项借款本金。核算时不计算实际利率，计提财务费用时按照借款本金和借款合同利率计算。而CAS对长期借款的核算则分“本金”“利息调整”“应计利息”等明细科目。在初始确认时需要计算长期借款的实际利率，在资产负债表日按实际利率法确认资本化或费用化的借款费用，并倒挤长期借款折价的摊销金额。同样，SES对融资租赁业务也是不考虑长期应付款的时间价值的。另外，SES设置了“应付利润”科目而没有设置CAS中的“应付股利”科目，这与其适用于小企业是相关的。因为小企业一般不是股份制企业，不需通过“应付股利”核算，其利润分配通过“应付利润”核算即可。(3) 相对于CAS而言，SES对所有者权益和损益相关科目的变动很小。“销售费用”科目特别规定了小企业（批发业、零售业）在购买商品过程中发生的费用（包括运输费、装卸费、保险费、运输途中的合理损耗和入库前的挑选整理费用等）也构成销售费用。CAS规定这类费用应计入所购买存货的成本。此外，SES没有设置共同类会计科目。

最后，关于列报要求的差异。SES要求小企业披露的信息资料相对来说要简单很多，没有对合并财务报表、分部报告、每股收益、关联方披露等做出相关规定。这当然与其适用范围相关。财务报表组成部分包括资产负债表、利润表和现金流量表和财务报表附注，没有强制要求列报所有者权益变动表。并且小企业对会计政策变更、会计估计变更和会计差错更正均采用未来适用法进行会计处理。而CAS规定一般情况下的会计政策变更是采用追溯调整法，在当期期初确定会计政策变更对以前各期的累积影响数不切实可行的，采用未来适用法处理。CAS规定企业应当采用追溯重述法更正重要的前期差错，确定前期差错不切实可行的，也可以采用未来适用法。

CAS和SES存在的上述差异，是其提高自身适应性效率的重要基础。制度的适应性效率是指制度随着经济社会制度环境的变化而不断提高其适应能力，减少经济社会发展中的非稳定性，发挥制度协调预期、传递信息和提供激励的功能。适应性效率需要一套能够迅速适应冲击、扰动和普遍不确定性（这是每一个社会的历史特征）的制度体系，这种灵活的制度是以非正式约束所形成的信念为基础的，使得与其他制度安排方案相比，能最小化制度运行的成本。适应性效率提高的关键是建立非人格化的交易制度，杜绝寻租等人格化交易制度，通过准确界定产权以有效保护个人财产权利；同时，国家必须提供尊重这些权利的可信承诺，防止官员的机会主义和掠夺行为。“二元”结构会计准则体系决定了“二元”结构准则的适应性效率。

CAS 的适应性效率体现在：一是适应经济发展进程的需要。伴随着加入 WTO 而来的经济全球化，中国经济无论在广度还是深度上正快速融入世界经济体系中，这迫切需要一套在全球范围内得到认可的 GAAPs 来规范大中型企业的会计行为，提供认可度高、公开透明、真实公允的高质量会计信息，满足中国企业在全球市场上进行生产经营、投融资决策的需要，降低境外交易成本。与 IFRS 趋同的 CAS 正顺应了这一历史潮流。二是完善市场经济体制的需要。市场经济是法制经济、信用经济，法制建设和诚信建设均需 CAS 在企业基础层面提供真实、公允的财务信息，促进资源高效配置、有序交易，避免无效投资和资源浪费。三是维护社会公众利益的需要。大中型企业控制着国民经济的命脉，与民众生活息息相关，与广大投资者权益紧密相连，符合国际惯例的 CAS 有助于各类投资者做出理性经济决策，从而吸纳境内外投资者投资，平等保护各类投资者的财产权利。

SES 的适应性效率主要表现在：一是提升小企业内部管理水平。通过学习 SES，提高会计人员业务素质，增强小企业负责人对会计工作的重视程度，提高会计信息质量，准确界定小企业的财务状况、经营成果和现金流量，为小企业内部管理决策奠定坚实基础。二是促进小企业税负公平。小企业实施 SES 后，将为税务征管中的“核定征收”转变为“查账征收”创造最重要的基础条件，使得小企业与税务征管部门之间交易从“核定征收”这一人格化交易转变为“查账征收”这一非人格化交易，符合条件者可享受小型微利企业低税率等优惠政策，从而获得公平税负，有助于遏制分配性努力，降低寻租成本，促进生产性努力的增长。三是切实缓解小企业融资难题。缺乏资金、融资难是制约小企业发展壮大的瓶颈之一，SES 实施前，因高昂的执行成本，很多小企业未能真正执行《小企业会计制度》，从而使得银行等金融机构对小企业放贷时无法判断其偿债能力和盈利能力。各类金融机构从稳健经营、防范坏账风险角度拒绝给予小企业贷款。实施 SES 之后，企业须编制资产负债表、利润表和现金流量表及相关附注，这为金融机构的贷款决策提供了重要依据，小企业将获得更多资金支持。四是降低了准则执行成本。SES 比 CAS 更简明，考虑到小企业会计人员素质低、业务能力不强等因素，准则中涉及的专业判断大大减少，适应了小企业财会人员的实际情况，在获取准则收益的情形下，大大降低了准则执行成本，有助于 SES 的有效实施。

第 21 章

两大法系会计法律制度：架构、特征与适应性效率

市场经济本质上是产权经济、法制经济。良好的市场经济秩序离不开会计对存量财产权利的准确计量和对增量财产权利的恰当反映。中国从社会主义计划经济体制到市场经济体制的转型，堪称“历史上最为伟大的经济改革计划”，是哈耶克“人类行为意外结果理论的一个极佳案例”，使得资源配置由市场经济的“产权规则”取代计划经济的“等级规则”。中国经济的成功转型实质上是一场产权改革和制度变革，彰显了产权保护制度的高适应性效率，这是解释“中国奇迹”的关键。制度适应性效率是指制度依据经济社会环境的变化而进行调整，适应经济社会发展要求。适应性效率所关注的是那些助推经济之长期演化方式的规则，它为分散化决策过程的发展提供了激励，鼓励人们去发掘各种解决问题的方法。

产权界定和产权保护是现代会计的两大基本职能。会计通过会计核算系统准确界定产权，为市场经济产权“等价交换”原则的确立奠定了可具操作性的基础，同时反过来促进了市场交换，使得市场规模呈现出“累积性增长”态势。充分发挥会计功能，是促进生产性努力增长，确保经济持续、健康发展的关键，而这又依赖于一套高质量的会计法律体系。会计法律制度系指调整经济关系中有关的各种会计法律规范的总称，它是经济法律制度体系中的一个重要组成部分。市场主体之间产权交易对资产计价和收益决定的基础性依赖表明会计法律制度体系是市场经济正常运转的基础性产权保护制度。国外学者讨论了普通法和司法程序对会计准则制定的影响、法律诉讼与会计虚假陈述、法律哲学与公认会计原则

本质以及企业作为会计主体的法律含义，但并未直接研究会计法律制度问题。国内学者研究集中在：会计法律制度的理论基础、对财务报告质量的影响以及会计法律制度体系建立的历史过程、主要特征、影响因素、运行规律及演进趋势。上述研究为本章奠定了基础，但并未讨论会计法律制度的适应性效率问题。基于产权保护和制度变迁理论，本章拟系统研究两大法系会计法律制度的架构、特征及其适应性效率，据此设计中国会计法律制度框架体系。这有助于解决会计准则国际趋同引致的与本土法律体系不兼容问题，优化我国会计法律体系，提高适应性效率。

21.1　两大法系的形成

法律的进步与发展体现各时期生活中规则的不同，当生活规则中一部分一旦发展强大到对社会组织具有足够重要的影响力之时，便被人们看作法律，而另一部分便慢慢演变为社会习俗。任何一种有效的法律制度的构建都必须遵循从习惯到习俗、从习俗到惯例、从惯例到法律制度的内在逻辑演进过程。只有这样，一种法律制度才能高度遵循产权域秩序[①]，才具备有效性。历史法学派、韦伯和哈耶克都坚持“法律源自习俗与惯例，是习俗规则即惯例经司法先例的累积或主权者认可而形成的”这一观点，英美普通法体系基本上是建立在从习俗、惯例到先例进而到法律规则这一内在演进机制基础之上。在欧洲大陆的制定法体系（大陆法系），也与社会习俗有着紧密的联系，是在习俗、惯例规则的基础上运用工具理性主义来建构的。大陆法系的代表国家是法国和德国，该法系传承了罗马法传统，法国六法[②]的大多数条款和内容均源自法国大革命前的社会习俗、惯例及习俗法的内容和制度。《德国民法典》和《德国商法典》的实质内容是对德国当时习俗和商业惯例实践的认可和肯定。所以，不管是英美法系还是大陆法系，其法律渊源具有同一性，即均源自各自国家的习惯、习俗和惯例，两者的区别在于：英美普通法系坚持“判例法”运作机制，从习俗到惯例再到法律规则的演进是在“遵循先例”的原则中“自然”完成的；而大陆法系坚持“程序立法”机制，

① 产权域秩序是不同的产权主体以其所投入的资源为依据而对分享产权界区内“价值流”和“权利流”的份额及比重进行冲突与协调的结果，是产权博弈过程中的动态均衡。参见：伍中信，曹越．产权保护、“三域”秩序与审计信息真实性．会计研究，2007（12）：82－88。

② 《法国宪法》（1799—1804）、《法国民法典》（1804）、《法国民事诉讼法典》（1806）、《法国商法典》（1807）、《法国刑事诉讼法典》（1808）和《法国刑法典》（1810）。

习俗与惯例成为法律是通过“国家”或“主权者”意志依法定程序确定下来。

21.2 英美法系会计法律制度的架构、特征与适应性效率

21.2.1 英美法系会计法律制度的架构

(1) 英国会计法律制度的架构体系

通过宪法确立“权利法案”精神。英国的宪法渊源是成文的宪法性法律、不成文的宪法惯例及涉宪的判例。宪法中有关产权规制的有：1215 年《自由大宪章》中规定任何自由民非经合法程序不得被逮捕、监禁、放逐和没收财产，成为后世权利法案的典范。1628 年《权利请愿书》重申《自由大宪章》对王权限制和对臣民权利的保障。1689 年《权利法案》奠定了君主立宪制，规定不得在判决前没收特定人的财产，臣民有向国王请愿的权利。1911 年和 1949 年的《议会法》明确了国家保障公民自由、财产权利的责任与义务。另外，宪法惯例和宪法判例均确立公民各项自由权利（含财产权利）无故不得侵犯的原则。

依据“权利法案”精神形成财产法、契约法、侵权行为法和继承法。英国的财产法是调整财产所有、占有、转让、继承、信托及合法利用的各种法律关系的法律规范的总称，涉及动产和不动产在内的财产的买卖、租赁、抵押和继承、信托及破产等。影响较大的财产法律制度有地产制和信托制，两制度确立了地产产权归属和财产权的受托责任关系。契约法的主要来源是判例法，确立了“协议”和“对价”是契约的两种基本要素，签订标准化的契约条款和履行契约的具体规定集中体现了对财产权流转过程的保护。侵权行为法属于债法领域，先后出现过“过错责任原则、比较责任原则和严格责任原则”，强化了对受害者的产权保护。而继承法则为产权的永续流转（代际流转）和不被没收确立了法律依据。上述四种立法从产权归属、流转、受损和继承四个维度对界定产权和保护产权做出了质的规定，维护了市场经济秩序，促进了英国产权经济建立与发展。

英国的《公司法》和《破产法》是专门针对公司设立、经营、变更、解散、破产清算的法律制度，是会计法律制度体系的重要组成部分。1844 年《合股公司法》颁行，奠定了英国现代公司法的立法模式与框架。《合股公司法》中的会计条款有：公司必须设置账簿并正确登记账簿，须定期试算平衡，应编资产负债

表并提交股东大会；公司账目及报表须经监事审查，具体审查人员须为特许会计师，审计报告须在股东大会上宣读。1848年和1849年的《破产法》内容与1844年《公司法》协调一致，对财产清算过程中破产债权债务、计价及破产财产分配中的会计核算问题进行了规范。

英国的会计准则。20世纪30年代中期及以前，英国公司会计以《公司法》为依据进行会计处理。30年代中期成立“会计研究会”开始研究会计准则。1942年英格兰及威尔士特许会计师协会开始研究与制定会计准则工作，1976年联系六大职业会计团体成立了“会计准则委员会”（ASC），后来于1990年被会计准则理事会（ASB）取代。ASB于1999年发布了英国的财务会计概念框架（CF），即“财务报告原则公告”。2012年7月，在改组ASB的基础上，成立了“财务报告委员会”（Financial Reporting Council，简称FRC），FRC负责将自己制定的会计准则和之前ASC、ASB制定的大部分准则重新命名为“财务报告准则”（FRSs）。

（2）美国会计法律制度的架构体系

美国的会计法律体系涵盖宪法、民商法与会计准则体系三个大类。

美国宪法的历史渊源是《独立宣言》和1781年的《邦联条例》。《独立宣言》以“天赋人权”和“社会契约”为理论基础，宣称“人人生而平等，生命权、自由权和追求幸福的权利不可转让”，这为1787年联邦宪法奠定了思想基础。1787年宪法确立了分权、制衡与限权政府原则，强调了对公民人身权、自由权和财产权的保护，从而使其成为美国的“权利法案”。

美国的民商法涵盖财产法、合同法、侵权行为法、继承法、公司法、买卖法、票据法、保险法、破产法等。财产法是美国民商法最重要的内容，散见于判例法、制定法及政府行政规范中，规范财产的占有、使用、收益和处分。与英国不同，美国更注重财产成文立法，美国将财产权看成“独有的和专断的支配权”，认为财产权的行使是个人自由意志的体现，彻底贯彻“绝对私有权”原则。美国合同法渊源是普通法和制定法，主要有《统一商法典》，确立了契约合意、契约必须履行及契约必须符合规定的原则，奉行保护财产的有效转让和买卖原则。美国侵权行为法体系中，以州法律为主，其基本倾向是对侵权赔偿加以限制，同等程度地保护企业利益和受害人的财产权益，确立了过错责任、风险负担、同伴工人过错、近因、豁免原则。美国公司法主要渊源是私人诉讼判例和成文立法，主要属于州法范畴，其公司法制度源自英国法。19世纪下半叶，各州对公司权利、义务、解散、清算等问题做出新的明确规定，如将诚实交易原则作为公司行为规范，确立有限责任制度。破产法在美国属于联邦法范畴，破产程序是其核心。1898年，为在全国建立统一的破产制度通过了《联邦破产法》，之后几经修改延续至今。该法致力于最大限度地兼顾破产程序中债权人和债务人的双方利益，侧重保护社会整体利益，主张“破产损失分担主义”。美国的民商法是贯彻宪法“权利法案”精神的关键，有关产权主体财产权利的归属与流转是其主要内容。这些民商法中，尤其是公司法与破产法中均直接或间接涉及会计账目、账簿、报表等会计问题的规范，表明其是会计制度的上位法。

美国的会计准则体系由1973年成立的财务会计准则委员会（FASB）成功构建。通过陆续发布8份财务会计概念公告（SFAC），用以指导具体会计准则的制定。具体会计准则是专门针对实务中会计核算的具体规定，是会计核算的直接依据。目前，FASB已经发布168项财务会计准则公告（SFAS），并致力于会计准则编纂（Codification）和公认会计原则（GAAP）的层级建设。

21.2.2 英美法系会计法律制度的特征

英美会计法律制度的主体内容由宪法、财产法、合同法、侵权行为法、继承法、公司法和破产法中有关财产权质的规定性与量的规定性以及会计准则构成。在这一体系中，宪法属于“权利法案”，处于至高无上的统驭地位，对财产权利做出最重要的原则性规定，而“财产法—合同法—侵权行为法—继承法”则是“权利法案”精神的具体化，是关于“产权—债权—财产继承权”三位一体的产权规范，其中财产法侧重界定产权归属，合同法侧重规范产权流转过程中的债权债务关系，侵权行为法侧重产权受到侵害时的法律救济，而继承权则侧重产权的代际流转及其安全性。三位一体产权规范的内在逻辑是“产权—交易—侵权—救济—继承”，即产权界定（归属）是产权交易的前提，只有清晰界定的产权才能合法交易，当产权受到侵害时，必须规定相关的救济措施对受损方的产权进行保护，当产权主体因生命终结时，需界定其产权由下一代继承。只有符合这个逻辑，才能激发产权主体创造财富的积极性，正所谓“有恒产者有恒心”。公司法和破产法专门针对公司设立、经营、变更、破产、清算等涉及财产权问题进行规范，是将“财产法—合同法—侵权行为法—继承法”在公司层面的进一步细化，这就要求做出关于公司财务状况、经营成果形成与分配、公司破产清算过程中财产变卖与债务承担的具体规定，而这正是有关会计核算的基本要求，即公司法和破产法中涉及产权定量的规范均直接或间接与会计规范相关。会计准则则是对公司法和破产法中涉及的对产权定量规范的再次细化，从而为解决产权的量化问题提供最基础、最重要和最具操作性的规定。

21.2.3 英美法系会计法律制度的适应性效率

英美法系会计法律制度的形成过程中，遵循着从习惯、习俗、惯例、先例到法律制度的逻辑，其法律形式主要是判例，判例法至今仍处于主体地位，制定法处于从属地位。司法实践中，法官不仅拥有司法审判权，还享有司法解释权及由“先例原则”决定的事实上的立法权。英美会计法律制度主要由公司法、破产法直接决定，“遵循先例”的原则构成了这一判例法占主导地位的会计法律制度体系的生命力。先例是通过事实和法庭判案结果所沉淀下来的抽象规则和原则，该原则一定程度上限制了法官判案的随意性，并使其法律体系本身保持了一种稳定性、传承性、连续性、发展性及扩展性，以至于在一系列判例的积累中形成了法律规则的前后衔接，并构成一种稳固的法律规则体系。英美法系内生于市场交易内部的产权域秩序中，又随着产权域秩序的动态变化而不断通过“先例”进行调整和补充，反过来又作为一种开放的、不断丰富的规则体系维系和规制着人们产权交换中的产权域秩序，从而使得在现代英美法律体系中，会计法律制度体系与产权域秩序之间，存在着一种互相促进、协同型构与共同发展的机制。该机制是一个开放的系统，更能适应市场本身的扩展，从而使得会计法律制度体系适应市场经济变化的能力更强，即其适应性效率高。例如，当前虚拟经济中的产权界定与保护问题亟待会计进行规制，但是如何准确界定虚拟产权和有效保护虚拟产权？英美法系国家的会计准则采纳了公允价值，使得会计准则由之前的“法律遵从型”演变为“金融预期型”。会计准则的这一理念发生重大变化，对英美国家的会计法律制度体系影响相对较小，因为该法系在判案时可“遵循先例”，或创造出之前并未存在的有关虚拟产权的“先例”，形成虚拟产权会计法律制度体系，进而有效保护虚拟产权。这是英美会计法律制度体系具有高适应性效率的典型例证。

21.3 大陆法系会计法律制度的架构、特征与适应性效率

21.3.1 大陆法系会计法律制度的架构

（1）法国会计法律制度的架构体系

首先，以1789年《人权宣言》为宪法基础确立对“财产权”的根本保障。法国是大陆法系国家中制定、颁布宪法最多的国家。1789年的《人权宣言》标志着法国立宪活动的开始。《人权宣言》的核心是规制及保障人民权利，并以此确立国家政权及法制的基本原则。该宣言最后一条强调：财产权是不可侵犯的、神圣的权利。可见，财产权的有效保护是人权保障的关键，即财产权是人权的物质基础。尽管《人权宣言》着重关注人权，但其条款中确立了“权利法案”精神，并以对“财产权”的保障作为人权保障的基础。

其次，法国的《民法典》和《商法典》在私法领域贯彻宪法“权利法案”精神。《人权宣言》确立了民事权利平等、契约自由、财产权不可侵犯的基本原则，成为“调整人与人之间权利义务关系”的民法基础。1804年，源于罗马法和习惯法的《法国民法典》颁布实施，该法与财产权相关的主要内容有：①将财产划分为动产和不动产，规定所有权是一种完全的、绝对的、自由的和无条件的权利；②不履行义务的债务人须承担赔偿责任。《民法典》确立了民事权利平等、财产权不可侵犯、契约自愿和过错责任原则，从而对“权利”做出了质的规定性。商法典是特别私法，调整商人之间因商事活动所产生的权利义务关系。1807年的《法国商法典》源于商业习惯法和惯例，该法共四编，其中第一编“商事事务”中关于商业账簿的详细规定奠定了“法典式会计制度”的基础，后来为适应现代市场经济的发展，《商法典》经多次修改，法典中有关会计审计的法规更加详尽、更具操作性，涉及会计核算的方方面面，并与《破产法》(1889) 紧密结合，前后呼应，配合《注册会计师法》和《注册审计师法》的颁行，进而形成体系化的独具大陆法系特色的法典式会计法律制度体系。

再次，1959年和1968年法国的两次税制改革，完成了从分类所得税制向综合所得税制的转变。法国现行税法规定的应纳税所得额与现代会计制度核算的会计利润相一致，从而使得法国的税制与会计制度保持一致，表明会计制度提供的会计信息具有法律证据力，能够得到税法的认可，这是“法典式会计制度”的实质。

最后，1947年法国颁布“统一会计法案”，经1957年修改，有效地贯彻了《商法典》中的各项会计制度。2000年在法国实行的新“统一会计方案”仍坚守了配合“商法典”中有关会计、审计规定的精神，使得“法典式会计制度”体系得以稳固，并不断调整以适应新形势下的市场经济发展要求。这种“上下一体化”联动、逻辑连贯的会计法律制度体系可以最大限度地、一致地准确界定产权和有效保护产权。

（2）德国会计法律制度的架构体系

首先，德国宪法确立“权利法案”蓝图。1919 年《德意志共和国宪法》（史称“经济宪法”和“魏玛宪法”）明确规定：国家保护公民的财产所有权和继承权，法律面前人人平等，规定所有权受法律保护，契约自由、债权受合法契约保护，财产权可以合法继承，这体现了宪法对产权、债权和继承权的一体化保障。现行德国宪法是 1949 年制定的《德意志联邦共和国基本法》，该法强调不得危害基本权利的实质，基本权利和义务的内容与“魏玛宪法”大致相同。

其次，德国《民法典》和《商法典》内容条款贯彻了宪法中的“权利法案”精神。1900 年德国《民法典》共分五编，分别为总则、债务关系法、物权法、家庭法和继承法，将民法调整的财产关系与人身关系在内容上明确区分，基本原则是法治下的“自由”和“平等”，即契约自由、所有权自由和公民在私法上的地位平等。法典明确肯定“契约自由”，严格保护私有财产权，规定了过错责任和无过错责任原则并存的民事责任。德国现行民法典仍为 1900 年实施的《德国民法典》，经过 150 多次的修改，但其基本精神仍未改变。《德国商法典》于 1897 年颁布，是调整营利事业企业经济活动的特别法，其中第一编是“商人”，包括商人的概念、商业注册、商号、商业账簿、商业代理等。之后“商业账簿”在 2010 年的《德国商法典》文本中成为独立的“第三编”，该编对簿记、财产目录、财务报表的编制做出了详细规定，这也是德国“法典式会计法律制度”的重要体现。

最后，德国的税制对会计核算制度具有重要决定作用。会计原则正确与否取决于税务法规，会计处理受税收法规支配，会计利润与应纳税所得额要求完全保持一致，若不一致，税务机关可以进行纳税调整，这体现了会计制度遵从税收法规的精神。德国的统一会计制度主要由商法和公司法规定，至今尚未单独制定统一会计制度，这主要受“法典式会计制度”思想支配。

21.3.2　大陆法系会计法律制度的特征

（1）大陆法系会计法律制度体系主要由宪法、民法、商法、公司法和税法构成

民法、商法、公司法和税法都是贯彻宪法“权利法案”的法律装置。民法是对宪法“权利法案”精神在平等的民事主体之间关于权利义务关系的一种定性规定，以权利的概念、类别、特征等为主要内容。商法是民法中的特别法，是在民法关于“权利定性”规定的前提下，侧重解决商事行为过程中“权利义务”的定量规定。一般而言，商法更加重视“权利定量”研究，从而使得其在解决

商事行为引致的权利归属与流转过程中更具针对性和可操作性。公司法内容又源自商法，是将商法中有关公司规定内容的进一步细化和系统化，旨在专门解决公司作为民事主体的权利义务关系。而税法则侧重解决国家与商事主体的利益分配关系问题。在大陆法系中，遵循着严格的"上位法"思维：即民法是对宪法规定在私法领域的具体化，不得违背宪法精神；商法是民法的特别法，一般不得违背民法的精神；公司法是商法在公司领域的具体应用，不得违背商法原则。

（2）法典式会计制度特色鲜明，决定了会计信息具有法律证据力

不论是法国的"统一会计法案"还是德国散见于商法和公司法之中的会计制度，均体现了遵循"法律制度"的价值取向，其提供的会计信息能够得到税法、公司法和民商法的高度认可，从而具备了法律证据力的特征。

（3）大陆法系会计法律制度体系妥善处理了国家利益与企业利益之间的关系，彰显了会计制度为国家宏观调控和投资者决策有用服务的双重价值目标

这种目标主要是通过"税法与会计制度"相匹配、相合一而实现的，即大陆法系国家普遍呈现出会计制度与税收法规相互配合的特征，两者之间的差异很少或没有，这也从另一方面印证了会计信息的法律证据力。这种"税会合一"的立法模式，使得该法系下的会计信息成为正确处理国家利益和企业利益之间关系的基点。

21.3.3 大陆法系会计法律制度的适应性效率

作为以制定法为主体形式的大陆法系，要保持其与现代市场经济的发展相适应就需要不断地修订或制定新的法律或法规来适应新的社会秩序的境势。但是，相比普通法系而言，制定新的法律、法规及修订旧法规，均需付出更大的社会成本。"判例法法律规则"有助于促进效率，而立法机关制定的规则则会降低效率。一方面，大陆法系法律规则的生成本身是依靠建构理性主义传统，这种建构性因受人的信息和知识的相对性约束难以实现法律规则与"产权域秩序"的高度吻合，这被称为建构理性主义的局限。而英美法系的演进理性主义遵循着"习惯、习俗、惯例、先例"再到法律规则的诱致性变迁传统，相对而言，能实现法律规则与"产权域秩序"的较高程度的吻合。另一方面，大陆法系法律规则的生成程序相比普通法系而言更复杂，这也是增加社会成本的一个重要方面。大陆法系会计法律制度的优势在于可以保持产权会计法律制度体系的一致性，减少会计制度与其他法律制度之间的冲突问题，并使得税收法规与会计制度之间的差异最小化，降低会计法规与税收法规的纳税调整成本，这是节省社会成本的重要方

面，也是“法律遵从型”会计制度的重要特征。然而，该会计法律制度体系也会带来新的问题，即一旦会计实务中出现新的经济业务需要制定规则时，不能违背会计制度的“上位法”，若某项新的会计制度与“上位法”相违背时，则要么该项新的会计制度夭折，要么需“牵一发而动全身”修订其他法律，这就使得该体系下的会计制度较难适应市场经济的变化，降低了适应性效率。各个国家法律制度各具特色决定了大陆法系国家的会计法律制度体系也各具国家特色，这种具有国家特色会计制度的国际趋同问题是个世界性的难题。若选择与国际财务报告准则（IFRS）趋同，则必然引起法律制度运行障碍；若放弃国际趋同，则难以获取趋同的潜在利益。现实的情况是，相比普通法系的国家而言，大陆法系国家与 IFRS 的趋同进程进展十分缓慢，这从侧面映射出其适应性效率相对较低。

21.4　中国会计法律制度框架体系设计：SSP 模型

阿兰·斯密德（2004）在其名著《制度与行为经济学》一书中提出了“状态—结构—绩效”（SSP）模型。人类相互依赖性的源泉是什么？这对于制度设计而言是有益的，因为制度设计的目的是提高组织的经济绩效。该模型包括影响分析和变迁分析两个层次：在影响分析进路中，初始状态是给定的，侧重分析不同类型的制度影响相互依赖性的作用路径；在变迁分析进路中，将制度作为因变量，剖析状态的变化如何改变现有制度的绩效。中国的会计法律制度框架体系设计也须遵循“SSP”模型。

（1）影响分析

我国的“状态”是处于初级阶段的社会主义市场经济国家，是几千年历史形成的一种礼俗社会，缺乏“尊重产权”的意识，人们的个人主义倾向受到压抑。在该状态下，可选的制度结构可以是“大陆法系”会计法律制度架构，也可以是“普通法系”会计法律制度架构。那么该如何选择呢？若实施普通法系会计法律制度须遵循演进理性主义传统来生成会计法律制度体系，即从会计习惯、会计习俗、会计惯例再到会计制度的演进。但是，由于我国的市场经济发育很不充分，人们的产权思想相对淡薄，因而关于会计习惯、习俗与惯例还带有计划经济或封建经济的残余。这与市场化改革的主导者意愿相悖，也不符合人们迫切从市场化改革中获益的心理状态。因而，我国的会计法律制度框架体系采纳了“大陆模式”，该模式可以充分借鉴发达市场经济国家的经验，通过“制定法”形式固化人们的行为模式，培养人们尊重产权和保护产权的意识，尽快获取市场制度的制度收益，促进市场经济快速发展，这是在中国建立良序市场经济的必然选择。大陆法模式比普通法模式的制度绩效更好，是我国会计法律制度框架体系的恰当选择，该框架体系设计如图 21－1 所示。

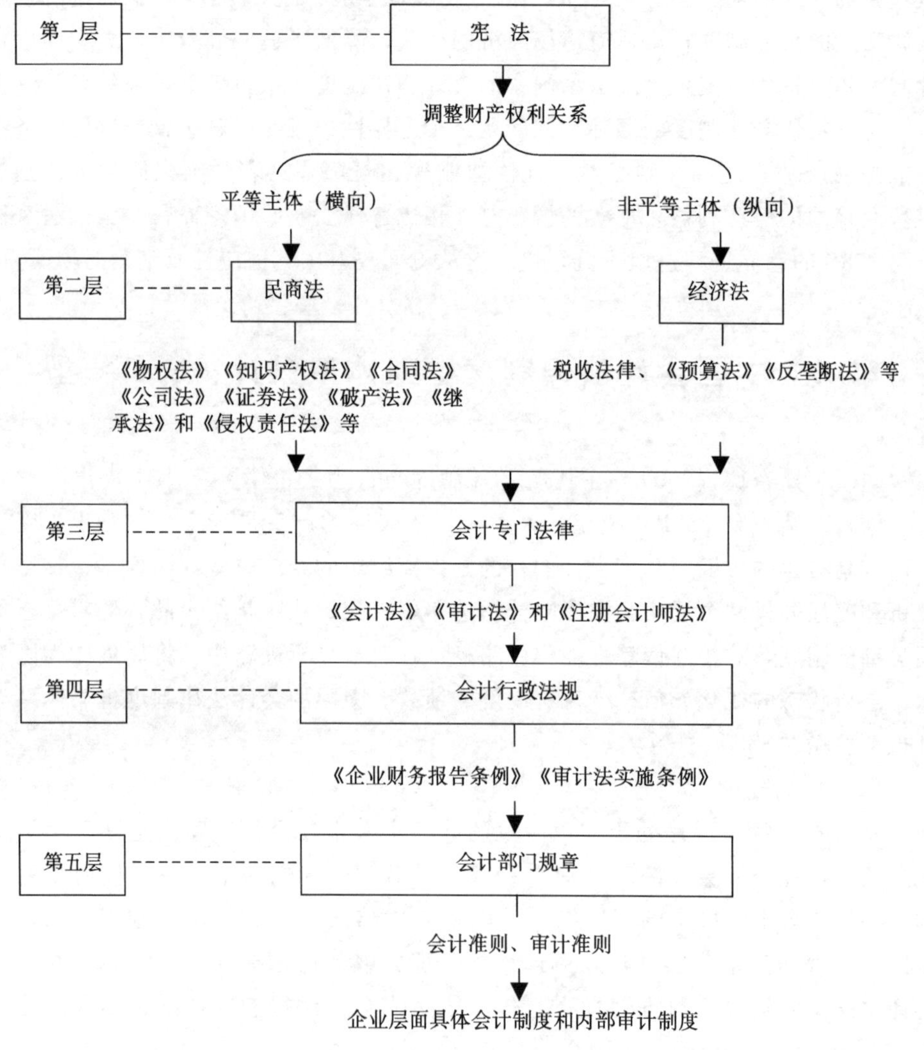

图 21－1　中国会计制度框架体系

对我国而言，宪法确立了权利法案精神，处于第一层级。为了贯彻落实宪法保护财产权利的精神，制定的调整平等主体之间（企业与企业、个人之间）财产权利关系的法律形成民商法，而制定的调整非平等主体之间（国家与企业、个人之间）财产权利关系的法律形成经济法。调整财产权利关系的民商法与经济法，处于第二层级。民商法从定性（民法）和定量（商法）层面具体化平等主体之间的财产权利，包括《物权法》《知识产权法》《合同法》《公司法》《证券法》《破产法》《继承法》和《侵权责任法》等；经济法侧重从非平等主体层面具体化财产权利，主要包括税收法律、《预算法》和《反垄断法》等。民商法和经济法具体法律中涉及的产权定价、收益决定及其稽核原则形成专门的会计、审计法律，包括《会计法》《审计法》和《注册会计师法》，处于第三层级。会计、审计专门法律的细化形成了会计行政法规，包括《企业财务报告条例》和《审计法实施条例》，处于第四层级。会计行政法规的具体实施形成会计部门规章，包括会计准则体系和审计准则体系，处于第五层级。其中会计准则体系包括《企业会计准则》（CAS）和《小企业会计准则》（SES）两个完整部分；审计准则体系包括《注册会计师执业准则》和《国家审计准则》。企业依据会计准则和审计准则，结合自身实际情况，形成具有切实性、针对性和可操作性的具体会计制度和内部审计制度。中国的会计法律制度体系大致由这五层构成，图21－1中显示企业层面的会计制度在整个体系中处于最基础、最重要和最具操作性的地位，是整个会计法律体系正常运行的基础。

（2）制度变迁分析

当我国宪法规则发生变化（即修宪行为）和状态（例如虚拟经济快速发展）发生变化时，会计法律制度框架也要发生变化。遵循“上位法”的逻辑，当上位法发生变化时，下位法要适时调整以适应上位法的制度要求，即当物权法、公司法、证券法和税收法律等发生变化时，处于基础层面的会计制度也必须调整以适应这些法规变化的需求；反过来，当会计制度发生合理变化时，则需要调整与其冲突的上位法，从而与会计制度保持一致性与统一性。只有这样调整与优化，才能增强会计法律制度的适应性效率，才能建构出符合中国国情的、有效的会计法律制度体系。

第 22 章

会计法律制度体系优化研究

解释中国经济发展奇迹的重心在于从等级界定权利的制度过渡到以资产界定权利的制度，贯穿其中的核心一直是产权的改革与保护问题。产权的载体是制度，制度的基础是产权。制度是一个社会的博弈规则，它构造了人们在政治、社会或经济领域里交换的激励。法律是制度的表现形式之一。“产权”与“制度”相伴相生，形成“产权制度”[①]。十八届三中全会（2013）强调，要使市场在资源配置中起决定性作用，健全归属清晰、权责明确、保护严格和流转顺畅的现代产权制度。十八届四中全会（2014）又指出，市场在资源配置中的决定性作用须以保护产权、维护契约、平等交换、公平竞争和有效监管为基本导向，完善社会主义市场经济法律制度。市场经济的显著特征是利用交换来配置资源，而隐藏在商品交换背后的则是一种财产权利的交易，正是权利的价值决定了所交换的物品的价值，这表明市场经济是产权经济、市场经济法律制度是一套产权法律制度。会计和审计都是产权结构变化的产物，是为监督企业契约签订和执行而产生的。会计对产权的贡献与生俱来，其产生、发展和变更的根本使命是体现产权结构、反映产权关系和维护产权意志，在市场经济的良序运行中处于最基础、最重要和最具操作性的地位。现代会计的两大基本职能是界定产权和保护产权。会计法律制度系指调整经济关系中有关的各种会计法律规范的总称，它是经济法律制度体系的重要组成部分，其体系是以宪法中的“权利法案”为根本支柱或主轴建立起来的，维护与保护市场经济下的所有者权益问题是会计法律制度建立的出发点、落脚点。英美法系会计法律制度体系的主体内容由宪法、财产法、契约法、

① 产权制度系指由产权关系与产权规则融合而成的调节和保护利益相关者财产权利的制度安排。

侵权行为法、继承法、公司法和破产法中有关财产权利质的规定性和量的规定性以及会计准则构成，大陆法系会计法律制度体系主要由宪法、民法、合同法、公司法、税法和会计制度构成。统一会计制度在会计法律制度体系中处于基础层次，在实现对产权的有效控制与维护、保障财产所有者权益方面具有切实性和针对性作用。

针对会计法律制度，学者研究集中体现在：一是讨论两大法系会计法律制度体系，包括体系建立的历史过程、运行规律，架构、特征与适应性效率及启示；二是探求统一会计制度的历史运行规律及会计法律制度体系建设思路；三是考察中国会计法律制度建设历史概况及过程；四是论证会计法律制度的经济后果，包括对公认会计原则、会计主体、虚假列报、财务报告质量、会计准则制定以及公司政策和业绩的影响等；五是分析传统会计原则与税收法规分离的经济后果。上述研究为本书奠定了重要基础，但并未系统讨论会计法律制度体系的优化问题。

当前，IASB 以“趋同”（convergence）为主旨，旨在创建一套符合投资者利益、可理解且具有强制性（enforceable）的高质量全球会计准则体系。我国财政部于 2010 年 4 月 1 日发布《中国企业会计准则与国际财务报告准则持续趋同路线图》，要求中国企业会计准则（CAS）持续趋同的时间安排与 IASB 的进度保持同步。持续趋同必将导致会计准则与本土产权法律制度体系分离、冲突等不兼容问题。世界上绝对没有一成不变与一劳永逸的会计法律制度，任何一个法治国家如果不能一如既往、坚持不懈地解决会计法律制度的制定、修订与执行机制运行中的一致性，便不可能避免历史悲剧的重演。优化会计法律制度体系，旨在建立针对“产权—债权—财产继承权”三位一体的法律制度规范，实现对产权界定（产权）、产权交易（债权）与产权继承（财产继承权）的一体化控制和基础性控制。可见，优化会计法律制度体系，形成一套上下逻辑一致、层级分明的会计法律制度体系显得尤为迫切。本章拟系统探讨会计法律制度体系优化的理论基础、必要性与迫切性、指导原则、优化路径与实施方案以及中国会计法律制度体系优化方案。这有助于提高会计法律制度体系的适应性效率，充分发挥会计保护产权的功能，促进生产性努力增长，遏制分配性努力的泛滥，助推经济持续、健康发展。

22.1 会计法律制度体系优化的理论基础：产权保护与适应性效率

22.1.1 理论基础之一：产权保护

产权的重要功能在于为市场中产权主体进行交易时形成合理预期，这些预期通过法律和习俗得以表达。财产的法律概念就是一组所有者自由行使且不受他人干涉的关于资源的权力。财产法上的一个根本问题是当产权受到非法干预或侵害时，如何进行保护。普通法有两种补偿方式：一是损害赔偿，即被告向原告支付损失赔偿费；二是衡平赔偿，即通过发布“禁令”禁止被告做某事。前者侧重应对公害，后者侧重应对私害。产权的载体是制度，制度的基础是产权。产权保护须凭借制度予以实施。制度的经济分析有演进理性主义和工具理性主义两大流派：（1）前者的核心观点是人类社会的制度和秩序并非人类刻意设计与创设的结果，而是通过适应性调整型构而来，具有自生自发特性；制度的演进遵循着“个人习惯→群体习俗→群体惯例→社会规范→法律制度”的逻辑过程，这是英美普通法的演进传统。普通法是由超出人们记忆之外的习惯经过长久的历史积淀发展而来，它能够得以延续和留存本身就说明它是合理的。会计法律制度必须根植于本国市场经济实践，以切实维护利益相关者财产权益为出发点，遵循“会计习惯→会计习俗→会计惯例→会计法律制度”的演进逻辑与路径，这种“自下而上”的演进路径表明，会计制度的生发是会计人员群体经长时间驻存与检验所形成的公认会计行为规范，源于维护市场经济这一“自发秩序”过程中公认的财产权利界定与保护规则，必然属于正当行为规则。（2）后者的核心观点认为，制度是人类为了实现人的目的而刻意设计出来的，这是大陆法系成文法的制定传统。会计法律制度是人类为了建立交易双方（受托双方）的信任通过“自上而下”方式而被刻意设计出来的，其“法典式会计制度”特色鲜明，往往形成“法律遵从型”会计法律制度体系。该体系的生成方式如下：首先是作为“权利法案”的宪法确立维护“私有财产权利”这一最高原则；其次，基于调整平等主体之间权利义务关系的民商法从质的规定性（民法）和量的规定性（商法）对私有财产权利进行细化，分解为占有权、使用权、收益权和处置权，而基于调整非平等主体之间权利义务关系的经济法则细化调整企业财产权益与国家所有者权益之间的分配关系；最后，民商法和经济法中涉及资产定价和收益决定的内容、具体化及操作规则分别形成会计专门法律、会计行政法规和统一会计制度。统一会计制度建设通过实现对产权的统一性控制和基础性控制，旨在维护与保障财产所有者合法经济权益的目的。在工商业主仅使用自有资金经营时，为了保护业主权益，会计仅记录工商业主的财产数量及价值；在借贷资金成为新资金来源后，为了保护债权人权益，会计增加了债权债务核算功能；在工商税收诞生以及投资主体多元化之后，为了保护国家和利益相关者财产权益，会计增加了利润计算与分享功能。会计逐渐形成产权界定和收益分享的功能定位：前者由民商法决定，后者由经济法决定。这使得会计法规必然内在地由民商法和经济法共同决定，这种遵循上位法的会计规则，就是“法律遵从型”会计制度。“法律遵从型”会计法律制度体系的构建须同时满足以下条件：一是各层次依次是对上一层次会计法律制度的细化，且须环环相扣，确保各层次有关财产权利界定和保护规则的系统性与一致性；二是各层级的会计法律制度均属于“正当行为规则”，确保会计法律制度体系属于“良法”。针对会计法律制度体系而言，不管是演进理性主义（英美法系）还是工具理性主义（大陆法系），为了实现对产权的一体化和基础性控制，两者都需要相互借鉴：一是英美法系会计法律制度需要强化宪法、财产法、契约法、公司法、税法与会计制度之间的统一性与一致性，应将会计制度的相关条款纳入契约法、公司法与税法，从而为司法判决提供具有法律证据力的会计信息，减少法官遵循先例的判案成本，提高司法效率；二是大陆法系会计法律制度需要关注习惯、习俗、惯例和社会规范的影响，确保会计法律制度体系属于正当行为规则，属于“良法”。

22.1.2　理论基础之二：适应性效率

诺斯（2008a）认为，适应性效率所关注的是那些型塑经济之长期演化方式的规则。具有适应性效率的制度结构体现为鼓励创新、试验、竞争、决策的分散化、明晰界定的产权契约及破产法等。非人格化的交换制度是西方社会和美国经济长期增长的基础，其出现归因于这些国家在向近代演化过程中形成了具有适应性效率的制度结构。适应性效率是诺斯用来衡量制度效率的理论。诺斯（2008b）从两个层面分析了适应性效率的重要性：一是社会秩序与无序之间的矛盾。秩序是长期经济增长的必要条件，但经济演进又因绝对和相对收入的变化、经济地位变化等而滋生无序，秩序与无序都内嵌于社会自身的制度结构中。制度结构是否具有适应性效率关注的是社会经济能否长期维持秩序或出现无序时能否迅速重建秩序，这对经济的长期增长至关重要。而非人格化交换的制度结构则具有适应性效率。二是稳定与变革之间的矛盾。持续的经济增长依赖于有效的产权结构与政治体制，当新的生产方式出现时，具有适应性效率的制度结构能够迅速而又灵活地进行调整与规制，从而促进生产性努力的增长；而刻板僵化的制度结构将难以应对，使得产权结构与政治体制相互“僵持”，引致分配性努力行为，减损经济增长的动力。如何创建具有适应性效率的制度结构？诺斯将其归因于“关键参与人具有善于学习和开放的特征”“竞争性且分散决策的制度结构”和“对生产者激励的政治体制”三个方面。正式制度与非正式制度之间的协调和融合是提高制度适应性效率的重要途径。资源配置效率与制度适应性效率两者并不总是相容的：前者强调的是既定制度约束下的静态效率，而后者则强调的是制度变迁过程中的动态效率。因此，仅有产权法律制度的建立是不够的，更重要的是建立具有适应性效率的产权制度结构。在国际趋同背景下，各国的会计法律制度体系架构基本建立，但该体系中作为基础层次的统一会计制度大多与上层法律制度存在割裂、冲突等不兼容问题。为了建立具有适应性效率的会计法律制度体系，必须优化会计法律制度体系的系统性与一致性。在两大法系的立法中，议会或国会依据法律制度体系中的自上而下逐级统驭层次来统一各层次法制之间的精神，协调各层次法制之间的内容，以明确法律制度构建的关联性及执行这些法律制度的系统性、一致性。这种系统性与一致性体现为“上位法对下位法的统驭，下位法对上位法的遵从”。

22.2 会计法律制度优化的必要性

22.2.1 会计法律制度体系：市场经济中的基础性产权保护制度安排

在市场交换过程中，交换商品的定价问题以及交易成果测度问题是交换双方最为关心的问题，而资产计价和收益决定正是会计的两大主要议题。会计通过核算系统准确界定产权，通过监督系统有效保护产权，从而解决市场交易中的资产计价和收益决定问题，这为“等价交换”原则的确立奠定了可具操作性的基础，同时反过来促进了市场交换，使得市场规模呈现出“累积性增长”态势。会计法律制度是界定产权和保护产权过程中涉及的会计具体规范，表明会计法律制度本质上属于产权法律制度。不同市场主体之间产权交易对资产计价和收益决定的基础性依赖证实了会计法律制度体系是市场经济正常运转的基础性产权保护制度。另一方面，对于作为产权主体的经济组织而言，计量投入的生产率以及对报酬的计量是其至关重要的需求。因为经济组织是要素所有者交易产权的结果，旨在利用其相对于市场交易的比较优势创造财富，这就要求针对要素所有者（包括生产者）的报酬支付与经济组织的生产率保持一致，因为这种客观、公允和公平的薪酬政策是生产性努力增长的源泉。若报酬随意支付，忽视要素所有者的投入，该经济组织就无法提供生产性努力的激励，更严重的是若报酬支付与组织生产率负相关，则该经济组织就会被分配性努力所毁灭。如果经济组织的计量能力很差，报酬与生产率之间只有松散的联系，生产率就较低；如果经济组织的计量能力很强，生产率就较高。可见，经济组织计量能力的强弱对组织生产率具有决定意义，而会计是经济组织中最基础、最重要、最具操作性的计量系统，对经济组织生产率的提高至关重要。会计通过对经济组织特定时日财务状况和特定期间经营成果的综合反映，可以测度经济组织的生产率，并可指引管理层将报酬支付与生产率相互匹配，使得经济组织中的个人收益率与经济组织整体收益率相一致，从而内在地促进生产性努力的增长，不断提高组织的生产率，推动市场经济持续健康发展。即会计在测度经济组织生产率方面处于基础性地位，而经济组织又是市场经济中最具活力的“细胞”，即经济组织作为市场主体是市场经济的基石。合乎逻辑地，以“经济组织”为中介可以发现，会计在市场经济中处于最基础的地位。综上可见，不论从产权主体之间而言还是从经济组织（本身也是产权主体）内部而言，会计法律制度体系都是市场经济中基础性的产权保护制度安排。这表明，会计法律制度体系优化对于有效保护产权、提高适应性效率和建立良序市场经济而言具有重大意义。

22.2.2　国际趋同与本土特色：会计改革悖论

国际趋同是指各国的会计制度或会计准则①与 IASB 制定的 IFRS 趋于一致。截至目前，IFRS 的制定仍由发达资本市场国家主导。趋同的目的是建立全球统一的高质量会计准则体系，从而实现会计是“一门国际通用商业语言”的目标，可以相互交流并进行对比，以此消除或最大限度减少不同国家之间会计制度存在的差异，为资本跨国流动创造条件。本质上而言，趋同的基础在于市场经济国家中的会计习惯、会计习俗和会计惯例具有共性。趋同不是等同，因为每个市场经

---

① 为了分析方便，本书不区分会计制度和会计准则，视两者的内涵相同。

济国家的会计惯例均具有特殊性，尤其是大陆法系市场经济国家[①]。当前，各国在进行会计改革时均面临一个悖论：若与 IFRS 趋同，将使本国的会计准则丧失本土特色，难以适应本国会计实务需求，降低适应性效率；若不与 IFRS 趋同，虽保持了本土特色，但其提供的财务报表及信息难以获得其他国家的一致认可，引发按其他国家准则或按 IFRS 重编报表的调整成本。全球性会计制度改革的基本方针应以协调为指导，将全球性会计准则构建的基本范围分为一致性、趋同性与协调性三个维度，依次增进，建立现阶段全球性会计准则体系。

现行 IFRS 主要是基于成熟资本市场经济国家的会计实践而制定的一套准则体系。针对具体的国家而言，该如何抉择国际趋同呢？合乎逻辑地，若趋同收益大于趋同成本，则会选择国际趋同；若趋同收益小于或等于趋同成本，则会保持本土特色。现实中不管是趋同收益还是趋同成本都难以量化。一般而言，普通法系国家大多选择趋同，而大陆法系市场经济国家偏好选择“本土特色”。其原因在于：普通法系国家资本市场一般较为成熟，这与 IFRS 制定的基础相契合；与 IFRS 趋同的会计制度，其多数条款与该国的法律制度体系相兼容，即便部分条款与法律制度相冲突，司法实践中基于普通法遵循的“判例法传统”而生发的法律规则（即法官造法）仍能解决现实中的诉讼争议问题，这也是很多普通法系国家会计制度形式上并不属于法律制度体系的深层原因。而大陆法系国家资本市场一般欠发达，这与 IFRS 的制定基础相背离，首先，趋同前本国的会计制度与 IFRS 在较多条款上存在差异，增大了趋同成本；其次，大陆法系国家会计制度大多属于“法典式会计制度”（会计制度具有强制性且属于法律制度体系的重要组成部分），遵循严格的“上位法决定下位法”传统（会计制度由宪法、民商法和经济法规决定），司法判决依据现有法律制度（即法官仅仅执行法律，不能造法）。若该国选择与 IFRS 趋同，必然引致作为“下位法”的会计制度部分条款与作为“上位法”的法律制度体系（民商法、经济法规等）相冲突，削弱了“上位法”的运行基础，会计制度无法满足法律制度司法实践中所需的信息，且在现有大陆法系传统下难以跳出僵局，加大了市场经济的交易成本。所以，大陆法系国家在国际趋同的会计改革问题上大多持谨慎态度，其最大担忧源于国际趋同的会计制度很可能颠覆“法典式会计制度”，使得会计制度与民商法、经济法规相分离，削弱会计信息的法律证据力。对于已经与 IFRS 强制趋同的大陆法系国家而言，为了建立具有一致性特征和适应性效率的会计法律制度体系，实现对产权的一体化和基础性控制，就迫切需要优化会计法律制度体系存在的分离、冲

---

① 如“法典式会计制度”特色鲜明。

突等不兼容问题。

22.2.3　中国会计法律制度体系冲突类型及表现

中国的会计法律制度属于大陆法系范畴。2005 年之前，我国会计制度“本土特色”鲜明，与 IFRS 趋同采取的是循序渐进策略。2006 年财政部颁布了 1 项基本准则和 38 项具体准则，实现了与 IFRS 的实质趋同。2014 年上半年，财政部先后修订 5 项具体准则和发布 3 项新的具体准则，实现了与 IFRS 的持续趋同。当前中国 CAS 与 IFRS 仅存“部分长期资产的减值不能转回”及“同一控制的企业合并”等极少差异。国际趋同的会计改革使得中国原有的“法律遵从型”会计制度被“金融预期型”会计制度[①]取代，削弱了会计法律制度体系的运行基础，引发了会计准则与法律制度之间的冲突，降低了会计信息的法律证据力。当前存在的主要冲突有：

一是严格执行会计准则生成的会计信息，其真实性仍未得到法学界的广泛认可。“金融预期型”会计准则规范的会计处理引入了含有主观性的计量属性（如公允价值、现值、可变现净值等），使得会计信息的证明力或公信力大大降低，而法学界坚持的认定会计信息真实性的标准是“法律遵从”，主张程序理性与结果理性协同一致，这就使得会计法律制度体系正常运行所需的会计信息难以由“金融预期型”会计准则提供，可能导致整个会计法律制度体系的运行基础被架空。财务会计应将“受托责任”作为首要目标，致力于促进实体经济的发展，为企业经营管理和国民经济管理提供具有法律证据力的财务状况和经营业绩信息。

二是会计准则与法律制度的理念发生重大分歧。对于受托责任和决策有用两大财务报告模式而言：前者源于财产的占有权和使用权，体现了法治精神、国情差异和利益相关者的要求，通过发挥公司治理机制功能保护投资者的财产权利；后者对投资者财产权利的保护效果则取决于特定的经济体制、商业惯例及市场发育特征，它适用于规模大、流动性强和股权高度分散的资本市场。与 IFRS 趋同后，会计准则的理念是决策有用，淡化了受托责任，忽视了会计信息的宏观经济作用。会计准则沦为替资本市场参与者买卖公司股权提供相关、可靠信息的工具，主张资产计价采用公允价值计量、收益决定引入未实现的利得与损失，这与

① “法律遵从型”和“金融预期型”会计制度概念首先由周华等（2009）提出，前者是指会计制度的演进遵从本国法律制度，坚持历史成本计量基础、收入/费用观，其显著特点是“依法记账”；后者是指会计制度以满足资本市场投资者决策有用为目标，坚持公允价值计量基础、资产/负债观，其显著特点是“将预期的未实现利得和损失计入利润或所有者权益”。

法律制度一贯坚持的历史成本原则和实现原则的理念相背离。如将未实现的利得和损失纳入损益或所有者权益将导致该部分利润具有不可分配性以及净资产虚增，这与公司法“利润具有可分享性”以及“净资产增加不含预期”的理念相悖。资产与负债按公允价值计量，净资产的公允价值即为公司买卖的参考价格。然而《公允价值计量》准则（IFRS 第 13 号，CAS 第 39 号）均将获取公允价值的估值技术定位于市场法、收益法和成本法，充满了诸多主观估计成分，难以满足“可靠性”信息质量特征。这导致了一系列困境：会计账簿的法律证据力被削弱，利润总额和净利润包含未实现盈亏等预期成分且易被操控，公司法资本保全原则难以贯彻，国民经济统计的准确性大打折扣，对企业管理层的业绩评价将出现偏误，会计法律制度的稳定性和一致性受到影响。

三是会计准则与税收法规彻底分离。“金融预期型”会计准则与税收法规彻底分离的集中表现是企业所得税中应纳税所得额与会计利润之间的差异进一步扩大。税收征管的基础是“查账征收”，“账”就是会计账簿及源自账簿的报表。但目前税法中的收入、费用、应纳税所得额与会计中的收入、费用、利润在定义、包含的内容、确认标准等方面均存在较大差异，这就使得所得税的征管须在“会计利润”的基础上进行大量调整以得出应纳税所得额，无疑增加了纳税调整成本。近年来，随着会计准则持续趋同战略的实施，企业会计准则与税收法规的差异进一步加大（如修订后的 CAS 第 9 号《职工薪酬》准则将独立董事、外部监事视同企业的职工以及离职后福利计划中的设定受益计划义务会计处理均未获得税法认可）。为了减少纳税人的遵从成本，提高税收征管质量与效率，国家税务总局 2014 年 11 月发布修订版《企业所得税年度纳税申报表（A 类，2014 版）》及填报说明。申报表由 41 张表单组成，包括 1 张企业基础信息表、1 张主表、9 类 15 张二级表、22 张三级表和 2 张四级表。其设计思路是：以企业（法人）为主体，在会计利润总额的基础上，通过调整会计与税法差异的方式计算出应纳税所得额，进而计算出应纳税额。但很多纳税人反映表单的填列仍很复杂。而在“法典式会计制度”或“法律遵从型”会计制度中，这种调整很少或几乎没有。“金融预期型”会计准则导致会计核算结果不被税收法规认可，削弱了税法的运行基础。上述现存的冲突表明，中国会计法律制度体系的优化显得尤为迫切。

22.3 会计法律制度优化指导原则：最小化改革成本

上文的分析表明，会计法律制度体系的优化主要是针对大陆法系国家而言，因为普通法系国家遵循“判例法传统”生发的法律规则（法官造法）能够应对趋同引致的本国会计制度与法律制度之间的冲突，同时能对新出现的经济业务引发的诉讼做出及时判决。但是，作为大陆法系主体形式的“制定法”而言，其修订或制定须经政府立法机关主导，这既难以快速解决趋同引发的会计法律制度体系存在的冲突问题，又难以及时适应市场经济中新经济业务出现对会计核算的新要求。即在普通法系的大制度环境下，会计法律制度体系的适应性效率高，而在大陆法系制度环境下，会计法律制度体系的适应性效率相对较低。那么，对于大陆法系国家会计法律制度体系而言，如何提高其适应性效率？这就必须优化会计法律制度体系。如何优化？原则是：最小化改革成本。因为提高适应性效率要求提高会计法律制度体系的制度收益并同时降低其制度成本，但整体而言，各国的会计法律制度体系是与其制度环境相适应的，即制度收益可以假定为给定的，要提高适应性效率的关键是降低会计法律制度的成本（包括制定、修订制度的成本以及运行成本等）。就一国会计制度是否选择国际趋同而言，趋同收益是给定的、可以预期的，但趋同引发的制度成本（会计制度与法律制度之间的冲突引发的摩擦成本、调整成本以及持续趋同引致的准则制定、修订成本等）却难以估计。如何降低会计法律制度的成本？这需要通过会计改革和法律制度优化来协同实现。会计改革与法律制度优化协同有两种模式：一是会计改革遵从现有产权法律制度体系，形成“法律遵从型”会计制度；二是会计改革遵从 IFRS（国际趋同）、形成“金融预期型”会计制度后，现有法律制度体系吸纳会计制度的合理成分，尽量保持会计法律制度体系的一致性。两种协同模式都会带来会计法律制度体系适应性效率的提高，选择何种模式取决于两种模式的改革成本。

22.4　会计法律制度优化路径与实施方案

22.4.1　坚持“本土特色”的优化路径与实施方案

最小化改革成本的原则指导着优化路径的选择。当大陆法系国家会计改革国际趋同收益小于或等于趋同成本时，该国将坚持本土会计制度特色。在此情形下如何优化现存的会计法律制度体系？其实施方案如下：

首先，须明确该国属于“法律遵从型”会计制度。当市场经济发展到一定阶段，出现新的经济业务时（为讨论方便，本书假定为虚拟经济），为了实现对虚拟产权[①]的一体化和基础性控制，就需要针对虚拟产权制定新的法律规则和会计规则，且法律规则统驭会计规则，会计规则细化或补充法律规则，确保“法律遵从型”会计制度得以贯彻。

其次，现实中的优化路径抉择之一：“顺流直下”还是“逆流而上”？对于“法律遵从型”会计制度而言，会计法律制度体系优化的最优选择是“顺流直下”，即先在法律制度体系中针对虚拟产权制定或修订相关法律条款，之后针对虚拟产权单独制定或修订补充相关的会计制度，以实现优化后的会计制度遵从优化后的法律制度，从而维护整个会计法律制度体系的一致性和统一性，并奠定会计制度在该体系中的基础性地位。当然，对会计法律制度体系优化的次优选择是“逆流而上”，即先针对虚拟产权的反映和控制问题制定出新的会计规则。因为在实务中，一旦虚拟产权出现并交易，对其反映和控制就显得尤为迫切，如有些国家就会在准则解释中规定相应的会计处理方法，另一些国家则在财政年度终了时由政府部门（一般是财政部门）做出应急会计处理说明，之后再将其吸纳进会计制度中。然后，政府会计主管部门将有关虚拟产权的会计处理方法反映给国家立法部门，立法部门针对虚拟产权的界定和保护展开立法研究，并据研究成果经立法程序制定、修订或补充相关法律制度。若针对虚拟产权的规定，法律制度和会计制度不冲突，这样仍可以维护整个会计法律制度体系的一致性和统一性，但若两者存在一定的冲突，根据“法律遵从型”会计制度“上位法决定下位法”的逻辑，建议会计制度再次修改以使其与法律制度保持一致，若不修改，则会导致会计制度偏离法律制度，摩擦成本上升引致适应性效率损失，进而增大会计改革成本。

再次，现实中优化路径抉择之二：“循序渐进”还是“平行推进”？循序渐进是指会计法律制度体系的优化要分步骤、有计划、逐步实施，而平行推进则是指会计法律制度体系的优化须同时启动、同步优化。对于法律遵从型会计制度而言，会计法律制度体系优化的最佳选择是“平行推进”：（1）当优化路径选择“顺流直下”时，若针对虚拟产权制定法律制度，应同时启动针对虚拟产权制定会计制度，这样可以确保会计制度对法律制度的高度遵从，维护会计法律制度体系的一致性与统一性；（2）当优化路径选择“逆流而上”时，按照“法律遵从型”会计制度的要求，也必须同时启动制定针对虚拟产权的法律制度。只有这样，会计制度与法律制度才会相互配合，确保会计法律制度体系具备一致性和统

① 市场经济由“实体经济”和“虚拟经济”构成。根据“市场经济是产权经济”的逻辑可知，产权经济由“实体产权经济”和“虚拟产权经济”构成，即“产权 = 实体产权 + 虚拟产权”。“虚拟产权”是与“实体产权”相对的一个概念，系指虚拟经济中交易的财产权客体。

一性的特征，从而为实体产权和虚拟产权的一体化控制提供可靠保障。这种“平行推进”的优化路径可以最大限度地降低会计制度与法律制度之间的不一致引发的摩擦成本，提高会计法律制度体系的适应性效率，符合最小化改革成本的原则要求。

22.4.2　坚持“国际趋同”的优化路径与实施方案

当大陆法系国家会计改革国际趋同收益大于趋同成本时，该国将选择趋同，并将本土特色限制在极小的范围内。在此情形下如何优化其会计法律制度体系？本书建议的实施方案如下：

首先须明确，趋同将使“法律遵从型”会计制度转向“金融预期型”会计制度。两种不同类型会计制度的最大区别在于对“虚拟产权”的会计规范存在实质性差异：前者以受托责任为目标，坚持历史成本计量基础，以提高虚拟产权会计信息的可靠性，并使其具有法律证据力，即得到法律制度的认可；而后者以投资者私人决策有用为目标，坚持公允价值计量基础，以提高虚拟产权会计信息的相关性，满足决策有用的信息需求。因为公允价值的获取存在一定的主观因素（如公允价值第三层级数据主要依赖估计），加之对于公允价值变动这种现实中并未发生实际交易的情形也需进行确认与计量，从而使得会计制度包含了预期因素，沦为金融分析规则。这种“金融预期型”会计制度在实体产权方面与“法律遵从型”会计制度存在的差异较少，差异主要源于虚拟产权（如金融工具，尤其是衍生金融工具）的规制。趋同使得新的会计制度与法律制度发生冲突，并削弱了法律制度的运行基础，会计信息的信任功能、法律证据力大大降低，引发整个会计法律制度体系的非一致性，并使该体系处于非稳定的混乱状态，导致会计改革摩擦成本增加，抵减趋同收益，降低适应性效率，因而迫切需要优化。

其次，现实中的优化路径抉择之一：“顺流直下”还是“逆流而上”？国际趋同的会计法律制度体系，其优化路径只能是“逆流而上”。因为一旦与 IFRS 趋同，优化会计法律制度体系的基本思路就必须以趋同后的新会计制度为基点，通过“逆流而上”的方式修改与会计制度不一致的法律制度，最大限度地维护会计法律制度体系的一致性与统一性。具体的路径方案如下：（1）当趋同的具体会计准则与本国会计惯例相符时，表明该项会计准则属于“正当会计行为规则”。若现行法律制度的相关条款与该会计准则兼容或未有规定时，则法律制度应吸纳该项会计准则的精神进行补充或完善，以确保会计法律制度体系的统一性与一致性；若现行法律制度的相关条款与该会计准则相冲突，表明法律制度的相关条款已经过时（不属于正当行为规则），则应逐步修改法律制度相关条款以确保与该项会计准则保持一致，夯实会计法律制度体系的运行基础，因为只有这样，才能确保会计法律制度体系属于“正当行为规则”，属于“良法”，这是适应性效率的必然要求。(2）当趋同的具体会计准则与本国会计惯例冲突时（主要是计量属性选择），表明趋同的会计准则不属于“正当会计行为规则”，建议采用“附注披露”或“三重列报”（即报表表内分三列，分别列示历史成本、公允价值与会计准则要求的数据）[①] 来传递本国会计惯例或会计准则的处理方法及解决结果，从而为会计法律制度体系的正常运转提供各自所需的数据及信息源，切实提高会计法律制度体系的适应性效率。

最后，现实中的优化路径抉择之二：“循序渐进”还是“平行推进”？国际趋同使得会计法律制度体系的优化路径只能选择“循序渐进”。前文已述，当趋同的具体会计准则与本国会计惯例相符时，不管现行法律制度条款是否与该会计准则相冲突，均须以会计准则为基点，通过补充（兼容或未规定时）或修订（冲突时）的方式调整法律制度条款，维护会计法律制度体系的统一性与一致性。这种补充或修订法律制度条款的方式只能是循序渐进的，原因在于：一是现实中国际趋同（尤其是持续趋同）的会计准则的发布不可能与法律制度的补充或修订保持同步，法律制度条款的修订往往滞后于会计准则的发布。这归因于IFRS以私人投资决策有用为目标（即个人价值目标），强调会计信息的相关性，当某项具体的会计准则无法提供相关的会计信息时，就须及时进行修订，一般经历项目提出、讨论稿、征求意见稿和发布等程序；而法律制度则以维护公众利益为目标（即社会价值目标），强调信息具有法律证据力，以“公平正义”为要义，具有稳定预期的功能，其修订或调整更为谨慎，一般须经历法律议案的提出、审议、表决和公布等程序且涉及多个不同部门的协作。与会计准则的修订相比，法律制度的修订程序更为复杂，涉及的部门更多，耗时更长。二是以趋同后的会计制度为基点，通过“逆流而上”的方式修订法律制度条款，违背了“上位法决定下位法”的传统，立法部门针对域外的会计规则或法律规则，一般会反复权衡会计准则个人价值目标与本国法律制度社会价值目标的兼容与冲突问题，这将是一个长期的协调过程。

---

① “三重列报”操作方案请参见下文。

22.5　中国会计法律制度优化实施方案：逆流而上与循序渐进

中国会计改革采纳了趋同战略，且属于大陆法系国家，因而依前文的逻辑，我国会计法律制度体系优化路径的实施方案是“逆流而上”和“循序渐进”。现代市场经济体系由实体经济和虚拟经济构成，形成了二元经济结构。二元经济结构的背后是二元产权结构，即“产权 = 实体产权 + 虚拟产权”。我国会计法律制度体系优化的具体方案如下：

首先，对于实体产权（如固定资产、存货等非金融资产）而言，其显著特征是价值变动风险小、价值的实现一般具有确定性和稳定性的特征，强调会计信息的可靠性，与其匹配的会计计量基础是历史成本，收益决定坚持配比原则和实现原则；法律制度则以维护社会公平正义为要义，强调基于交易的可稽核、可验证的证据，重视证据的可信度和公信力，坚持历史成本计量、实现原则和配比原则。可见，会计制度的个人价值目标与法律制度的社会价值目标基本一致，这就为两者的协调一致与统一奠定了坚实基础。一般而言，针对实体产权的会计处理方法若不含预期成分，则会计制度与法律制度可以完全协调一致；若含有预期成分（主要是计提的各种减值准备），则会计制度与法律制度的差异应保留，并在附注中或通过“三重列报”提供不含预期的历史成本信息，从而为税法、公司法、合同法、民法等法律制度提供数据源，维护会计法律制度体系的统一性与一致性。

其次，对于虚拟产权（如交易性金融资产、衍生金融工具等）而言，其显著特点是价值变动风险大、交易频繁、价值的实现一般具有非确定性和“随行就市”的特点，强调会计信息的相关性，与其匹配的会计计量基础是公允价值，收益决定包含未实现的利得和损失，会计核算过程充满估计、判断，充当了估值角色。会计制度的个人价值目标与法律制度的社会价值目标存在重大分歧。因而，两者无法完全协调一致。鉴于初始计量时，历史成本计量与公允价值计量结果往往一致，所以建议先将初始确认的会计制度与法律制度完全协调一致。对于后续计量，两种计量的结果存在重大差异，只能正视这种差异，并通过改进列报方式来为法律制度的正常运行提供信息基础。改进后财务报表提供的信息既要满足投资者决策有用的目标，也要满足法律制度的社会目标。鉴于满足法律制度的社会目标主要依赖历史成本计量基础，所以需要将含“预期成分”的信息予以删除或调整。理论上讲，要彻底满足投资者决策有用的私人目标和法律制度的社会目标，就必须采纳双重计量和双重列报：采用完全的公允价值计量满足投资者决策有用的私人目标，采用严格的历史成本计量满足法律制度的社会目标。双重列报的主旨就是在现有列报的基础上将预期成分删除从而为法律制度的正常运行提供会计信息支撑，同时扩大公允价值运用范围为投资者决策提供更相关的会计信息。这种双重计量和双重列报不仅适用于虚拟产权，也适用于实体产权。但是，现行准则是一个由历史成本计量和公允价值计量组成的混合计量系统。为了按照中国 CAS 提供会计信息，财务报表中还需要按 CAS 标准来列报会计数据。基于此，未来财务报表若要同时实现决策有用的私人价值目标、法律所需的社会价值目标和国家要求的列报规范，须推行“三重”列报方案，即在报表中针对每类资产或负债同时列示公允价值、历史成本和现行准则要求的数据，并在附注中披露历史成本计量与公允价值计量差异较大的资产负债信息。

“三重”列报基于双重计量，即对每一项资产或负债既采用历史成本计量又采用公允价值计量。该方案将财务报表改造成“三栏式”，分别列示“历史成本、公允价值和现行准则要求的数据”。具体操作方案如下：（1）对于实体产权的列示而言，初始双重计量结果分别列示在“历史成本”和“公允价值”中，两者往往相等。后续计量若发生减值，“历史成本”列示减值之前的账面价值，“公允价值”列示减值测试的标准（如长期资产一般为可收回金额、存货为可变现净值、贷款和应收款项为现值）；若未发生减值，则将账面价值（初始计量剔除折旧、摊销）列示在“历史成本”中，将减值测试的标准（同上）列示在“公允价值”中。涉及连续会计年度时，主要涉及再次减值或升值的列示。若年末再次发生减值，“历史成本”列示自上一会计期间以来资产在本年末的账面价值（即上期期末数据剔除折旧、摊销后的余额），“公允价值”列示当年年末发生减值测试的标准（同上）。这样在期末，将“历史成本”和“公允价值”对比就可以传递累计发生的减值损失金额。若涉及升值（可能源于物价变动），则“公允价值”仍列示减值测试的标准（同上）。这样，“历史成本”和“公允价值”在年末的对比就可以反映出自初始计量以来，该资产累计的公允价值变动结果。处置时，在利润表中，“历史成本”列示处置时的售价减去处置时该资产的账面价值（按资产负债表中的“历史成本”列示数据）及相关税费来确定，“公允价值”列示处置时的售价减去处置时该资产的“公允价值”列数据（按资产负债表中的“公允价值”列示数据）及相关税费来确定。（2）对于虚拟产权的列示而言。初始计量时，在“历史成本”列和“公允价值”列同时分别列示资产或负债的历史成本与公允价值（两者金额一般相等）。后续计量时，公允价值或现值的变动在资产负债表"公允价值"列中列示经过调整之后的公允价值(即资产负债表日的公允价值)，同时在利润表"公允价值变动损益"或资产负债表"其他综合收益"项目中的"公允价值"列中列示。若该资产发生减值(如可供出售金融资产)，则将减值测试的标准（资产负债表日的公允价值）列示在资产负债表"公允价值"列中，同时利润表对应报表项目中将按现行准则规定确认的"资产减值损失"金额列示在"公允价值"中。若发生减值之后的资产又升值（现行准则也允许转回)，则遵从现行准则处理，将相关计量结果列示在报表的"公允价值"列中。处置时，利润表中对应项目"历史成本"列列示"售价减去初始计量的历史成本及处置中发生的相关税费"（该数据即为企业所得税法规定的投资资产处置所得)，"公允价值"列列示"售价减去处置日的账面价值、处置税费，同时加上将未实现的收益（公允价值变动损益和可转当期损益的其他综合收益）转化为已实现收益（投资收益)"。不管是虚拟产权还是实体产权，第三列均按现行会计准则的要求列示数据，从而形成"三重列报"操作方案。

三重列报中"历史成本"列可以为民商经济法的良序运行提供基础性的数据源，如利润表中"历史成本"列的"利润总额"就代表新增的确定性利润，具有可分配性，符合税法、公司法和破产法等民商经济法理念，是企业所得税法应纳税所得额和公司法可供分配利润的基础数据源。"现行准则要求数据"列列示的数据符合趋同战略和政府监管部门的要求，降低因报表不被其他国家认可而发生的调整成本，有助于促进跨国交易、投资，享受国际趋同收益。总之，该方案为会计制度与法律制度不可协调的冲突问题提供了优化的可行路径选择，可以为法律制度的正常运行提供基础数据源，有助于维护会计法律制度体系的统一性与一致性，实现实体产权和虚拟产权的一体化会计控制，进而奠定会计法律制度体系在虚拟经济快速发展的新市场经济情势下的基础性地位。

第 23 章

产权保护与碳排放权的会计规制

气候变化引发了国际社会对二氧化碳等温室气体排放的广泛关注，1992 年《联合国气候变化框架公约》开启了限制二氧化碳等温室气体排放的全球合作序幕，1997 年《京都议定书》规定了各国的二氧化碳排放量标准，建立了国际排放贸易（ET）、联合履行（JI）和清洁发展（CDM）三类减排合作机制①，允许在限制条件下开展碳排放权交易，2012 年多哈气候大会确定 2013 年至 2020 年为《京都议定书》第二承诺期，这一具有法律约束力的减排框架将继续有效。纵观国际社会对于碳减排采取的举措，从限制排放到允许碳排放权交易，沿袭了以科斯为代表的产权学派环境治理的思想。目前，碳排放权的初始配置与交易已在全球范围内逐步展开，我国北京、重庆、上海、天津、湖北、广东、深圳已经开展碳排放初始配额的分配和碳交易试点，但权威会计准则的缺失使得碳排放权的会计信息缺乏可比性、一致性和决策相关性，进而影响企业财务信息的整体质量。

对碳排放权的相关会计处理已形成两类不同的观点，一类是“单一属性观”，即将碳排放权确定为某类特定资产。碳排放权主要由政府无偿分配和通过碳交易取得，对前者 Jacob（1996）认为，应确认为“捐赠资产”，并以公允价值计量；Ratnatunga 和 Jones（2008）、Braun（2009）则认为应按市场价格确认为无形资产。对于通过市场交易取得的碳排放权，比较典型的观点有将其确认为“无形资产”、金融资产、存货。另一观点为“复合属性观”，即根据一定标准将其确认

① ET 是发达国家之间的超额碳减排指标的贸易转让，JI 是发达国家之间通过项目级合作实现碳减排，CDM 是发达国家向发展中国家提供资金和技术进行的项目级碳减排合作，项目获得的核证减排量用于发达国家履行减排承诺。

为不同的资产，刘佳、彭钰（2012）针对我国国内基于清洁发展机制（CDM）项目的初级碳交易市场和未来成熟的碳交易市场两种情况，将碳排放权分别归为“无形资产”和“可供出售金融资产”；王艳龙和孙启明（2010）根据企业持有目的将其归为“无形资产”和“金融资产”，后续分别按摊余成本和公允价值计量。毕马威（KPMG，2008）提出从排放者（Emitters）、生产者（Creators）、交易者/经纪商/机构投资方（Traders/Brokers/Aggregators）、投资方/咨询者（Investors/Consultants）四类会计主体的不同角度归类分别考虑其会计处理。

碳排放权会计处理的研究形成“百花齐放”局面的深层次原因在于其内在性质的特殊和全球碳交易市场发展的非同步性，只有运用产权理论，对碳排放权的权能加以分析，才能对其内在特性有准确的认识，会计处理应建立在产权权能分析的基础上，以产权保护为导向，才可能提纲挈领，解决其会计确认和计量这一关键问题，为我国碳排放权会计准则的制定提供参考依据。

23.1　碳排放权会计确认与计量的产权基础

根据产权会计理论，产权即财产权，包括对实物形态和价值形态的财产权的管理。碳排放权就是特定主体向大气中排放二氧化碳和其他温室气体①的权利，特定主体在我国目前主要指碳排放受到管控的工业企业。二氧化碳作为一种特殊的气态实物资产，现有技术已经能够对其物理量进行准确测度，通常对照碳排放采用吨或二氧化碳当量（CO_2-e）为单位来计量。二氧化碳当量是用于比较和度量不同温室气体的基本单位，以某种温室气体的吨数乘以全球增温趋势②（GWPs，Global Warming Potentials）获得。企业可以通过政府初始配置和交易获取碳排放权，但需要支付相应的对价，这可视为碳排放权的价值形态。因此，从内在权能分析，碳排放权应当包含对实物和价值两个维度权利的管理权能，实物维度即碳排放权所容许的碳排放物理量，我们将与此有关的权能称之为“碳产权”，是指企业依法享有、使用、处置碳排放物理量的权利；碳排放权的价值维度管理权能是指对碳排放物理量的相应对价加以计量、确认，并依法享有其带来

---

① 这里指《京都议定书》所规定的六种主要温室气体：二氧化碳、甲烷、氧化亚氮、六氟化硫、氢氟碳化物和全氟化碳。

② 全球增温趋势（GWPs，Global Warming Potentials）即排放到大气中的一千克温室气体与同期一千克二氧化碳所产生的辐射强迫之比，例如，根据 IPCC 第四次评估报告，二氧化碳、甲烷、氧化亚氮的 GWP 值分别为 1、25 和 298。

的经济收益或承担相关经济损失的权利，我们将其称之为“碳财权”，它由碳产权衍生而来，依托于碳产权而存在。碳财权是对碳产权承载的经济价值的计量，在形式上与碳产权可以分离。例如，CDM 项目需经联合国执行理事会（Executive Board，EB）指定专门机构核证减排量（CERs，Certified Emission Rights）并颁发证书，核证减排量（CERs）证书体现的是碳产权的物理量形态。然后，获准的碳减排指标经中介机构通过碳交易市场进行交易，通过定价机制对碳排放权进行价值计量，这是碳财权权能的体现。

23.2 碳排放权的会计确认

碳排放权在初始配置和交易中，均发生了与碳产权权能流转对等的碳财权价值流动，对此应进行会计确认。根据 IASB/FASB（2006）对资产的定义：一个主体对其拥有排他的权利或其他权益的现时经济资源。碳排放权满足上述“资产”的定义中所应具备的三项特征，第一，碳排放权是一项现时的经济资源，目前，我国基于 CDM 项目产生的碳排放权经过 CERs 认证才能认可，如果没有经过指定的核实程序专门测量和审计其碳排放，就不可能在国际碳排放市场上转让其碳排放量以获取价值，同时，CDM 项目的审批有固定的程序，准入门槛较高，产生的碳排放量又是有限的，这种稀缺性决定了其经济价值的存在；第二，碳排放权持有主体对该资源的使用拥有排他权利或其他优先权益，可以占有、使用和处置该项资产，并获取收益；第三，该权利或其他优先权益在资产负债表日是存在的，即碳排放权主体在资产负债表日尚未处置该项资产。因此，应当将碳排放权确认为一项资产。

但是，碳排放权是一种权利资产，一定配额的碳排放权指向相应的碳排放物理量，没有固定形态，不同于固定资产；也没有可视的实物形态，使用期限可能确定，也可能不确定，在形态和流动性上均不符合存货的特征；虽然不可视，但它拥有的物理量通过现代科学技术可以进行测量，因此它的“无形”只是相对于人类肉眼视觉的有限性而言，与无形资产有着本质区别，在碳交易市场上也可能由投资方为获取收益而持有，其投资性特征远远胜过无形资产；它有类同金融工具的投资性特征，但所具有的物理特性又使其与金融工具相异，以碳排放权为基础产生的碳期货、碳期权、碳基金等衍生金融工具，价值的不确定性、持有目的的复杂性都大为增加，其性质与特征已完全不同于碳排放权本身，不能将碳排放权与其衍生品混同确认为金融工具。根据国际会计与报告标准政府间专家工作组（ISAR）制定的《环境成本和负债的会计与财务报告》对环境资产的界定，即“符合资产确认的标准而被资本化的环境成本”，碳排放权符合资产特征，又源起于气候变化对全球环境的影响，政府初始配置时免费分配的配额，表面看来没有付出直接成本，但实际上政府在对国家或区域的环境治理时，已支付了包含碳排放治理的成本，其资金形态表现为公共支出，来自于公共收入，深溯其源，纳税主体也承担了一部分，是属于“先付成本”，相对于配置过程，则是一种间接的成本，因此，也应根据市场价格确认其资本化的成本。用于交易的碳排放权，其形成时间长，投入的环境成本需要经过较长时期才可能得到补偿，符合资本化的条件，因此，碳排放权应确认为“环境资产”。

从碳排放权的初始配置和交易来分析，碳排放权初始配置仅涉及开发方（政府）与消费方，碳排放权交易的参与主体包括开发方（碳汇生产者）、消费方和中间投资方。毕马威（KPMG，2008）提出从会计主体的不同角度进行分类会计处理的模式，从根本目的来看，交易者、生产者也是投资方。各类会计主体获取碳排放权的直接目的有两类，一类是获取碳产权，以取得其允许的碳排放物理量，满足其对碳产权所包含的碳排放物理量的消费需求，即为了消费，主要为消费方；另一类是获取碳财权，以便未来出售以弥补成本，获取增值收益，即为了投资，包括开发方（碳汇生产者）和中间投资方。此外，政府进行碳排放权的初始配置是培植碳交易市场主体，促进碳交易市场形成的基础，运用免费发放碳排放配额的方式，便于对其所涉及的公共资金的结算，以合理弥补政府在碳减排治理所付出的成本，属于政府的一种环保投资行为。在消费方所获得的碳排放权配额超过其消费的需求时，可以将剩余的配额进行出售，就这部分转售的碳排放配额而言，消费方使用它的目的已由消费转为投资，应视同中间投资方来进行会计处理。

由此，以获取碳产权为直接目的的消费方可设“环境资产——碳排放权”、以获取碳财权为直接目的的开发方和中间投资方可设“投资性环境资产——碳排放权”，分别对碳排放权进行会计确认。这样更符合碳排放权配置和交易的本质特征，既方便对碳排放权一级或二级市场的配置、交易的会计确认的统一，也有利于碳排放权买方、卖方会计确认的相互对应。首先，碳排放权交易无论发生在一级市场还是二级市场，两类市场下虽然定价机制不同，但目的均可归为获取碳产权或碳财权，换言之，均是为了消费或投资，会计主体目的不同，所用科目不应相同但必须对应。其次，消费方的碳排放权可以在未来某一时点减少企业因碳排放超标而将承担的经济利益的流出，这符合环境资产的特征；以投资为目的的碳排放权，无论是为初始卖方所开发，还是中间商购进后卖出，均是以获取投资收益为出发点和行动准则，符合投资性环境资产的特征。因此有必要从投资方与消费方两类会计主体的角度分别进行会计确认。

进行会计确认的记录时，开发方和中间投资方均应将其获取的碳排放权确认为“投资性环境资产——碳排放权”，对应的会计科目为“开发成本”；最终消费方无论是通过政府配置还是通过市场交易获得碳排放权，均应将其确认为“环境资产——碳排放权”。当消费方获取的政府配额或购进的配额有多余时，可将其改变用途转为“投资性环境资产——碳排放权”，实现对外销售，以便于消费方对于碳排放权的实际使用和转变用途后实现的收益的核算。

23.3 碳排放权的会计计量

葛家澍（1998）认为，一个完整的计量模式，除计量对象外，还应包括两个要素：计量属性和计量尺度。一般生产经营过程中所有的投入与产出均以货币计量，对其产品或服务进行会计计量的核心在于计量属性，包括历史成本、重置成本、现值、公允价值计量等。相比之下，碳排放权的会计计量对象存在特殊性，碳排放权的开发与形成，需要有对等的碳汇或碳减排量，其使用也需要对碳排放主体进行碳排放量的监测和计算，所以碳排放权的计量不只是简单关于碳财权所反映的碳排放权的价值转移与补偿，还需涉及碳产权所包含的碳排放物理量的开发与使用时的增减变动。而碳排放物理量的变动建立在技术计量的基础上，依赖于专业的大气监测仪器与技术。图 23－1 建立了碳排放权的会计计量模式。

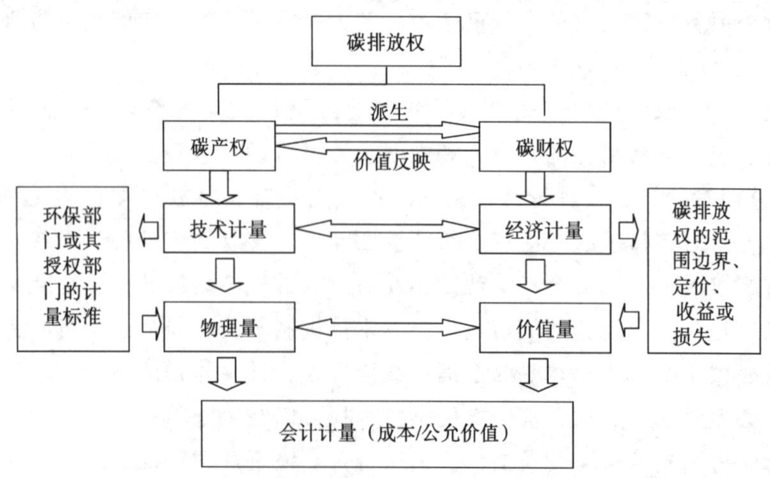

图 23－1　碳排放权的会计计量及其基础

碳排放权的技术计量主要是对碳排放权在形成过程中的碳汇、使用过程中的碳排放量的监测与计算。碳排放权开发方需要通过对碳汇的计量，获得特定碳排放权所拥有的真实减排量；碳排放权消费方需要通过对自身的碳排放量的计量，合理制定碳排放量预算，确定碳减排额度。碳排放权技术计量应遵循环境保护或其授权部门所制定的标准，如对造林项目的碳汇，可参照《中国绿色碳基金造林项目碳汇计量与监测指南》（2008），根据其规定的程序与方法对各类碳库（Carbon pool）中的碳活动水平①和排放因子②进行具体的监测与计算。对于碳排放权消费方碳排放量的监测，目前可通过碳足迹测量来实现，碳足迹是指归属于某一特定组织的温室气体排放总量（Carbon Trust，2008）。基于生命周期法（LCA，Life Cycle Analysis or Assessment）、环境投入产出法（EIO，Environmental Input - Output）、生命周期和投入产出法混合法（Hybrid - LCA - EIO）等计算碳足迹的方法已得到广泛运用。其中，生命周期法是对一种产品从原材料获取到产品生产、使用和处置、回收利用的全过程中所有环境方面和潜在影响因素进行考虑的方法，主要用于产品或组织碳足迹的计量，相关碳活动水平和排放因子的获取取决于技术计量；环境投入产出法则可用于分析计算某一国家或区域中家庭或各收入阶层碳足迹的平均值，进而计算宏观范围内的碳足迹；混合法由 Wiedmann 和 Minx（2007）提出，用于评估产品或服务等微观系统的碳足迹。具体到企业，常用生命周期法和混合法进行碳足迹评估。

基于碳排放价值量的碳财权的计量，主要涉及碳排放权的范围边界、定价、收益或损失的确定，这需要建立在经济计量的基础上。随着监测精度和准确度的提高以及相关技术的不断发展，技术计量的范围将无限扩大，而成本也会随之成倍增长。从成本与效益原则出发，运用经济计量，可根据实际统计资料，就某一碳排放开发或使用主体，通过筛选碳汇或碳排放的主要决定因子，构建反映主要决定因子与碳汇或碳排放总额之间的经济关系模型，使同类型的主体可以据此来计量其碳汇或排放总量。同时，为使会计信息满足简明、可理解的质量要求，在计量尺度上，对于碳排放权交易仍可采用货币计量，以便于表内反映，将技术计量取得的碳排放物理量转换为以货币表示的价值计量，需要建立在对碳排放权定价的经济计量的基础上，如对碳排放权开发者来说，需要运用经济计量来确定构成碳排放权的碳汇的价值计量边界、根据开发投入与市场行情权衡其定价。

在技术计量与经济计量确定了碳排放物理量与价值量的基础上，可以开展碳

---

① 活动水平（Activity data）：一定时间内引起温室气体排放或所清除的人类活动数量的大小。

② 排放因子（Emission factor）：单位活动水平数据排放的温室气体的量。

排放权的会计计量，包括对“投资性环境资产——碳排放权”或“环境资产——碳排放权”进行初始计量与后续计量，关键在于确定其计量属性。由于国际已存在活跃碳排放权交易的市场，如EU ETS等，而我国碳交易市场则处于起步阶段，部分城市已进入先期试点，但全国统一的碳交易平台尚未建立，活跃的碳交易市场有限，因此，后续计量宜允许成本模式与公允价值模式共存，碳交易参与方可根据其所在地碳交易公允信息的充分性水平进行计量属性的选择。

初始计量时，成本与公允价值两种计量模式下的会计处理相同。开发方和消费方均按开发、配置或交易取得的碳排放权实际成本入账，其中，碳排放权开发方的实际成本包括投资性环境资产达到可使用状态前所实际投入的土地开发支出、原材料支出、碳排放监测设备设施支出、安装支出、应予以资本化的借款费用、相关税费和可直接归属于该资产的其他支出，先计入“开发成本——碳排放权”，建成并获得注册以后再转入“投资性环境资产——碳排放权”。消费方按其外购过程中发生的买价、税费、交易手续费和其他相关费用计入“环境资产——碳排放权”。如果初始配置是由政府发放免费配额而无偿取得，以市场价值确认并贷记“递延收益”。

后续计量中采用成本计量的，如能明确使用期限，应对环境资产、投资性环境资产计提折旧或摊销，存在减值迹象的，应按资产减值的规定计提减值准备，借记“资产减值损失——碳排放权”，贷记“（投资性）环境资产减值准备——碳排放权”。无法具体确定使用期限的，应定期根据减值迹象计提减值准备。因消费而减少的碳排放权可按其实际成本借记“制造费用——碳排放成本”科目，贷记“环境资产——碳排放权”，即将环境资产的价值间接分摊计入生产成本中，最终由产品使用者承担，这符合基于产权的“谁受益，谁出资”的环境治理原则；因出售、转让而减少的碳排放权按实际转让收入借记资产类科目，按开发或投资成本贷记“投资性环境资产——碳排放权”，同时确认投资收益或损失。如果初始确认时为政府免费配额取得时，如果碳排放权最终得以消费，应结转“递延收益”至当期“营业外收入”，如果碳排放权最终得以出售或转让，则结转“递延收益”至“投资收益”。期末，“（投资性）环境资产——碳排放权”科目表明企业所拥有或控制的尚未被使用、出售或转让的碳排放权资产的实际余额。成本模式下，由于碳交易的历史成本是由过去的交易或事项所决定的，会计计量不确定性减少，结合减值计量技术的运用，提供的信息相对谨慎，但对升值情况不在表内反映，市场价值上升的情况下缺乏决策相关性，对碳排放权属于保守性保护。

采用公允价值进行后续计量应同时满足以下条件：所在地有活跃的碳排放权

交易市场；能从碳排放权交易市场上适时取得同类或类似碳排放权的市场价格及其他相关信息，从而对碳排放权的公允价值做出合理的估计。这时，不对碳排放权资产进行摊销或计提折旧，而是以资产负债表日碳排放权的公允价值为基础调整账面价值。需设置“环境资产——碳排放权（成本）”“投资性环境资产——碳排放权（成本）”反映其取得成本，“环境资产——碳排放权（公允价值变动）”“投资性环境资产——碳排放权（公允价值变动）”反映取得日后持有期间公允价值的变动，公允价值与原账面价值之间的差额计入“资本公积——其他资本公积”。就消费方而言，如果碳排放权最终用于消费，则借记“制造费用”科目，贷记“环境资产——碳排放权（成本）”和“环境资产——碳排放权（公允价值变动）”，同时将“资本公积——其他资本公积”转至“营业外收入”；如果最终用于出售或转让，则应根据使用目的将“环境资产”相关明细科目的金额转至“投资性环境资产”对应的明细科目下，待到处置时再从“资本公积——其他资本公积”转入“投资收益”。如果初始确认时为政府免费配额取得，其消费、出售或转让所记入的会计科目同前，但在持有过程中，应按公允价值模式对其价值进行调整。期末，“环境资产——碳排放权”科目表明尚未被使用、出售或转让的碳排放权的资产公允价值余额，“资本公积——其他资本公积（碳排放权）”反映当期碳排放权的公允价值变动额。这样的处理既能使碳排放权的价值变动适时体现在资产负债表中，对升值需要等到实现时再计入损益，在损益表中加以确认，对收益的确认符合谨慎性原则，有利于对于碳排放权产权的动态保护，符合产权界定和保护的最优原则。

23.4　研究结论与建议

本章以产权理论为基础，从产权保护维度探讨了碳排放权初始配置与交易的会计确认和计量的产权基础、碳排放权交易的会计确认、会计计量属性选择问题。研究表明，投资方和消费方可应分别将碳排放权确认为“投资性环境资产——碳排放权”和“环境资产——碳排放权”；会计计量应建立在技术计量与经济计量的基础之上，初始计量采用成本计量，后续计量以成本模式与公允价值模式共存，由会计主体根据所在地碳交易市场的完善程度进行选择。

目前，碳排放权相关的会计准则还未确立，学术界对碳排放权配置与交易的会计确认和计量尚无一致意见。根据本章所确立的碳排放权的会计确认与计量模式，我们对碳排放权会计准则的建立提出以下建议：

(1) 碳排放权会计准则应以碳排放权的产权保护为导向建立其会计确认、计量和披露的逻辑框架

十八届三中全会明确要求“推行碳排放权交易制度”，这将促进归属清晰、权责明确、监管有效的碳排放产权制度的尽快形成。碳排放权的会计确认与会计计量始终应以产权保护为出发点，根据碳产权与碳财权之间的内在联系来建立确认与计量的规则；同时，在信息列报披露时，应将“环境资产”或“投资性环境资产”列示于资产负债表内，将相应的“开发成本”“投资收益”列示于损益表内，分别反映在当期的财务状况和经营成果中。与表外单独反映或增设“环境会计报表”相比，这样有利于发挥会计的外部性内部化功能，当会计信息使用者进行决策时，就能将碳排放权的开发或投资、使用及其对财务的影响的相关信息与其他财务信息一并考虑，从而使碳排放权的财务信息成为“决策有用”信息。在此基础上制定碳排放会计准则，体现了“会计的使命是界定产权（核算）和保护产权（监督）”（Watts 和 Zimmerman，1983）的基本思想，并使会计准则与法律法规保持一致性。

(2) 现阶段应以增强碳排放权会计准则的普适性、前瞻性和稳定性为前提建立碳排放权的会计实务模式

碳排放权交易在全球的发展并不同步，根据《京都协议》的规定，缔约国分工业化国家、发达国家和发展中国家三类，分别承担不同程度的碳减排责任与义务。目前，我国碳排放权初始配置和碳交易市场的建立已经进入试点阶段，碳排放权会计确认和计量成为亟待解决的现实问题。同时，部分工业化国家已经建立起较为完善的碳排放初始配置体系和碳排放交易市场，基于清洁发展机制，发达国家的企业可以将其与发展中国家合作发展 CDM 项目所获得的 CERs 用于履行其在国内的温室气体减限排义务（消费），或在相关的市场上出售获得经济收益（投资）。随着碳交易全球市场的逐步展开，碳排放权的会计确认和计量必将涉及国内国外两个市场交易主体，即两类会计主体。长远看来，本章所提倡的会计处理模式，在会计确认上，分投资方与消费方两类会计主体采用对应而非雷同的会计科目，将依然适用于国际碳交易；在会计计量上，从产权分析得出其技术计量与经济计量的基础，允许成本模式与公允价值模式在会计计量中共存，即便碳排放权交易双方会计主体所在地碳交易市场发育程度不同，双方仍可根据实际情况进行适当选择，有利于从理论上厘清学术研究中各类计量技术、经济计量模型与会计计量的关系，有效引导国内国际碳排放权的会计处理活动。此外，我们主要探讨以企业为碳排放权使用主体的会计处理，事实上，未来的碳排放权交易也可能发生在政府与政府之间、地区与地区之间，或者地区之内的功能区之间，

这一会计确认与计量模式仍然适用。

（3）碳排放权会计准则的制定在内容上应为其他环境资产会计留有空间，以保持同类资产会计处理的一致性

以此模式为基础制定的会计准则不仅适用于碳排放权的会计确认与计量，还应考虑其向同属于环境资产、投资性环境资产的相关环境产权的会计处理的拓展空间。目前，排污权、弃置权等的交易实务已逐步展开。对于排污权、弃置权的会计核算，其性质与碳排放权类似，同属于“环境资产”。国内排污权交易市场较碳交易市场起步更早，市场机制更趋完善，可设立“环境资产——排污权”和“投资性环境资产——排污权”会计科目进行核算。对于弃置权，可在其初始配置和市场交易等相关客观条件成熟时，设“环境资产——弃置权”和“投资性环境资产——弃置权”进行核算。会计计量也均需要建立在相关产权与财权基础上，采取技术计量与经济计量相结合的方式。初始计量与后续计量模式可以沿用。

参考文献

（美）阿尔钦，德姆塞茨 . 1972. 生产、信息费用与经济组织 . 载：（美）科斯，阿尔钦，刘守英译 . 1994. 财产权利与制度变迁：产权学派与新制度学派译文集 . 上海：上海人民出版社 .

（美）德姆塞茨 . 1999. 所有权、控制与企业——论经济活动的组织 . 北京：经济科学出版社 .

（美）诺斯著，刘守英译 . 2002. 财产权利与制度变迁 . 上海：上海人民出版社 .

（美）诺斯著，杭行译 . 2008. 制度、制度变迁与经济绩效 . 上海：上海人民出版社 .

（美）诺斯著，胡志明译 . 2008. 理解经济变迁过程 . 上海：上海人民出版社 .

（美）斯密德著，刘璨，吴水荣译 . 2004. 制度与行为经济学 . 北京：中国人民大学出版社 .

（加）斯科特著，陈汉文等译 . 2006. 财务会计理论 . 北京：机械工业出版社 .

（美）埃里克 · 弗鲁博顿、（德）鲁道夫 · 芮切特著，姜建强、罗长远译 . 2006. 新制度经济学：一个交易费用的分析范式 . 上海：上海三联书店、上海人民出版社 .

（美）查特菲尔德著，文硕等译 . 1989. 会计思想史 . 北京：中国商业出版社 .

（美）德姆塞茨 . "关于产权的理论" . 1967. 载：（美）科斯等著，刘守英译. 1994. 财产权利与制度变迁 . 上海：上海人民出版社 .

（美）诺斯等著，厉以平等译 . 1999. 西方世界的兴起 . 北京：华夏出版社 .

（美）诺斯著，陈郁等译 . 1991. 经济史中的结构与变迁 . 上海：上海三联书店出版社 .

（美）阿尔钦、德姆塞茨 . 产权范式 . 1973. 载：盛洪主编 . 2003. 现代制度经济学（上卷）. 北京：北京大学出版社 .

（美）巴泽尔著，费方域、段毅才译 . 1997. 产权的经济分析 . 上海：上海三联书店、上海人民出版社.

财政部会计司.2010. 中国企业会计准则与国际财务报告准则持续趋同路线图，会计研究，4：89~90.

陈灯塔.2003. 中国股票市场的渐进有效性研究：评论，工作论文：中国金融学术网.

陈灯塔，洪永淼.2001. 中国股市弱式有效吗？基于一种新方法的实证研究，经济学（季刊)，4：97~124.

陈辉发.2013. 会计准则国际趋同与信息质量国际比较. 上海：上海世纪出版集团.

陈美华.2004. 价值理论与公允价值. 经济问题，12：6~8.

陈胜蓝，魏明海.2007. 董事会独立性、盈余稳健性与投资者保护. 中山大学学报（社会科学版)，2：96~102.

陈文华，尚丽霞.1997. 浅谈中国会计的起源与发展. 史学理论研究，3：130~133.

陈裔金.1997. 设租与寻租行为的经济学分析. 经济研究，4：66~73.

陈余友.1992. 对我国会计命名起源及其最初含义的考析. 财贸研究，1：74~80.

成思危.1999. 虚拟经济与金融危机. 管理科学学报，1：4~9.

成思危.1999. 虚拟经济与金融危机. 管理科学学报，1：1~6.

段毅才.1992. 西方产权理论结构分析. 载：盛洪主编. 2003. 现代制度经济学（下卷). 北京：北京大学出版社.

樊纲. 论改革过程.1991. 载：改革、开放与增长，“中国经济论坛”1990年学术论文集. 上海：上海三联书店.

樊纲.1993. 公共选择与改革过程. 载：盛洪主编. 2003. 现代制度经济学（下卷). 北京：北京大学出版社.

费方域.1998. 企业的产权分析. 上海：上海人民出版社.

傅磊.1998. 会计信息披露与我国证券市场，管理世界，2：85~88.

盖地.2001. 大同小异：中国企业会计标准与国际会计准则. 会计研究，7：34~71.

高鸿钧.2013. 英美法原论. 北京：北京大学出版社.

葛家澍，杜兴强. 2009. 财务会计理论：演进、继承与可能的研究问题. 会计研究，12：14~31.

葛家澍，高军.2013. 论会计的对象、职能和目标. 厦门大学学报（哲学社会科学版)，2：30~37.

葛家澍，林志军.2002. 现代西方会计理论. 厦门：厦门大学出版社，245~247.

葛家澍，刘峰.2011. 论企业财务报告的性质及其信息的基本特征. 会计研究，12：3.

葛家澍，徐跃.2006. 会计计量属性的探讨. 会计研究，9：7~14.

葛家澍，叶丰滢.2009. 论财务报表的改进：着眼于正确处理双重计量模式的矛盾. 审计研究，5：3~8.

葛家澍，叶丰滢.2010. 双重计量在财务报表列报中列报的新探索. 厦门大学学报（哲学社会科学版），1：38~40.

葛家澍.2003. 财务会计的本质、特点及其边界. 会计研究，3：3~7.

葛家澍.2009. 关于公允价值会计的研究：面向财务会计的本质特征. 会计研究，5：6~13.

葛家澍.2010. 正确认识财务报表的计量. 会计研究，8：3~8.

葛家澍.2011. 公允价值会计研究. 大连：大连出版社.

葛家澍.2007. 关于在财务会计中采用公允价值的探讨. 会计研究，11：3~8.

葛家澍.2012. 会计·信息·文化. 会计研究，8：3~7.

葛家澍.2006. 创新与趋同相结合的一项准则. 会计研究，3：3~7.

龚翔，许家林.2008. 会计法规变迁与产权保护机制演进. 会计研究，10：9~17.

郭道扬.2004. 论产权会计观与产权会计变革. 会计研究，2：8~15.

郭道扬.2013. 会计制度全球性变革研究. 中国社会科学，6：72~90.

郭道扬.2004. 论产权会计观与产权会计变革. 会计研究，2：8~15.

郭道扬.1999. 修订《会计法》的历史性进步. 会计研究，11：8~10.

郭道扬.2002. 论两大法系的会计法律制度体系. 会计研究，8：3~10.

郭道扬.2002. 论两大法系的会计法律制度体系（续）. 会计研究，9：16.

郭道扬.2004. 会计史研究（第2卷）. 北京：中国财政经济出版社，45~46.

郭道扬.2004. 论产权会计观与产权会计变革. 会计研究，2：8~17.

郭道扬.2005. 论统一会计制度. 会计研究，1：11~24.

郭道扬.2007. 复式簿记历史环境新论. 会计研究，12：15~16.

郭道扬.2008. 论中国会计改革三十年. 会计研究，11：3~8.

郭道扬.2013. 会计制度全球性变革研究. 中国社会科学.6：72~90.

郭道扬．2005. 产权会计史研究（序）．北京：中国财政经济出版社．

郭道扬．2007. 复式簿记起源历史环境新论．会计研究，12：15～23.

郭道扬．2004. 会计史研究（第1卷）．北京：中国财政经济出版社．

郭道扬．2004. 会计史研究（第2卷）．北京：中国财政经济出版社．

郭道扬．2008. 会计史研究（第3卷）．北京：中国财政财经出版社．

郭道扬．2009. 人类会计思想演进的历史起点．会计研究，8：3～13.

郭复初．1997. 财务通论．上海：立信会计出版社．

国家林业局应对气候变化和节能减排工作领导小组办公室．2008. 中国绿色碳基金造林项目碳汇计量与监测指南．北京：中国林业出版社．

哈耶克．2000. 法律、立法与自由．北京：中国大百科全书出版社．

何勤华．2006. 外国法制史．北京：法律出版社．

洪银兴．2007. 市场秩序和规范．上海：上海人民出版社．

胡光志．2003. 会计法律制度及其前沿问题探讨．现代法学，3：71～78.

胡庭清，谢诗芬．2011. 非活跃市场环境下公允价值计量相关问题研究．当代财经，7：110～121.

黄少安，王怀震．2003. 从潜产权到产权：一种产权起源假说．经济理论与经济管理，8：13～16.

黄少安．2004. 产权经济学导论．北京：经济科学出版社．

黄少安．1995. 产权起源探索．经济学家，3：83～94.

黄信．2011. 经济转型、制度环境与制度适应性效率．社会科学战线，9：260～261.

江笑云，孙辉．2010. 新会计准则执行效果实证研究结论与启示．经济问题探索，6：133～139.

葛家澍．2011. 公允价值会计研究．大连：大连出版社．

康均．2005. 产权会计史研究．北京：中国财政经济出版社．

考特，尤伦著，张军等译．1999. 法和经济学．上海：上海人民出版社．

科斯，王宁．2013. 变革中国：市场经济的中国之路．北京：中信出版社．

雷宇．2012. 财务会计的信任功能．会计研究，3：26～30.

李军林．1998. 权利、均衡与制度变迁．南开经济研究，2：54～60.

李连军．2007. 会计制度变迁与政府治理结构．会计研究，6：33～39.

李林婧，王德发，2012. 基于CDM的碳排放权会计处理探讨，财会通讯，8：50～51.

李明．2014. 各国会计法律制度特点与启示．财务与会计，12：63～64.

李心合．2002．会计制度的信誉基础．会计研究，4：17．

李学峰，王兆佳，李佳明．2013．噪声交易与市场渐进有效性，经济学（季刊），3：913～934．

李学峰，文茜．2012．资本市场对外开放提升了市场有效性吗？一项国际比较研究，国际金融研究，8：85～96．

李远鹏，李若山．2005．是会计盈余稳健性，还是利润操纵？来自中国上市公司的经验证据．中国会计与财务研究，7：1～31．

李增泉，卢文彬．2003．会计盈余的稳健性：发现与启示．会计研究，2：19～27．

刘斌，徐先知．2010．新会计准则国际趋同的效果研究．财经论丛，2：8～84．

刘峰，葛家澍．2012．会计职能·财务报告性质·财务报告体系重构．会计研究，3：15～19．

刘峰，吴风，钟瑞庆．2004．会计准则能提高会计信息质量吗？来自中国股市的初步证据．会计研究，5：8～19．

刘峰．2000．会计准则变迁．北京：中国财政经济出版社．

刘峰等．2009．会计的社会功用：基于非历史成本研究的回顾．会计研究，1：36～42．

刘峰等．2004．会计准则能提高会计信息质量吗．会计研究，5：8～20．

刘佳，彭钰．2012．我国碳排放权及其交易会计问题探讨．财会研究，7：25～27．

刘启亮，陈汉文．2010．会计制度、二元价值与会计履约范式．当代财经，9：98～105．

刘永泽等．2012．我国企业会计准则国际趋同效果研究．大连理工大学学报（社会科学版），1：19～24．

刘永泽等．2012．我国上市公司综合收益信息的价值相关性．晋阳学刊，4：73～78．

刘云．2001．关于我国会计活动起源的考证．会计研究，11：64．

卢太平等．2005．论会计法律制度对财务报告质量的影响．财贸经济，4：58～60．

卢现祥．1996．论产权的起源与国家在产权制度形成中的作用．经济理论与经济管理，5：8～11．

卢现祥．1996．西方新制度经济学．北京：中国发展出版社．

卢新国．2009.《小企业会计制度》执行情况分析及对策．会计研究，12：47～56.

罗斌元．2014. 非条件稳健性、条件稳健性与企业投资效率．中南财经政法大学学报，2：119～127.

罗婷等．2008. 解析新会计准则对会计信息价值相关性的影响．中国会计评论，6：129～140

马克思，恩格斯．1979. 马克思恩格斯全集．北京：商务印书馆．

马永金，黄少安．1999. 恩格斯与新制度经济学产权起源观的异同．学习与探索，4：18～21.

毛新述，戴德明．2008. 会计制度变迁与盈余稳健性：一项理论分析．会计研究，9：26～32.

毛新述，戴德明．2009. 会计制度改革、盈余稳健性与盈余管理．会计研究，12：38～46.

诺斯．1994. 制度、制度变迁与经济绩效，上海：上海三联出版社．

诺斯著．钟正生等译．2007. 理解经济变迁过程．北京：中国人民大学出版社．

钱德勒．1987. 看得见的手——美国企业中的经理革命．北京：商务印书馆．

盛洪．1991. 生产性努力的增长．载：盛洪．2003. 现代制度经济学（下卷），北京：北京大学出版社．

盛洪．1994. 中国的过渡经济学．上海：上海三联出版社．

施先旺．2006. 产权价值运动：基于会计对象视角的分析．会计研究，6：35～40.

孙雪娇．2012. 会计准则国际趋同效果的影响因素及研究框架探讨．现代财经，2：88～96.

孙铮．1997. 有效市场与会计信息关系研究．会计研究，3：2～12.

孙铮，刘浩．2013. 国际财务报告准则带来了什么：全球发现．会计研究，1：13～19.

唐国琼．2008. 亏损公司会计盈余价值相关性实证研究．金融研究，11：146～158.

汪耀祥，叶正红．2011. 执行新会计准则是否降低了股权资本成本，中国工业经济，3：119～128.

王超虎，夏文贤．2010. 排放权及其交易会计模式研究．会计研究，8：16～22.

王建刚，刘庆艳．2009. 基于新会计准则的上市公司盈余管理实证研究．财贸研究，2：121～125.

王世定.1999.学习新《会计法》的几点认识.会计研究，11：10～12.

王遂昆，康均.2012.睡虎地秦简会计法制论考.中南财经政法大学学报，5：108～113.

王艳龙，孙启明.2010.低碳经济下碳排放权会计问题探析.经济纵横，12：117～120.

王仲兵.2005.论企业本质、会计信息产权、会计核心竞争力的逻辑关系.北京工商大学学报（社会科学版），3：47.

韦森.2001.社会制序的经济分析导论.上海：上海三联书店.

韦森.2003.文化与制序.上海：上海人民出版社.

吴敬琏.1994.论现代企业制度.财经研究，2：3～13.

吴水澎，刘启亮.2007.会计事项、准则公共领域与会计信息真实性.会计研究，6：26～33.

伍中信，曹越.2007.产权保护、“三域”秩序与审计信息真实性.会计研究，12：82～88.

伍中信，张荣武，曹越.2006.产权范式的会计研究：回顾与展望.会计研究，7：83～89.

伍中信.1998.产权与会计.上海：立信会计出版社.

伍中信.1999.现代财务经济导论：产权、信息与社会资本分析.上海：立信会计出版社.

夏冬林，李晓强.2005.国际间会计准则和会计信息的差异、协调与制度环境.会计研究，1：30～38.

夏冬林.2015.受托责任、决策有用性与投资者保护.会计研究，1：25～30.

谢诗芬.2008.价值计量的现值和公允价值.上海立信会计学院学报，2：7～12.

谢诗芬.2004.公允价值：国际会计前沿问题研究.长沙：湖南人民出版社.

徐经长等.2003.中国会计标准的国际协调.会计研究，12：8～13.

闫大卫.2009.个体能力差异在产权起源过程中的作用和意义.西安交通大学学报（社会科学版），5：18～22.

阎达五.1983.马克思的价值学说与会计理论建设.会计研究，1：3～5.

杨凌雁，杨万任.2012.碳排放权交易会计确认与计量属性探讨——基于总量控制及交易机制的思考.财会通讯，5：37～39.

杨敏等.2011. 当前国际会计趋同形势和我国 CAS 国际趋同的策略选择. 会计研究，10：9~16.

杨瑞龙、聂辉华.2006. 不完全契约理论：一个综述. 经济研究，2：105.

杨时展.1992. 会计信息系统三评说. 财会通讯，6：5~7.

张兵、李晓明，2003，中国股市的渐进有效性研究，经济研究，1：54~61.

张军.1994. 现代产权经济学. 上海：上海三联书店.

张俊生，曾亚敏.2005. 制度建设与股票市场渐进有效性，中国会计评论，1：19~28.

张荣武，伍中信.2005. 产权保护：现代会计、财务和审计的共同使命. 财经理论与实践，6：66~69.

张维迎.2011. 市场的逻辑与中国的变革. 探索与争鸣，2：8~11.

张维迎.2006. 信息、信任与法律. 北京：生活·读书·新知三联书店.

张五常.2009. 中国的经济制度. 北京：中信出版社.

郑玲，周志方.2010. 全球气候变化下碳排放与交易的会计问题：最新发展与评述. 财经科学，3：111~117.

周冰.2014. 适应性效率：理解诺思经济变迁理论的钥匙. 中国经济问题，1：13~19.

周华，戴德明.2009. 会计准则的价值导向与财务会计的目标定位. 经济管理，7：110.

周华等.2008. 财产权利的计量规则与企业利润的可分享性. 财贸经济，7：46~53.

周华等.2009. 会计准则与法律制度的理念分歧，社会科学战线，7：178~187.

周华等.2017. 国际会计准则的困境与财务报表的改进. 中国社会科学，3：7~23.

周华等.2009. 法律制度、金融预期与会计准则. 中国人民大学学报，6：103~111.

周华等.2009. 会计准则的价值导向与财务会计的目标定位. 经济管理，7：110~114.

周华等.2010. 质疑国际财务报告准则的先进性. 财贸经济，1：68~75.

周守华.2011. 关于会计与财富计量问题的思考. 北京工商大学学报（社会科学版），5：1~5.

周玮，吴联生.2015. 管理层判断对会计稳健性的替代效应. 会计研究，5：

3～12.

周志方，李晓青.2009. 关于国外排污权会计的最新发展进程述评与借鉴.经济经纬，5：84～87.

朱凯，赵旭颖，孙红.2009. 会计准则改革、信息准确度与价值相关性. 管理世界，4：47～54.

朱玫林，耿泽涵.2011. 对我国碳排放权有关会计问题的思考，财政研究，12：29～30.

朱星文.2008. 中国会计法制建设三十年回眸及展望. 当代财经，11：5～11.

庄学敏，罗勇根.2014. 公允价值可靠性、相关性与内部控制质量：基于公允价值层级理论的经验研究. 现代财经，12 ：71～80.

ACCA. 2009. Carbon Jigsaw Briefing: Emission Rights Accounting. London.

Agrawal, A. K. 2013. The Impact of Investor Protection Law on Corporate Policy and Performance: Evidence from the Blue Sky Law. Journal of Financial Economics, 107: 417～435.

Ahmed, Anwer S., Neel, M. J. and Wang, D., 2013, Does Mandatory Adoption of IFRS improve Accounting Quality? Preliminary Evidence. Contemporary Accounting Research, 30 (4): 1344～1372.

Alchian, A. A. , and H. Demsetz. 1973. The Property Right Paradigm. The Journal of Economic History, 33 (1): 16～27.

Armstrong, C. S., M. E. Barth, A. D. Jagolinzer, and E. J. Riedl. 2010. Market Reaction to the Adoption of IFRS in Europe. The Accounting Review, 85 (1): 31～61.

Baker, C. R., Y. Biondi, and Q. Zhang. 2010. Disharmony in International Accounting Standards Setting: The Chinese Approach to Accounting for Business Combinations. Critical Perspectives on Accounting, 21 (2): 107～117.

Ball, R., and L. Shicakumar. 2005. Earnings Quality in UK Private Firms: Comparative Loss Recognition Timeliness. Journal of Accounting and Economics, 39 (1): 83～128.

Ball, R., and L. Shicakumar. 2006. The Role of Accruals in Asymmetrically Timely Gain and Loss Recognition. Journal of Accounting Research, 44 (2): 207～242.

Barlev, B., and J. R. Haddad. 2003. Fair Value Accounting and the Management of the Firm. Critical Perspectives on Accounting, 14 (4): 383 ~415.

Barth, M. E., W. H. Beaver, and W. R. Landsman. 2001. The Relevance of the Value Relevance Literature for Financial Accounting Standard Setting: Another View. Journal of Accounting and Economics, 31 (1 ~3): 77 ~104.

Barth, M. E., and G. Clinch. 1996. International Accounting Differences and their Relation to Share Prices: Evidence for U. K, Australian and Canada Firms. Contemporary Accounting Research, (1): 135 ~170.

Barth, M., and M. McNichols. 1994. Estimation and Market Valuation of Environmental Liabilities Relation to Superfund Site. Journal of Accounting Research, (12): 45 ~67.

Barth, M. E., W. R. Landsman, and M. H. Lang. 2008. International Accounting Standards and Accounting Quality. Journal of Accounting Research, 46: 467 ~498.

Barth, M., and D. Taylor. 2010. In Defense of Fair Value: Weighing the Evidence on Earnings Management and Asset Securitizations. Journal of Accounting And Economics, 49, 26 ~33.

Basu, S. 1997. The Conservatism Principle and the Asymmetric Timeliness of Earnings. Journal of Accounting and Economics, 24 (1): 3 ~37.

Beaver, W. H., and S. G. Ryan. 2000. Biases and Lags in Book Value and Their Effects on the Ability of the Book – to – Market Ratio to Predict Book Return on Equity. Journal of Accounting Research, 38 (1): 127 ~148.

Beaver, W. H., and S. G. Ryan. 2005. Conditional and Unconditional Conservatism: Concepts and Modeling. Review of Accounting Studies, 10 (2): 269 ~309.

Bebbington, J., and C. Larrinaga – Gonzalez. 2008. Carbon Trading: Accounting and Reporting Issues. European Accounting Review, 17 (4): 697 ~717.

Berman, H. J. 1983. Law and Revolution: The Formation of the Western Legal Tradition. Cambridge: Harvard University Press.

Blacconiere, W. G., J. R. Frederickson, M. F. Johnson, and M. F. Lewis. 2011. Are Voluntary Disclosures that Disavow the Reliability of Mandated Fair Value Information Informative or Opportunistic? Journal of Accounting and Economics, 52 (2 ~3), 235 ~251.

Braun, M. 2009. The Evolution of Emissions Trading in the European Union – The Role of Policy Networks, Knowledge and Policy Entrepreneurs. Accounting, Organizations and Society, 34 (3~4): 469~487.

Busco, C., A. Riccaboni, and R. W. Scapens. 2006. Trust for Accounting and Accounting for Trust. Management Accounting Research, 17 (1): 11~41.

Canning, J. B. 1929. The Economics of Accountancy. New York: Arno Press.

Carmona S., and M. Trombetta. 2008. On the Global Acceptance of IAS/IFRS Accounting Standards: The Logic and Implications of the Principle - based System. Journal of Accounting and Public Policy, 27 (6): 455~461.

Chand, P., C. Patel, and A. Patel. 2010. Interpretation and Application of "New" and "Complex" International Financial Reporting Standards in Fiji: Implications for Convergence of Accounting Standards. Advances in Accounting, incorporating Advances in International Accounting, 26 (2): 280~289.

Chand, P., and C. Patel. 2008. Convergence and Harmonization of Accounting Standards in the South Pacific Region. Advances in Accounting, incorporating Advances in International Accounting, 24: 83~92.

Chand, P., and M. White. 2007. A Critique of the Influence of Globalization and Convergence of Accounting Standards in Fiji. Critical Perspectives on Accounting, 18: 605~622.

Chang, K. P., and K. S. Ting. 2000. A Variance Ratio Test of the Random Walk Hypothesis for Taiwan's Stock Market. Applied Financial Economics 10: 525~532.

Chatfield, M. 1977. A History of Accounting Thought. New York: New York Press.

Choudhary, P. 2011. Evidence on Differences between Recognition and Disclosure: A Comparison of Inputs to Estimate Fair Values of Employee Stock Options. Journal of Accounting and Economics, 51: 77~94.

Coase, R. H. 1937. The Nature of the Firm. Economica, 4: 386~405.

Coase, R. H. 1960. The Problem of Social Cost. Journal of Law and Economics, 3: 1~44.

Commons, J. R. 1934. Institutional Economics: Its Place in Political Economy. Macmillan, 438.

Cornelius, P. K. 1994. A Note on the Information Efficiency of Emerging Stock Markets. Weltwirtschaftliches Archiv, 24: 820~828.

Danbolt, J., and W. Rees. 2008. An Experiment in Fair Value Accounting: UK Investment Vehicles. European Accounting Review, 17 (2): 271~303.

Daske, H. , L. Hail, C. Leuz, and R. Verdi. 2008. Mandatory IFRS Reporting around the World: Early Evidence on the Economic Consequences. Journal of Accounting Research, 46 (5): 1085 ~ 1142.

Daske, H. 2006. Economic Benefits of Adopting IFRS or US - GAAP: Have The Expected Costs of Equity Capital Really Decreased. Journal of Business Finance and Accounting, 14: 487 ~ 524.

Dechow, P. M. , L. A. Myers, and C. Shakespeare. 2010. Fair Value Accounting and Gains from Asset Securitizations: A Convenient Earnings Management Tool with Compensation Side - Benefits. Journal of Accounting and Economics, 49: 2 ~ 25.

Deloitte. 2007. Accounting for Emission Rights - Energy & Resources Briefing Paper. New York.

Dietrich, J Richard, M. S. Harris, and K. A. M. Iii. 2000. The Reliability of Investment Property Fair Value Estimates. Journal of Accounting and Economics, 30: 125 ~ 158.

Dobija, D. , and K. M. Klimczak. 2010. Development of Accounting in Poland: Market Efficiency and the Value Relevance of Reported Earnings. The International Journal of Accounting, 45 (3): 356 ~ 374.

Easton, P. , and T. Harris. 1991. Earnings as an Explanatory Variable for Returns. Journal of Accounting Research, 29: 23 ~ 45.

Eccher, E. A. , K. Ranesh, and S. R. Thiagarajan. 1996. Fair Value Disclosures by Bank Holding Companies. Journal of Accounting and Economics, 22 (1 ~ 3): 79 ~ 117.

Emerson, R. , S. G. Hall, and A. Zalewska - Mitura. 1997. Evolving Market Efficiency with an Application to Some Bulgarian Shares. Economics of Planning, 30: 75 ~ 90.

Fama, E. 1970. Efficient Capital Markets: A Review of Theory and Empirical Work. Journal of Financial, 25: 383 ~ 417.

Fama, E. 1991. Efficient Capital Markets Ⅱ. Journal of Financial, 46: 1575 ~ 1617.

FASB. 2010. Minutes of Board Meeting: Emission Trading Schemes. Emissions Trading Schemes Team.

Fontes, A. , L. L. Rodrigues, and R. Craig. 2005. Measuring Convergence of National Accounting Standards with International Financial Reporting Standards. Accounting Forum, 29 (4): 415 ~ 436.

Francis, J. , and K. Schipper. 1999. Have Financial Statements Lost their Relevance? Journal of Accounting Research, 3: 319 ~ 352.

Free, C. 2008. Walking the Talk? Supply Chain Accounting and Trust among UK Supermarkets and Suppliers. Accounting, Organizations and Society, 33: 629 ~ 662.

Freund, W. C. , M. Larrain, and M. S. Pagano. 1997. Market Efficiency before and after the Introduction of Electronic Trading at the Toronto Stock Exchange. Review of Financial Economics, 6: 29 ~ 56.

Furubotn, E. G. , and S. Pejovich. 1972. Property Rights and Economic Theory: A Survey of Recent Literature. Journal of Economic Literature, 10: 1139.

Gangolly J S. , and Hussein M. E. A. 1996. Generally Accepted Accounting Principles: Perspectives from Philosophy of Law. Critical Perspectives on Accounting, 7: 383 ~ 407.

George, J. B. 2008. The Shortcomings of Fair – Value Accounting Described in FAS157. Journal of Accounting and Public Policy, 27 (2): 101 ~ 114.

Givoly, D. , and C. Hayn. 2000. The Changing Time – Series Properties of Earnings, Cash Flows and Accruals: Has Financial Reporting Become More Conservative. Journal of Accounting and Economics, 29 (3): 287 ~ 320.

Grandori, A. 2005. Neither Stakeholder nor Shareholder "Theories": How Property Rights and Contract Theory Can Help in Getting Out of the Dilemma. Journal of Management and Governance, 9 (1): 41 ~ 46.

Harris, M. S. , and K. Muller. 1999. The Market Valuation of IAS versus US GAAP Accounting Measures Using Form Reconciliations. Journal of Accounting and Economics, 26: 285 ~ 312.

Hellmann, A. , H. Perera, and C. Patel. 2013. Continental European Accounting Model and Accounting Modernization in Germany. Advances in Accounting, incorporating Advances in International Accounting, 29: 124 ~ 133.

Hinich, M. J. and Patterson, D. M. 1995. Detecting Epochs of Transient Dependence in White Noise, Working Paper, University of Texas at Austin.

Holthausen, R. W. , and R. W. Leftwich. 1983. The economic consequences of accounting choice: Implications of Costly Contracting and Monitoring. Journal of Accounting and Economics, 5: 77 ~ 117.

Hume, D. 1969. A Treatise of Human Nature. Edited by E. C. Mossner. London. Penguin, 537 ~ 540.

IASB. 2004. IFRIC Interpretation No. 3. Emission Rights. London.

IASB. 2015. Exposure Draft: Conceptual Framework for Financial Reporting. available at: http: //www. ifrs. org/Pages/default. aspx.

Iriji, Y. 1979. Theory of Accounting Measurement. New York: Harvard University Press.

Jain, P. K. 2005. Financial Market Design and the Equity Premium: Electronic Versus Floor Trading. Journal of Finance, 60: 2955 ~ 2985.

Jefferis, K., and Smith, G., 2005, The Changing Efficiency of African Stock Markets. South African Journal of Economics 73 (1), 54 ~ 67.

Johnson, S., J. McMillan, and C. Woodruff. 1999. Property Rights, Finance, and Entrepreneurship. CESifo Working Paper Series, Working Paper No. 212: 23 ~ 24.

Karamanou and Nishiotis. 2009. Disclosure and the Cost of Capital: Evidence From the Market's Reaction to Firm Voluntary Adoption of IAS. Journal of Business Finance & Accounting, 36: 793 ~ 821.

Kellogg, M. 1984. Accounting Activities, Security Prices, and Class Action Lawsuits. Journal of Accounting and Economics, 6: 185 ~ 204.

Khurana, I. K., and M. S. Kim. 2003. Relative Value Relevance of Historical Cost Vs. Fair Value: Evidence from Bank Holding Companies. Journal of Accounting and Public Policy, 22 (1): 19 ~ 42.

Kim, E. H., and V. Singal. 2000. Stock Market Openings: Experience of Emerging Economies. Journal of Business, 73: 25 ~ 66.

Kimura, S., and H. A. Ogawa. 2007. Mode for the Convergence of Accounting Standards. Research in Accounting Regulation, 19: 215 ~ 229.

Kontorovich, E. 2005. The Constitution in two Dimensions: A Transaction Cost Analysis of Constitutional Remedie. Virginia Law Review, 6: 102.

Laurence, M. 1986. Weak - form Efficiency in the Kuala Lumpur and Singapore Stock Markets. Journal of Banking and Finance, 10: 431 ~ 445.

Leggett, D., A. Wilkins, and S. Clark. 2015. The Frequency Magnitude and Measurement Subjectivity Associated With Liabilities Reported at Fair Value. Academy of Accounting and Financial Studies Journal, 19 (1): 160 ~ 170.

Lennox, C., and B. Li. 2014. Accounting Misstatements Following Lawsuits against Auditors. Journal of Accounting and Economics, 57: 58 ~ 75.

Li S. 2010. Does Mandatory Adoption of International Financial Reporting Standards in the European Union Reduce the Cost of Equity Capital? The Accounting Review, 85 (2): 607 ~ 636.

Lim, K. P. and R. D. Brooks. 2006. The Evolving and Relative Efficiencies of Stock Markets: Empirical Evidence From Rolling Bicorrelation Test Statistics. SSRN Working Paper, available at http: //ssrn. com/abstract = 931071.

Lim, K. P. , and R. D. Brooks. 2011. The Evolution of Stock Market Efficiency over Time: A Survey of The Empirical Literature. Journal of Economic Surveys, 25 (1), 69 ~ 105.

Littleton, A. C. 1996. Accounting Evolution to 1900. New York: American Institute Publishing Company.

Lo, A. 2004. The Adaptive Markets Hypothesis: Market Efficiency from an Evolutionary Perspective. Journal of Portfolio Management, 30: 15 ~ 29.

Lo, A. 2005. Reconciling Efficient Markets with Behavioral Finance: The Adaptive Markets Hypothesis. Journal of Investment Consulting, 7 (2): 21 ~ 44.

McMillan, K. P. 2004. Trust and the Virtues: A Solution to the Accounting Scandals? Critical Perspectives on Accounting, 15: 943 ~ 953.

Menger, C. 1883. Problems of Economics And Sociology. Urbana: University of Illinois Press.

Merges, R. P. 2005. A Transactional View of Property Right. Available at http: //papers. ssrn. com.

Mills, P. A. 1993. The Courts, Accounting Evolution and Freedom of Contract: A Comment of the Case Law Research. Accounting, Organizations and Society, 18: 765 ~ 781.

Neu, D. 1991. Trust, Impression Management and the Public Accounting Profession. Critical Perspectives on Accounting, 2: 295 ~ 313.

North, D. 1981. Structure and Change in Economic History. New York: Norton Press.

North, D. 1990. Institutions, Institutional Change and Economic Performance. Cambridge: Cambridge University Press.

Ohlson, J. A. 1995. Earnings, Book Values, and Dividends in Equity Valuation. Contemporary Accounting Research, 11 (2): 661 ~ 689.

Palmrose, Z. 2009. Science, Politics and Accounting: A Review from the Potomac. The Accounting Review, 84 (2): 281 ~ 297.

Paton, W. A. 1922. Accounting Theory: With Special Reference to the Corporate Enterprise. Montana: Kessinger Publishing.

Peng, S. , R. H. Tondkar, J. V. D. L. Smith, and D. W. Harless. 2008. Does Convergence of Accounting Standards Lead to the Convergence of Accounting Practices? A Study from China. The International Journal of Accounting, 43 (4): 448 ~468.

Plantin, G. , H. Sapra, and H. S. Shin. 2005. Marking to Market, Liquidity and Financial Stability. Monetary and Economic Studies, 23 (S1): 133 ~164.

Posner, R. A. 1992. Economic Analysis of Law. New York: Little Brow & Company, 523.

Qu, X. , and G. Zhang. 2010. Measuring the Convergence of National Accounting Standards with International Financial Reporting Standards: The Application of Fuzzy Clustering Analysis. The International Journal of Accounting, 45: 334 ~355.

Rezaee, Z. , L. M. Smith, J. Z. Szendi. 2010. Convergence in Accounting Standards: Insights from Academicians and Practitioners. Advances in Accounting, incorporating Advances in International Accounting, 26 (1): 142 ~154.

Rockinger, M. , and G. Urga. 2000. The Evolution of Stock Markets in Transition Economies. Journal of Comparative Economics, 28: 456 ~472.

Roychowdhury, S. , and R. L. Watts . 2007. Asymmetric Timeliness of Earnings, Market - To - Book and Conservatism in Financial Reporting. Journal of Accounting and Economics, 44 (1 ~2): 2 ~31.

Scott, W. R. 2003. Financial accounting theory (third edition) . Published by arrangement with the original publisher, Pearson Education Canada.

Simon, H. 1978. Rationality as Process and as Product of Thought. American Economic Association Papers and Proceedings, 68 (2): 1 ~16.

Simon, J. , J. McMillan, and C. M. Woodruff. 1999. Property Rights, Finance and Entrepreneurship. CESifo Working Paper, Series No. 212, December.

Smith A. 1880. An Inquiry into the Nature and Causes of the Wealth of Nation. Oxford: Clarendon Press.

Smith, A. 1976. The Theory of Moral Sentiments. Oxford: Oxford Press.

Smith, C. W. 1993. A Perspective on Accounting - Based Debt Covenant Violations. The Accounting Review, 68 (2): 289 ~303.

Song J. , W. B. Thomas, and Y. Han. 2010. Value Relevance of FAS No. 157 Fair Value Hierarchy Information and the Impact of Corporate Governance Mechanisms.

The Accounting Review, 85 (4): 1375 ~ 1410.

Street, D. , and S. Bryant. 2000. Disclosure Level and Compliance with IASs: A Comparison of Companies with and without U. S Listings and Filings. The International Journal of Accounting, 9: 305 ~ 329.

Tabak, B. M. 2003. The Random Walk Hypothesis and the Behavior of Foreign Capital Portfolio Flows: The Brazilian Stock Market Case. Applied Financial Economics, 13: 369 ~ 378.

Tsamenyi, M. , A. Z. Qureshi, and H. Yazdifar. 2013. The Contract, Accounting and Trust: A Case Study of an International Joint Venture in the United Arab Emirates. Accounting Forum, 37 (3), 182 ~ 195.

Unerman, J. , J. Bebbington, and B. O'Dwyer. 2007. Sustainability Accounting and Accountability. London: Routledge.

Veblen, T. 1899. The Theory of Leisure Class: An Economic Study of Institutions. New York: Vanguard Press.

Vosselman, E. , and J. V. D. Meer ~ Kooistra. 2009. Accounting for Control and Trust Building in Interfirm Transactional Relationships. Accounting, Organizations and Society, 34: 267 ~ 283.

Wang Y. , Y. Hou, and X. Chen. 2012. Accounting Standard Changes and Foreign Analyst Behavior: Evidence from China. China Journal of Accounting Research, 5 (1): 27 ~ 43.

Watts, R. L. 2003. Conservatism in Accounting Part 1: Explanations and Implications. Accounting Horizons, 17 (3): 207 ~ 221.

Watts, R. , and J. Zimmerman. 1983. Agency Problems, Auditing and the Theory of the Firm: Some Evidence. Journal of Law and Economics, 10: 613 ~ 633.

Waymire, G. B. 2009. Exchange Guidance Is the Fundamental Demand for Accounting. The Accounting Review, 84 (1): 53 ~ 62.

Li, X. 2003. China: Further Evidence on Accountant Criterion in Transition Economies. Scottish Journal of Political Economy, 50 (3): 341 ~ 362.

Li, X. 2003. Time – varying Information Efficiency in China's A – Share and B – Share markets. Journal of Chinese Economic and Business Studies 1 (1), 33 ~ 56.

Xie, J. 1996. Accounting Research with Contracting Frictions. Contemporary Accounting Research, 13 (2): 423 ~ 433.

Yoon, S. W. 2008. An International Study of the Relation between Book – tax

Conformity and the Value Relevance of Earnings Components. Journal of International Business Research, 72: 31 ~57.

Zalewska ~ Mitura, A. , and S. G. Hall. 1999. Examining the First Stage of Market Performance: A Test for Evolving Market Efficiency. Economies Letters, 64: 1 ~12.

Zeff, S. A. 1978. The Rise of "Economic Consequences" . Journal of Accountancy, 6: 56 ~63.

后　记

改革开放这场中国的第二次革命，不仅全面改变了中国，也深刻影响了世界，是中国和世界共同发展进步的伟大历程。中国改革开放 40 年，一直围绕产权进行。产权是社会秩序、社会道德和社会信任的基础。中国历史上往往注重人治和德治，忽视法治，也就是缺乏产权和法制基础，不注重产权的保护和平等，但中国经济要发展，必须依赖于明晰界定的产权结构，因为权利的准确界定是交易的前提、分工的基础和市场经济秩序自发型构的基石。产权制度是有效率的社会制度，一个国家想要社会财富有效率地增加，须建立长期稳定的产权制度。一个社会的文明程度体现着同时代的产权状况，产权代表一种文明，产权制度是现代文明的基石。

1992 年，我们发现会计与产权具有与生俱来的“姻缘”关系，并持续跟进产权中国进程中的会计变革、财务使命和居民财产性收入的交叉融合研究，形成纪念改革开放 40 周年献礼三部曲：《产权中国进程中的会计变革》《产权中国进程中的财务使命》和《居民财产性收入：产权改革与增长保障研究》。

《产权中国进程中的会计变革》一书以产权保护为逻辑主线，分为“产权中国进程中的会计理论创新”与“产权中国进程中的会计制度变革”两篇。其中，“会计理论创新”篇遵循会计原理的一般逻辑来安排内容，“会计制度变革”篇按照产权经济发展影响会计制度变革的过程、效果与前瞻来阐述。本书以历年所发文章为基本叙述方式，尊重单章逻辑布局和当时研究的经济环境，体现时代发展的“历史痕迹”。

本书的研究凝结了张薇、曾峻等同志的共同成果，本书的出版得到了会计分社樊清玉老师的全程协调与帮助，在此一并表示感谢！

作者

2019 年 2 月于长沙岳麓山下